Clauß Peter Sajak

KIPPA, KELCH, KORAN

Clauß Peter Sajak

KIPPA, KELCH, KORAN

Interreligiöses Lernen mit Zeugnissen der Weltreligionen

Ein Praxisbuch

Unter Mitarbeit von Katrin Gergen-Woll, Barbara Huber-Rudolf und Jan Woppowa

Kösel

Für Milena, Johannes, Tina und die anderen »Meenzer«

Mix
Produktgruppe aus vorbildlich bewirtschafteten Wäldern und anderen kontrollierten Herkünften
www.fsc.org Zert.-Nr. GFA-COC-001298
© 1996 Forest Stewardship Council
FSC

Verlagsgruppe Random House FSC-DEU-0100
Das für dieses Buch verwendete FSC®-zertifizierte Papier *Plano Plus* liefert Papyrus, Ettlingen.

Umschlag: Elisabeth Petersen, München
Umschlagmotiv: shutterstock images/Georgios Kollidas
Druck und Bindung: Kösel, Krugzell
Printed in Germany
ISBN 978-3-466-36852-5

Weitere Informationen zu diesem Buch und unserem gesamten lieferbaren Programm finden Sie unter www.koesel.de

INHALT

VORWORT

Was haben ein Kelch, eine Menora, eine Gebetskette, eine Shiva-Skulptur und eine Gebetmühle gemeinsam? Alle fünf Gegenstände sind kunstvoll gefertigte Artefakte: Kunstwerke. Die fünf Gegenstände sind aber mehr: Sie sind vor allem Zeugnisse religiöser Praxis in Christentum, Judentum, Islam, Hinduismus und Buddhismus, sie geben mit ihrer konkreten Gestalt Auskunft über Glaubensvorstellungen und Glaubensvollzüge in den fünf großen Weltreligionen. In den vergangenen zehn Jahren sind solche religiösen Zeugnisse verstärkt in den Fokus der Religionspädagogik gerückt: Während über lange Jahre das interreligiöse Lernen im Religionsunterricht durch die Arbeit mit Religionsbüchern und den dort abgedruckten Bildern und Informationen fremder Religionen geprägt war, greift man in den letzten Jahren verstärkt auf religiöse Artefakte, also auf Zeugnisse religiöser Praxis zurück. Diese Form der Annäherung und Erschließung fremder Religionen ist in den 1990er-Jahren von John M. Hull und Michael Grimmit in England entwickelt worden. Ursprünglich als ein Ansatz für die Vorschulerziehung im Kindergarten und für den Religionsunterricht in der Grundschule gedacht, hat gerade die deutsche Weiterentwicklung dieser Methode durch Werner Haußmann, Karlo Meyer und Stephan Leimgruber auf die Möglichkeiten des Zeugnislernens auch für den Religionsunterricht in weiteren Jahrgangsstufen aufmerksam gemacht. Ich selbst habe versucht zu zeigen, wie die Methode des Zeugnislernens als ein wichtiger Baustein in eine Didaktik der Religionen integriert werden kann (vgl. Sajak 2005).

Der Theorie soll in diesem Buch nun die Praxis folgen. Zusammen mit Katrin Gergen-Woll, Barbara Huber-Rudolf und Jan Woppowa habe ich hier fünfundzwanzig Zeugnisse aus den fünf großen Weltreligionen für den Religionsunterricht in der Schule zusammengestellt und mit Vorschlägen für die methodische Erschließung ergänzt. Zu jedem Zeugnis haben wir einen fünfschrittigen Baustein entwickelt, der Thema, zu entwickelnde Kompetenzen, Hintergrundwissen, didaktische Kontexte und methodische Schritte aufführt. So soll jeder Baustein eine kleine Unterrichtseinheit liefern, die in eine Facette bzw. Segment von Glaube und Praxis der jeweiligen Religion einführen will.

Wie in Michael Grimmits und John Hulls Entwurf »A Gift to the Child« (1991) haben wir in jedem Baustein das vierschrittige Schema von Beteiligung, Entdeckung, Kontextualisierung (bei uns: Erarbeitung I und II) und Reflexion (Vertiefung) aufgenommen, um so eine Möglichkeit der Verwendung des jeweiligen Zeugnisses aufzuzeigen. Die hier aufgeführten Schritte und Verfahren sind als Vorschläge zu verstehen, die von uns im Rahmen von Unterricht erprobt worden sind und uns daher praktikabel erscheinen. Die Bausteine sind in ganz unterschiedlichen Jahrgangsstufen einsetzbar: Gegenstände wie Kreuz, Kerze, Menora oder Gebetskette können durchaus bereits im Unterricht der Grundschule eingesetzt werden, sicher aber auch in der Unterstufe und in abgewandelter Form als Wiederholungssequenz in höheren Jahrgangsstufen. Andere Bausteine, vor allem die zu Hinduismus und Buddhismus, sind eher für die höheren Jahrgangsstufen der Sekundarstufe I geeignet. Wir haben an den Beginn jedes Bausteins einen Hinweis auf die entsprechenden Jahrgangsstufen gestellt, sodass man sich rasch orientieren kann, welche Bausteine sich für welche Altersgruppe anbieten. Die meisten der im Buch vorgestellten Zeugnisse werden im Rahmen von Bausteinen für die Sekundarstufe I eingeführt. Über die hier vorgeschlagenen Unterrichtssequenzen hinaus sind aber gerade die religiösen Zeugnisse von Judentum und Islam auch schon im Unterricht der Grundschule einsetzbar, bedürfen dann aber einer etwas anderen unterrichtlichen Kontextualisierung.

Auch haben wir zu Beginn jedes Bausteins einen Querverweis aufgenommen, aus dem deutlich wird, welche Bausteine aus anderen Religionen sich zu diesem religiösen Zeugnis kombinieren lassen. Die Benutzerinnen und Benutzer dieses Buches haben somit die Möglichkeit, die Bausteine »quer« zu kombinieren, im Sinne von größeren Themeneinheiten zu religionsübergreifenden Phänomen: So kann man etwa zum Thema »Gebet« den christliche Rosenkranz (1.4) mit den jüdischen Tallit und Tefilin (2.1), der muslimischen Gebetskette (3.4) und der buddhistischen Gebetsmühle (5.4) zusammenstellen.

Viele der vorgestellten Zeugnisse sind hier in Deutschland käuflich zu erwerben, gerade die Zeugnisse aus Judentum und Islam sind auch in »Medienkoffern« in den meisten Diözesen oder Landeskirchen ausleihbar. Durch großformatige Fotos haben wir außerdem versucht, brauchbare Kopier- und Folienvorlagen zu gestalten. Zusätzlich zeigen wir an verschiedenen Stellen durch weiteres Fotomaterial, wie der Gebrauch der Zeugnisse im Alltag der jeweiligen Kultur oder im Kult dieser Religionsgemeinschaft vorzustellen ist.

Eine Folienmappe mit farbigen Abbildungen der 25 Zeugnisse ist im Anschluss an dieses Buch erarbeitet worden und kann über den Buchhandel bezogen werden (Clauß Peter Sajak/Ann-Kathrin Muth, Kippa, Kelch, Koran. Interreligiöses Lernen mit Zeugnissen der Weltreligionen. 36 Farbfolien, ISBN 978-3-466-36896-9). Wir hoffen, dass dies alles dazu beiträgt, das Interesse an der Arbeit mit religiösen Zeugnissen zu wecken und zur Arbeit mit religiösen Zeugnissen im Religionsunterricht anzuregen.

Das Projekt, ein Werkbuch zum Zeugnislernen zu entwickeln, verdankt seine Konkretion und Umsetzung vor allem Winfried Nonhoff und Claudia Lueg vom Kösel-Verlag in München. Ohne ihre Ermutigung, Unterstützung und Geduld wäre dieses Buch sicher so nicht erschienen. Sie haben mich beharrlich-freundlich gedrängt, verschiedene Publikationen zum interreligiösen Lernen weiterzuführen und in diesem Werkbuch konkret werden zu lassen. Dipl. theol. Katrin Gergen-Woll, Dr. Barbara Huber-Rudolf und Dr. Jan Woppowa haben sich dankenswerter Weise überzeugen lassen, ihre Kompetenz in Sachen Hinduismus, Islam und Judentum in dieses Projekt einzubringen und entsprechende Bausteine für diese drei Religionen zu entwickeln. Stud. theol. Johanna Hinz hat als zuständige Projektmitarbeiterin an meinem Lehrstuhl das Manuskript betreut, immer wieder korrigiert und editiert. Die Studentinnen Katja Nikles, B.A., Katharina Mendelin, B.A., und Eva-Maria Schrebb, B.A. haben kontinuierlich an der methodischen Umsetzung und Erprobung der Bausteine mitgearbeitet; Silvia Isermann hat uns mit ihren Zeichenkünsten unterstützt. Meinen Münsteraner Kollegen Prof. Dr. Thomas Bremer und Prof. Dr. Annette Wilke verdanke ich wichtige Anregungen und Literaturhinweise. Pfarrer Bruno Pottebaum und die Pfarrgemeinde St. Sixtus in Haltern am See haben freundlicherweise die Zeugnisse für das Christentumskapitel, Frau Margarita Woloj und die jüdische Gemeinde Münster die jüdischen Zeugnisse aus dem Bestand der Münsteraner Synagoge zur Verfügung gestellt. Ihnen allen sei herzlich Dank gesagt.

Clauß Peter Sajak

TEIL I

INTERRELIGIÖSES LERNEN MIT ZEUGEN UND ZEUGNISSEN FREMDER RELIGIONEN

Konturen einer Didaktik der Religionen

1. Interreligiöses Lernen

Definitionen und Debatten

Religiöse Bildung ist heute nicht denkbar ohne die Dimension interreligiösen Lernens. Im Zuge von Globalisierung, Medialisierung und Ökonomisierung sind sich fremde Kulturen und Religionen nähergerückt. Nicht erst seit dem 11. September 2001 berichten die Medien aufmerksam von religiös motivierten Konflikten auf der ganzen Welt und im gesellschaftlichen Nahbereich hat der Zuzug von nichtchristlichen Migranten zu einer erhöhten Aufmerksamkeit für fremde Religionen, vor allem für den Islam geführt. Wer in diesem Kontext Kindern, Jugendlichen und Erwachsenen bei der Entwicklung einer religiösen Kompetenz helfen will, die Orientierung, Sinnfindung und Weltdeutungsoptionen möglich macht, der ist auf die differenzierte und konstruktive Auseinandersetzung mit fremden Religionen und ihrem Verhältnis zur eigenen Konfession und Religion angewiesen (vgl. Hemel 2000). Die gilt in besondere Weise für diejenigen, die Verantwortung für religiöse Bildung in einer multiethnischen und multireligiösen Gesellschaft tragen. Sie haben die Verpflichtung, interreligiöses Lernen anzubieten, anzuregen und zu begleiten. Es hat nicht nur Relevanz für die christlichen Kirchen, die in der Mitte des vergangenen Jahrhunderts ihr Verhältnis zu den nichtchristlichen Religionen neu, nämlich positiv und wertschätzend bestimmt haben: die evangelischen Kirchen 1961 im Rahmen des Ökumenischen Rats der Kirchen in Neu Delhi (vgl. Grünschloß 1994, 116f.) und die katholische Kirche von 1962 bis 1965 auf dem II. Vatikanischen Konzil in Rom (vgl. Sajak 2005, 17–31). Auch das Judentum und der Islam, um von den beiden nächstgrößten Religionsgemeinschaften in Deutschland zu sprechen, kommen nicht umhin, sich der Verpflichtung zu stellen, ihre religionstheologischen Perspektiven zu reflektieren und Menschen ihres Bekenntnisses zu einem wertschätzenden Umgang mit Menschen anderer Religion und Weltanschauung anzuregen (vgl. Brum 2010 und Müller 2010).

Interreligiöses Lernen

Der Begriff des *interreligiösen Lernens* ist bis heute, trotz aller Aktualität und Bedeutsamkeit in der religionspädagogischen Debatte vieldeutig. Das mag auch daran liegen, dass der Begriff als Terminus technicus erst seit knapp 20 Jahren verwendet wird. Wie diese Verwendung geschieht, hängt von pädagogischen und theologischen und damit auch von konfessionellen Perspektiven ab.

Vor allem in der evangelischen Religionspädagogik ist es inzwischen üblich, den Begriff des interreligiösen Lernens durch eine grundsätzliche Differenz zur traditionellen Weltreligionendidaktik zu definieren. Die Weltreligionendidaktik war in den 1960er-Jahren im Kontext des »hermeneutischen Religionsunterrichts« entstanden und versuchte, Lernprozesse über nichtchristliche, fremde Religionen durch Informationen und Instruktion im Rahmen des konfessionellen oder konfessionell-kooperativen Religionsunterrichts zu ermöglichen. Die jüngeren evangelischen Ansätze, exemplarisch bei Folkert Rickers, sprechen jetzt diesem für das deutsche Schulsystem geradezu klassischen Lernweg das Prädikat des interreligiösen Lernens ab, weil ihm das Kriterium der authentischen Begegnung verschiedener Religionen fehle: »Interreligiöses Lernen ist nur möglich, wo sich Mitglieder verschiedener Religionen tatsächlich in der täglichen Lebenspraxis begegnen und wo sie Gelegenheit haben, sich über ihren Glauben auszutauschen [...]. Nur auf diese Weise kann die Authentizität des Lernprozesses behauptet werden, die für das interreligiöse Lernen charakteristisch ist« (Rickers 2001, 875). Es wird deutlich, dass Rickers besonderen Wert auf die Begegnung mit Zeugen fremder Religionen legt. Diese Definition scheint allerdings nicht unproblematisch: Denkt man die Argumentationsfigur weiter, so kann interreligiöses Lernen vielleicht in Schulen der multireligiösen Ballungsräume von Metropolen stattfinden – und auf jeden Fall nur außerhalb des konfessionellen Religionsunterrichts. Es gibt auf evangelischer Seite aber auch andere Stimmen. So hat Bernhard Dressler die Voraussetzungen für eine solche Konzeption interreligiösen Lernens infrage gestellt: »Nicht zuletzt ist die Diskussion um interreligiöses Lernen durch einen pädagogischen Mythos belastet, den Mythos der Authentizität [...]. Unter den Bedingungen schulischen Unterrichts, der aus prinzipiellen systemischen Gründen ein artifizieller Lernraum ist und mit dem wirklichen Leben selbst nicht identisch sein kann und darf, ist Authentizität immer nur in inszenatorischer Gebrochenheit denkbar« (Dressler 2003, 117). Jede Begegnung, jeder Dialog und jedes gemeinsame Lernen im Raum Schule findet nämlich in einem formellen Setting, mit dem Charakter der Inszenierung und im Modus des Probehandelns, statt: Dies gilt z.B. sowohl für das gemeinsame Erarbeiten von Infopostern zu den abrahamischen Religionen in einem multireligiösen Religionsunterricht, als auch für die inszenierte Diskussion mit verteilten Rollen zur Frage der Speisegebote. Entsprechend folgert Dressler, dass ein in dieser Weise »dialogisch« konzipierter Religionsunterricht auf Seiten der Schülerinnen und Schüler voraussetze, was er eigentlich erst in seinen Lernzielen erreichen wolle, nämlich die »Dialogfähigkeit« in Sachen Religion. Gerade Folkert Rickers akzeptiere laut Dressler »interreligiöses Lernen nur unter Voraussetzungen, die allenfalls ein mögliches Resultat interreligiöser Lernprozesse sein können« (ebd.).

Im katholischen Bereich wird interreligiöses Lernen eher als eine religionsdidaktische Dimension des schulischen Religionsunterrichts gesehen: Hier ist interreligiöses Lernen ein im schulischen Unterricht initiierter und arrangierter Prozess, in dem die bewusste Wahrnehmung, die angemessene Begegnung und die differenzierte Auseinandersetzung mit Zeuginnen, Zeugen und Zeugnissen fremder Religionen eingeübt und entwickelt werden soll (vgl. Sajak 2005, 264). Dies schließt Phasen eines religionskundlichen Unterrichts im Klassenverband, in dem eine Lehrperson über andere Religionen unterrichtet, ebenso ein wie die direkte Begegnung mit Zeuginnen und Zeugen fremder Religionen, durch Besuche und Exkursionen oder die fächerverbindende Projektarbeit mit Schülerinnen und Schülern anderer Konfessionen und Religionen. Zu beachten ist auch, dass religionskundliche Unterrichtssequenzen im konfessionellen Religionsunterricht nie im Sinne einer ›neutralen‹ religionswissenschaftlichen Information ablaufen können, schließlich sind weder Schülerinnen und Schüler noch Lehrerinnen und Lehrer religionswissenschaftlich ausgebildete Experten, sondern in der Regel evangelische und katholische Christen, die in ihre christliche Perpektive Informationen z.B. aus dem Islam oder aus dem Buddhismus integrieren. In diesem Sinne ist – um mit Hans-Georg Ziebertz zu sprechen (vgl. Ziebertz 1991, 326) – interreligiöses Lernen dann gegeben, wenn die Auseinandersetzung mit religionskundlichen Informationen zu einem intrareligiösen Lernprozess in der Glaubensperspektive von Schülerinnen und Schülerinnen führt.

Stephan Leimgruber hat in der Neuauflage seines Buchs »Interreligiöses Lernen« versucht, die beiden referierten gegensätzlichen Definitionen des interreligiösen Lernens miteinander zu verbinden, indem er eine Neuordnung der Begriffe vorgenommen hat. Er spricht dort vom interreligiösen Lernen »im weiteren Sinne« und »im engeren Sinne« (Leimgruber 2007, 20f.). Zum interreligiösen Lernen in einem weiteren Sinne gehören demnach alle »Wahrnehmungen, die eine Religion und deren Angehörige betreffen, die verarbeitet und in das eigene Bewusstsein aufgenommen werden« (ebd., 20). So kann das Lesen eines Kinderbuchs über das Leben eines jüdischen Jungen zur Zeit Jesu (Berg/Weber 1996) genauso als interreligiöses Lernen verstanden werden wie die Vorführung einer DVD aus der von Hans Küng (1999) herausgegebenen Reihe zum »Projekt Weltethos«. Interreligiöses Lernen im engeren Sinne geschieht dagegen »durch das Gespräch in direkten Begegnungen. Im Zentrum steht der Dialog, in dem sich beide Gesprächspartner gegenseitig respektieren und zu verstehen versuchen« (Leimgruber 2007, 21) und der zur Konvivenz, also zum Miteinander in respektierter Differenz führen soll. Ein solches interreligiöses Lernen im engeren Sinne findet somit da statt, wo in besonderer Weise Schülerinnen und Schüler verschiedener Religionen in einen Dialog gebracht werden, so etwa im Rahmen des Schulenwettbewerbs »Schulen im Trialog« der Herbert Quandt-Stiftung (vgl. Sajak 2010). Es ist ein Lernen mit Zeugen fremder Religionen. Gerade die Auswertung dieses Schulenwettbewerbs hat gezeigt, dass ein interreligiöses Lernen im engeren Sinn gar nicht ohne ein vorausgehendes, ausgiebiges interreligiöses Lernen im weiteren Sinne erreicht werden kann (vgl. Muth 2010): Ohne die Vorbereitung der Begegnung und des Dialogs durch religionskundliche Unterrichtssequenzen *über* die anderen Religionen in den konfessionellen Lerngruppen hätte es z.B. kein gemeinsam erarbeitetes Theaterstück mit Angehörigen verschiedener Religionen über die Begegnung der Religionen und auch kein Kochbuch für die abrahamischen Religionen gegeben. Interreligiöses Lernen muss also immer Zeugen *und* Zeugnisse fremder Religionen mit einbeziehen.

Interreligiöser Dialog

Eine Anmerkung zu einem zweiten, recht unbestimmten und häufig unterschiedlich verwendeten Begriff, dem *interreligiösen Dialog:* Häufig wird in der

Öffentlichkeit dieser Terminus bereits verwendet, wenn es um die Beziehung zwischen den Religionen geht. Aber nicht jede Begegnung und schon gar nicht jedes Mit- oder Nebeneinander von Menschen unterschiedlicher Religionen ist bereits interreligiöser Dialog. So müssen im religionstheologischen Zusammenhang drei Formen des Dialogs unterschieden werden: Auf einer ersten, rein menschlichen Ebene gibt es den Dialog als reziproke Kommunikation, auf einer zweiten Ebene ist der Dialog eine Haltung des Respekts und der Freundschaft. Interreligiöser Dialog im engeren Sinn muss aber mehr bedeuten: Hier muss es um die ernsthaften und konstruktiven Beziehungen zwischen Personen und Gemeinschaften anderen Glaubens gehen, mit dem Ziel, sich gegenseitig zu verstehen und einander zu bereichern »und zwar im Gehorsam gegenüber der Wahrheit und im Respekt vor der Freiheit. Diese dritte Ebene beinhaltet sowohl gegenseitige Zeugnisgabe wie auch die Entdeckung der jeweils anderen religiösen Überzeugung« (Sekretariat der deutschen Bischofskonferenz 1991, 9). Damit ein solcher Dialog gelingen kann, müssen bestimmte Kriterien erfüllt sein. Im Eröffnungsreferat zur Herbstvollversammlung der deutschen Bischöfe 2002 hat Karl Kardinal Lehmann solche Bedingungen für einen echten Dialog aus katholischer Perspektive erörtert:

»Um ein offenes und auf gemeinsame Perspektiven ausgerichtetes Gespräch führen zu können, müssen die Religionen

- sich gegenseitig grundsätzlich als Ebenbürtige unter Ebenbürtigen akzeptieren;
- schlüssig darlegen, warum es Religionen gibt und warum Religionen dem Menschen dienlich sind;
- sich immer auch im praktischen Handeln zum Wohle der Menschen bewähren;
- sich selbst auf das Auseinanderfallen von Anspruch und Wirklichkeit hin kritisch überprüfen« (Lehmann 2002, 3).

Werden diese Diskursregeln praktiziert, so muss die Anerkennung der gleichen Würde aller Menschen unabhängig von ihrer Religion – und damit auch die Einforderung der »umfassenden, allseitigen Religionsfreiheit als unverfügbares Menschenrecht« (ebd.) – wie auch der konsequente Verzicht auf Gewalt zur Durchsetzung religiöser Ziele ohne Wenn und Aber praktiziert werden. Denn nur durch die Einhaltung dieser Regeln ist zu gewährleisten, dass man im Rahmen eines solchen Dialogs »seine eigene Religion besser kennenlernt und entschiedener im Leben bezeugt« (ebd.). Dies gilt auch für den Lebens- und Lernraum Schule. Nur wenn Unterricht – und hier ist nicht nur der Religionsunterricht gemeint – diese Diskurs- und Handlungsregeln einübt und nachhaltig sichert, kann es zu einem wirklichen interreligiösen Dialog im Klassenzimmer und auf dem Pausenhof kommen. Das bedeutet mit Blick auf unsere Definitionen des interreligiösen Lernens und des interreligiösen Dialogs: Wenn im Rahmen einer Didaktik der Religionen für den Religionsunterricht interreligiöse Lernprozesse initiiert und fruchtbar gemacht werden können, werden auch die Voraussetzungen für einen wirklichen interreligiösen Dialog geschaffen (vgl. Dressler 2003, 115, Anm. 7). Dann trägt das interreligiöse Lernen im weiteren Sinne zu einem interreligiösen Lernen im engeren Sinne bei, damit wirklicher interreligiöser Dialog entstehen kann.

Interkulturelles Lernen

Eine letzte Begriffsklärung schließlich: Interreligiöses Lernen wird oft mit dem *interkulturellen Lernen* in eins gesetzt, wohl auch, weil sich Sitten und Bräuche oft aus der rituellen Praxis einer religiösen Tradition erklären lassen. Dabei wird aber übersehen, dass in die Riten und Regeln der großen Weltreligionen[1] oft auch bewährte Elemente der lokalen Kulturen eingegangen sind. So haben die Trennung der Geschlechter im Gottesdienst, das Ritual der Beschneidung oder auch die Vorschriften zur Ernährung in Judentum und Islam eben nicht nur theologische Gründe (die aus Tora und Mischna bzw. Koran und Hadith abgeleitet werden können). Vielmehr lassen sich bei näherem Hinsehen in diesen Vollzügen bestimmte lebensweltlich praktische Zusammenhänge erkennen.

In der aktuellen erziehungswissenschaftlichen Diskussion hat sich ein Begriff von interkulturellem Lernen herausgebildet, der sich aus vier Grunddimensionen konstituiert: Interkulturelles Lernen zielt auf eine Kompetenz, in

1 Die Begrifflichkeit, mit der die verschiedenen Religionen der Welt bezeichnet werden, ist uneinheitlich und unübersichtlich. Während die einschlägigen Lexika und Handbücher im deutschen Sprachbereich als Oberbegriff in der Regel »Religionen der Welt« ausweisen, um eine Verwechslung mit dem Systembegriff »Universalreligion«, der Opposition von Stammes- und Volksreligion, zu vermeiden, hat Hans Küng in seinem umfangreichen Werk zum »Projekt Weltethos« bewusst den Begriff »Weltreligion« als Bezeichnung für das ganze Spektrum der Religionen verwendet (Küng 1999). In diesem inklusiven Sinn wird der Begriff »Weltreligionen« auch hier gebraucht.

der das Verstehen des Fremden, die Anerkennung des Anderen, der nichtwertende Umgang mit Differenz und eine grenzüberschreitende Kommunikation möglich werden (vgl. Holzbrecher 2004, 98). Setzt man dies in Beziehung zu einem Begriff von interreligiösem Lernen, der auf die bewusste Wahrnehmung, die angemessene Begegnung und die differenzierte Auseinandersetzung mit Zeugen und Zeugnissen fremder Religionen zielt (vgl. Sajak 2005, 264), so wird rasch deutlich, dass es ein gemeinsames Anliegen der beiden Ansätze gibt: Interkulturelles wie interreligiöses Lernen zielen auf eine angstfreie, wertschätzende und reflektierte Auseinandersetzung mit dem Fremden, in der die eigene Identität gestärkt und ein wirklicher Dialog mit dem Anderen (im oben genannten Sinne) möglich wird. In diesem Lernzielhorizont richtet das interreligiöse Lernen seinen Fokus auf das Feld der Religion, also auf das, was die Bildungsforschung als den Bereich der konstitutiven Rationalität (Baumert 2002, 106f.) bezeichnet, während das interkulturelle Lernen seinen Blick auf das Feld der Kultur mit allen seinen Phänomen richtet (vgl. Leimgruber 2007, 20). In diesem Sinne verschränken sich interreligiöses und interkulturelles Lernen, ohne dass das eine dem anderen unter- oder überzuordnen wäre. Beide Lernfelder aber sind unabdingbare Voraussetzungen für einen konstruktiven und zielführenden interreligiösen Dialog.

2. Von der Religionskunde zum trialogischen Lernen

Die kurze Geschichte interreligiöser Didaktik

Die Auseinandersetzung mit der Frage, was und wie über nichtchristliche Religionen im evangelischen wie katholischen Religionsunterricht unterrichtet werden soll, beginnt erst Mitte des 20. Jahrhunderts. Dies hängt mit dem bereits erwähnten Paradigmenwechsel in der Religionstheologie der christlichen Kirchen in den 1960er-Jahren zusammen: Einleitend war bereits von den entscheidenden Kirchenversammlungen in Rom (II. Vatikanisches Konzil) und Neu Delhi (Ökumenischer Rat der Kirchen) die Rede. Auf evangelischer Seite stehen die ersten fachdidaktischen Diskurse zum interreligiösen Lernen im Kontext des »hermeneutischen Religionsunterrichts«, der durch eine intensive Rückbindung an die Erkenntnisse der theologischen Forschung, vor allem im Bereich von Exegese und biblischer Theologie, geprägt war. Überhaupt haben vor allem die evangelischen Ansätze die fachdidaktische Diskussion bis in die Gegenwart hinein geprägt.

Interreligiöses Lernen als Religionskunde

An erster Stelle sind hier *Monika und Udo Tworuschka* zu nennen, die seit Mitte der 1970er-Jahre als Religionswissenschaftler beständig der Religionspädagogik zugearbeitet haben. Gerade Udo Tworuschka hat aus der Perspektive der vergleichenden Religionswissenschaft eine umfangreiche Sammlung von Materialien zusammengestellt. Unter seinen Publikationen sind neben dem Grundlagenwerk »Methodische Zugänge zu den Weltreligionen« (1982) vor allem Lesebücher, Materialbände und Unterrichtsmedien zu finden. In seinem Grundlagenwerk führt Tworuschka selbst aus, wie er seine Rolle mit Blick auf den Religionsunterricht sieht: Er will der Religionspädagogik einen Zugang zu den Weltreligionen auf einer religionswissenschaftlichen Basis ermöglichen. Deshalb liefert er in den dort aufgeführten »Methodischen Zugängen« eine Einführung in die Methodik und Hermeneutik der Religionswissenschaft. Es geht ihm um die Wahrnehmung der religiösen Substanz der verschiedenen Religionen. Diese werde am deutlichsten sichtbar, wenn es gelänge »die Religionen [...] selbst zu Wort kommen zu lassen« (Tworuschka 1982, 218). Folglich präferiert Tworuschka einen narrativen Ansatz, in dem Geschichten Auskunft über das Wesen und die Identität religiöser Gruppen geben sollen. Zusammen mit seiner Frau Monika hat er deshalb eine Reihe von Vorlesebüchern zu den großen Religionen der Welt vorgelegt.

Auch im katholischen Bereich hat es seit Mitte der 1970er-Jahre verschiedene Ansätze gegeben, die interreligiöse Lernperspektive in die Konzeption des katholischen Religionsunterrichts einzubringen. Im Bereich der Schulbuchentwicklung sind die Religionspädagogen *Werner Trutwin* und *Hubertus Halbfas* zu nennen, die sich beide in ihren Werkreihen die Begegnung mit den fremden Religionen und Kulturen zu einem Anliegen gemacht haben. So hat Werner Trutwin nicht nur in seinem dreiteiligen, vielfach neu aufgelegten Grundlagenwerk für die Sekundarstufe I »Zeit der Freude« (5./6. Klasse), »Wege des Glaubens« (7./8. Klasse) und »Zeichen der Hoffnung« (9./10. Klasse) den nichtchristlichen Religionen einen bis dahin nicht gekannten Platz eingeräumt; er hat außerdem eine umfangreiche und anschauliche Reihe von Arbeitsheften zu den Weltreligionen für die Sekundarstufe II erstellt. Zudem hat er mit »Wege zum Licht. Die Weltreligionen« (1996) ein didaktisch aufbereitetes Übersichtswerk zu den Religionen vorgelegt.

Auch Hubertus Halbfas hat in seinen Religionsbüchern für die Grundschule und die Sekundarstufe I schon früh die Begegnung mit den Weltreligionen gefördert. Er hat zudem mit seinem religionsgeschichtlichen Lesebuch »Das Welthaus« (1983) umfangreiches Material für einen narrativ konzipierten Unterricht über die Weltreligionen zusammengestellt. Noch größere Bedeutung hat Halbfas aber in der Diskussion um den interreligiösen Religionsunterricht bekommen: Nachdem er sich mit seinem Buch »Das dritte Auge« (1982) als Protagonist der Symboldidaktik in Deutschland etabliert hatte, ging Halbfas in »Wurzelwerk« (1989) den interreligiösen und interkulturellen Spuren der christlichen Symbolik in Geschichte und Gegenwart nach. Hierfür holt er besonders im ersten Kapitel des Werkes weit aus, wenn er die universale Bild- und Symbolwelt der Weltreligionen als Ausgangspunkt für den jüdisch-christlichen Symbolfundus und dessen Tradition erhellt. Wenn Halbfas im Verlauf des Buches den Spuren der christlichen Symbole nachgeht, wird deutlich, dass es gewisser Grundkenntnisse über die anderen Religionen bedarf, um die Bilder und Symbole der eigenen christlichen Religion zu verstehen. In diesem Sinne leistet Halbfas auch eine didaktische Begründung und Rechtfertigung interreligiösen Lernens im katholischen Religionsunterricht. Dieses interreligiöse Lehren und Lernen ist ein religionskundliches: Im Rahmen des katholischen Religionsunterrichts sollen katholische Lehrerinnen und Lehrer dazu befähigt werden, Schülerinnen und Schülern Grundwissen über die anderen, nichtchristlichen Religionen zu vermitteln.

Interreligiöses Lernen aus konfessioneller Perspektive

Eine erste Didaktik der Weltreligionen im Sinne einer grundsätzlichen und systematischen religionspädagogischen Reflektion über Ort und Ziel interreligiösen Lernens aus der Perspektive christlicher Theologie hat erst der evangelische Religionspädagoge *Johannes Lähnemann* vorgelegt. Bereits in den 1970er-Jahren hatte sich Lähnemann mit den nichtchristlichen Religionen im Religionsunterricht beschäftigt, wobei er sich vor allem dem Islam zuwandte (vgl. Lähnemann 1977). Den Dialog mit dem Islam behielt er auch weiter im Blick, als er 1986 sein zweibändiges Standardwerk zu den Weltreligionen im Unterricht vorstellte, das er selbst als »Eine theologische Didaktik für Schule, Hochschule und Gemeinde« bezeichnete (vgl. Lähemann 1986a/b). Beide Bände – im ersten Band wendet sich Lähnemann den fernöstlichen Religionen zu, während er sich im zweiten ganz dem Islam widmet – sind bis heute ein Standardwerk der interreligiös interessierten Religionspädagogik geblieben. Hier nennt Lähnemann seine Bildungsziele, nämlich »die Schüler für eine Situation der Begegnung auszurüsten, die nicht von Vorurteilsbarrieren belastet ist, in der vielmehr ein Hören aufeinander und ein Lernen voneinander möglich wird, das zur Entgrenzung und Bereicherung der Lebenshorizonte auf beiden Seiten führt« (Lähnemann 1986a, 163). Mit dem Begriffspaar »Evangelium – Religionen« markiert Lähneman dann in seinem Grundlagenwerk »Evangelische Religionspädagogik aus interreligiöser Perspektive« (1998) die Pole, zwischen denen der Horizont christlicher Religionstheologie ausgespannt ist: »Wenn das Evangelium eine universale Botschaft beinhaltet, kann es nicht entfaltet werden ohne expliziten Bezug auf die Begegnung mit den Religionen in einer pluralen Welt. Und wenn die Religionen beitragen sollen zu den Zukunftsaufgaben des Lebens und Überlebens von Menschheit und Welt, können sie das nicht über das Konstrukt einer ›Welteinheitsreligion‹, sondern nur im dialogischen Zusammenwirken, in das jede Glaubensgemeinschaft ihre unverwechselbaren Glaubensgrundlagen einbringt« (ebd., 14f.). Dieser Maxime folgend entwickelt Lähnemann ein Modell interreligiösen Lernens, in dem die Gestalt Jesu und die »Pädagogik des Evangeliums« (ebd., 244) zum didaktischen Schlüssel für eine fruchtbare Begegnung zwischen Christentum und den anderen Religionen werden. Dabei orientiert sich Lähnemann am »entgrenzenden Charakter des Evangeliums« (ebd.), den er in den Jüngerberufungen, der Mahlgemeinschaft, den Wundern und Gleichnissen Jesu sowie im Ethos der Bergpredigt ausgestaltet sieht. Diesem ur-›evangelischen‹ Weg Jesu muss auch eine Didaktik der Weltreligionen folgen: »Die Herrlichkeit Gottes in der Niedrigkeit, die Verwandlung des menschlichen Leides durch die radikale Teilnahme an ihm, die Verwandlung der Feindschaft durch eine Liebe, die auch vor dem Gegner nicht haltmacht [...] – dies sind die Maßstäbe des Evangeliums, die Christen in die Begegnung mit Menschen anderen Glaubens einzubringen haben« (ebd., 278). Entsprechend müssen Christen in der Welt Gottes Sendung (»Mission«) erfüllen und den geistigen wie geistlichen Austausch (»Dialog«) mit den anderen Religionen suchen. Auf dieser Grundlage entfaltet Lähnemann eine interreligiöse Didaktik, die auf den Methodenweg der Religionspädagogik und die Erkenntnisse der Entwicklungspsychologie ebenso zurückgreift wie auf die praktischen Erfahrungen interreligiösen Lernens aus den verschiedenen Lernfeldern der Religionspädagogik.

Der Ansatz von Johannes Lähnemann, eine evangelische Religionspädagogik in interreligiöser Perspektive zu projektieren, ist dann von dem evangelischen Religionspädagogen *Karlo Meyer* in seiner Dissertation aufgenommen, kritisiert und weitergeführt worden (vgl. Meyer 1999). Meyer stört sich an der verkürzten Christologie Lähnemanns, in deren Rahmen Kreuz und Tod Jesu allein als pädagogischer Impetus und Höhepunkt des Weges Jesu verstanden werden. Das Kreuz Jesu ganz im Dienst der Ethik? Meyer vermisst eine systematisch-theologische Reflexion des Kreuzes als soteriologische Grundlegung des ethischen Anliegens. Des Weiteren kritisiert er die unzureichend entfaltete Dialektik von »Entgrenzung« und »Verwurzelung«, die in der Spannung von Evangelium und Lebenswelt der Schülerinnen und Schüler liegt und die im Unterrichtsprozess ihre eigene Dynamik entwickeln könnte. Meyers eigentliches Anliegen kommt aber in einem dritten, gewichtigeren Punkt zum Ausdruck: »In den Unterrichtsvorschlägen fällt eine gewisse Unbekümmertheit gegenüber der religiös-theologischen Intention der fremden religiösen Zeugnisse im Wechselspiel mit der Unterrichtsmethode auf« (ebd., 79). Damit nimmt Meyer jenen didaktischen Konstituenten auf, den er im weiteren Verlauf seiner Arbeit reflektiert und entfaltet: das Unterrichtsmedium. Diesem Gegenstand – Lähnemanns Beispiele sind ein Brettspiel, ein Moschee-Bastelbogen oder ein Krishna-Bild – muss nach Meyer eine wesentlich stärkere Wirkung zugetraut werden: »Es wird bei Lähnemann besonders deutlich, was auch für andere Autoren dieser Richtung gilt, das Soziale steht im Vordergrund, religiöse Zeug-nisse treten als Sachwissen in Erscheinung, das gelernt werden muss. Eine persönliche Auseinandersetzung mit den religiösen Gegenständen im Unterricht [...] ist nur am Rande ausgedrückt« (ebd., 81). Folglich entwickelt Meyer im weiteren Verlauf seiner Arbeit ein Konzept interreligiösen Lernens, das vor allem auf der Auseinandersetzung mit dem religiösen Gegenstand, Meyer nennt ihn »Zeug-nis« (ebd., 19–22), um den Verweischarakter »auf das Heilige selbst hin« zu betonen, aufbaut.[2] Er orientiert sich dabei an den Erfahrungen, die in England im Kontext des dortigen Religionsunterrichts gesammelt worden sind. In Initiativen wie dem Warwick-Projekt oder der von Michael Grimmit und John Hull entwickelten Methode »A Gift to the Child«, die auf deskriptiver oder existenzieller Auseinandersetzung mit den Zeugnissen fremder Religionen basiert, sieht er eine Option auch für den deutschen Religionsunterricht: »Die Möglichkeit zu einer pädagogischen Umsetzung sehe ich, kurz gesagt, in einer Unterrichtskonzeption, die das Außen, in dem die Schülerinnen und Lehrer ja zunächst stehen, explizit aufnimmt und doch zugleich in den einzelnen Punkten mit dem fremden Bezugssystem in Beziehung setzt und zu einer inneren Auseinandersetzung herausfordert. Grenzen können bewusst gemacht werden und zugleich können z.B. Geschichten erzählt werden, in die sich Schülerinnen und Schüler verwickeln lassen und durch die sie innerlich beteiligt werden« (ebd., 272–273). Damit kann im Religionsunterricht ein interreligiöser Lernprozess angeleitet werden, in dem die Schülerinnen und Schüler nicht nur äußerlich der fremden Religion

---

2 Meyer legt Wert auf die Getrenntschreibung, weil darin zwei wichtige Aspekte des religiösen Gegenstandes zum Ausdruck kommen: »Während das mitschwingende ›Werk-zeug‹ und ›Rüst-zeug‹ auf den Gebrauch im rechten religiösen Rahmen weist, zielt das Wort ›Zeug-nis‹ (im Sinne von ›Zeugnis‹ ohne Bindestrich) zweitens auf den verweisenden Charakter jenseits des Gebrauchs, den es sowohl für Glaubende als auch für Außenstehende hat. Für den Gläubigen wie auch für den Außenstehenden weist es auf einen bestimmten (in der Regel traditionellen) Umgang mit dem Heiligen, weist auf Erfahrungen mit dem Heiligen und schließlich auf das Heilige selbst hin« (Meyer 1999, 21).

begegnen, sondern in dem sie das Denken verstehen und sich in das Erleben von Menschen aus anderen religiösen Traditionen einzufühlen lernen. (Die Methode des Lernens an Zeugnissen wird unten, am Ende von Teil I, ausführlich vorgestellt und dann im Teil II dieses Buchs an Gegenständen aus den fünf großen Weltreligionen entfaltet werden.)

Auf katholischer Seite hat vor allem *Stephan Leimgruber* in zahlreichen Publikationen das Thema »Interreligiöses Lernen« aufgegriffen, wobei er den Fokus auf den Dialog mit dem Judentum und den Lernprozess Christentum – Islam legt. Sein Konzept für einen interreligiösen Religionsunterricht hat er erstmals 1995 in einer Monografie vorgestellt (vgl. Leimgruber 1995), in verschiedenen Beiträgen in den folgenden Jahren modifiziert (vgl. Leimgruber 2001; 2002; 2003; 2004) und inzwischen vollständig überarbeitet (Leimgruber 2007). Stephan Leimgruber hat in diesem Kontext Karlo Meyers Überlegungen zu der Methodik des »Zeug-nisses« positiv gewürdigt, und in seine Überlegungen zum interreligiösen Lernen eingearbeitet. In einer überarbeiteten Neuauflage seines Werks »Interreligiöses Lernen« hat er eine Skizze interreligiösen Lernens in fünf Schritten vorgestellt, die »eine differenzierte Auseinandersetzung mit religiösen Zeugen und Zeugnissen« (Leimgruber 2007, 110) ermöglichen soll. Entsprechend führen diese Schritte »über eine sensible Wahrnehmung zu anfanghaftem, teilweise gelenktem, aber selbst angeeignetem Verstehen. So können junge Menschen zur ihrer Identität finden« (ebd.). Diese Schritte sind im Einzelnen:

- *Religiöse Zeugnisse wahrnehmen lernen:* Die Schülerinnen und Schüler sollen angeleitet werden, die religiösen Zeugnisse im Unterricht mit allen Sinnen zu erfassen und so ganzheitlich sehen zu lernen;
- *Religiöse Phänomene deuten:* Unter Anleitung des/der Lehrenden sollen die Schülerinnen und Schüler die eigenen Erfahrungen und Beobachtungen mit dem religiösen Hintergrund der besprochenen Religion verknüpfen, um die Innenseite einer Religion kennenzulernen;
- *Durch Begegnung lernen:* Über das konkrete Zeugnis hinaus soll den Schülerinnen und Schülern die Möglichkeit gegeben werden, Vertretern der Religionen zu begegnen. »Ein vertieftes Gespräch, ein Besuch nach einer Vorbereitung und mit anschließender Reflexion können nachhaltige Erlebnisse hinterlassen, welche den Eindruck über eine Religion prägen und Vorurteile abbauen helfen« (ebd., 109);

- *Die bleibende Fremdheit akzeptieren:* Ziel der Begegnung mit fremden Religionen ist nicht Übereinstimmung mit dem Anderen oder Integration des Andersartigen in den eigenen Glauben, sondern Respekt und Achtung vor dem Unvertrauten und Fremden. Gelingt dies, ist ein wichtiges Grobziel des interreligiösen Lernens bereits eingelöst;
- *In eine existenzielle Auseinandersetzung involvieren:* Die Begegnung mit dem Fremden soll schließlich die Auseinandersetzung mit dem Anderen wie mit sich selbst fördern: »Lernen geschieht primär durch das personale Verarbeiten von Erfahrungen und soll auch zu einer Erweiterung des Verhaltensrepertoires führen. Interaktion und Kommunikation sind dazu Schlüssel, um in die eigenen Welten einzudringen und am Ende auch selbst neu zu werden, sich wieder zu erkennen, zu verstehen und anzunehmen« (ebd.).

Aus Leimgrubers Bemühungen um einen Lernprozess Christentum – Islam ist auch ein umfangreicher Entwurf zum Dialog mit dem Islam entstanden (Renz/Leimgruber 2002; vgl. auch Renz/Leimgruber 2004). In seinem einführenden Beitrag zu dieser Publikation hat Leimgruber sich hier den pädagogischen und lernpsychologischen Voraussetzungen des interreligiösen Lernens zugewandt: »Wenn wir zunächst fragen, was ›Lernen‹ bedeutet, muss mit der modernen Pädagogik und Religionsdidaktik davon ausgegangen werden, dass dieser Begriff die ganze menschliche Person in ihrem Leben, Denken und Handeln betrifft, und zwar während des ganzen Lebens. Lebenslanges Lernen meint schöpferisches Verarbeiten von Wahrnehmungen, Eindrücken und Wissen ebenso wie die Veränderung von Grundhaltungen auf eine Erweiterung des Verhaltensrepertoires hin. Am Ende des ganzheitlichen Lernprozesses, der somit Kopf, Herz und Hand betrifft, steht eine neue Einsicht, die zu einem adaptierten Verhalten führt« (Renz/Leimgruber 2002, 9). Auf die Begegnung mit den Religionen übertragen, formuliert er weiter: »Interreligiöse Lernprozesse beziehen sich folglich auf Begegnung zwischen Angehörigen verschiedener Religionen und auf Wahrnehmung anderer Religionen. Dadurch, dass Fremdes wahrgenommen und in einer existenziellen Auseinandersetzung verarbeitet wird, vollzieht sich interreligiöses Lernen« (ebd.).

Damit stellt Leimgruber sein Fünf-Schritte-Schema der subjektorientierten Didaktik in einen ersten, zunächst auf die Lerntheorie beschränkten, bildungstheoretischen Zusammenhang: Wenn Lernen (1) Verarbeitung von Einflüssen und (2) das Verändern von Verhalten meint, muss die Begegnung mit dem Fremden, sei es als Person oder Sache, Zeuge oder Zeugnis, zu einer Befähigung des lernenden Subjekts führen, die Pluralität und Alterität der Gesellschaft – vom Kopftuch der Schulklasse bis zum Moschee-Bau in der Nachbarschaft – wahr- und anzunehmen (ad 1), und dies muss im persönlichen Verhalten, in der Alltagspraxis, nachhaltig sichtbar werden (ad 2). Gelingt dies, so können interreligiöse Lernprozesse auf der gesellschaftlichen Ebene ein »Zusammenleben in Gerechtigkeit und Wohlergehen ermöglichen bzw. verbessern« (ebd.). Entsprechend ordnet Leimgruber den fünf oben genannten Lernschritten und ihren Lernzielen (Zeugnisse wahrnehmen, Phänomene deuten, durch Begegnung lernen, Fremdheit akzeptieren, sich existenziell auseinandersetzen) globale, d.h. hier gesellschaftliche Lernziele wie den Abbau von Vorurteilen, die Fähigkeit zum Perspektivwechsel oder die Bereitschaft zur Konfliktbewältigung zu (vgl. ebd. 15f.).

Interreligiöses Lernen konkret

Aufbauend auf den Arbeiten von Lähnemann, Meyer und Leimgruber sind in den letzten fünf Jahren eine Reihe von Entwürfen zum interreligiösen Lernen entstanden, in denen ihre Verfasser versuchen, die bisherigen Erträge der religionsdidaktischen Diskussion in Konturen einer Didaktik der Religionen zusammenzubinden. In meiner Habilitationsschrift »Auf dem Weg zu einer Didaktik der Religionen aus katholischer Perspektive« (Sajak 2005) habe ich selbst versucht, die Erträge aus der deutschen und englischen Diskussion mit Erkenntnissen aus der amerikanischen entwicklungspsychologischen Forschung zu einem eigenen Ansatz zu verbinden. Dabei ging es mir vor allem darum, die Auseinandersetzung mit den Vorstellungen anderer Religionen als einen integralen und unverzichtbaren Bestandteil der eigenen religiösen Entwicklung zu verstehen: »Interreligiöses Lernen ist immer auch intrareligiöses Erschließen der eigenen Religion. In diesem Sinne kann auch in unserem gesellschaftlichen Kontext die Begegnung mit fremden Religionen, vor allem mit dem Islam und dem Judentum, aber auch zunehmend mit dem Buddhismus, als Geschenk gesehen werden« (ebd. 2005, 12f.). So gesehen wird die gesellschaftliche Ausdifferenzierung und Pluralisierung als Chance begriffen werden: »Es ist heute nicht mehr nötig, sich als junger Mensch auf eine lebenslange Bildungsreise um die Welt zu begeben, um fremden Religionen zu begegnen und von ihnen zu lernen. Globalisierung und Migrationen haben fremde Religionen zu einem Teil der deutschen Gesellschaft werden lassen. Die Auseinandersetzung mit ihnen ist für Schüler/innen heute eine schwierige Auf-Gabe und Herausforderung, sie ist aber auch eine die eigene Identitätssuche fördernde Gabe und ein Geschenk für die persönliche Entwicklung« (ebd.). Entsprechend habe ich vor dem Hintergrund ausgewählter Theorien religiöser Entwicklung ein Methodencurriculum für die verschiedenen schulischen Jahrgangsstufen entwickelt, das die verschiedenen innovativen Ansätze und Modelle interreligiösen Lernens aufgreift und altersbezogen zuordnet.

Ebenfalls im Jahr 2005 haben *Werner Haußmann* und *Johannes Lähnemann* unter dem Titel »Dein Glaube – Mein Glaube« ein Werkbuch für das interreligiöse Lernen in Schule und Gemeinde vorgelegt. Sie knüpfen dabei an ihre diversen Vorarbeiten zum interreligiösen Lernen an (Haußmann 1993 und Lähnemann 1986a/b; 1998) und sehen den Band als eine »Konkretion der ›Evangelischen Religionspädagogik in interreligiöser Perspektive‹ von Johannes Lähnemann« (Haußmann/Lähnemann 2005, 6). Als Bausteine für eine Didaktik der Religionen stellen die Verfasser in diesem Buch sieben Projekte vor, an denen exemplarisch die Erarbeitung der verschiedenen Weltreligionen mithilfe einer ausgewählten Methode entfaltet wird. Hier finden sich das Zeugnislernen (»Lernen mit religiösen Artefakten«, ebd., 25), Begegnungslernen durch muslimische Gäste im evangelischen Religionsunterricht, entdeckendes Lernen durch den Besuch einer Synagoge, eine interreligiöse Projektarbeit zum Schöpfungsglauben, biografisches Lernen am Beispiel Ghandis, religionskundliches Lernen im Vergleich von Jesus und Buddha und schließlich das ethische Lernen im Kontext des Projekts »Weltethos«. Dabei entsteht in der Summe der hier vorgestellten Methoden eine Didaktik der Weltreligionen im Sinne eines »Lernen[s] in der Begegnung und durch die Begegnung« (ebd., 20).

In ähnlicher Weise hat *Karlo Meyer* die Erträge seiner umfangreichen Dissertation zum interreligiösen Lernen konkret werden lassen: Er skizziert eine Methodenlehre für die Auseinandersetzung mit den Weltreligionen in der Sekundarstufe I, die für jede der fünf Weltreligionen (und zusätzlich für die Bahai) die unterschiedlichen Methoden zu kombinieren versucht (vgl. Meyer 2008a). Jedes Weltreligionenkapitel beginnt mit der Selbstvorstellung einer Schülerin bzw. eines Schülers der jeweiligen Religion, gefolgt von einem Interview, einer Foto-Tour durch das entsprechende Heiligtum, einer bedeutsamen Geschichte aus der Tradition der Religion, der Vorstellung der Religion und ihrer zentralen Glaubensvorstellungen und einem kreativen Impuls zur Vertiefung. Den Kontext bildet die multireligiöse Lebenswelt von Schülerinnen und Schülern heute: »Die sechs Jugendlichen, um die es in diesem Buch geht, haben sich im Haus der Religionen in Hannover kennengelernt. Sie haben zusammen gespielt, einander erzählt und in kleinen Ausflügen ihre religiösen Stätten besucht« (ebd., 4). Die vorgelegten Methodenbausteine – alle als Arbeitsblätter und Kopiervorlage gestaltet – sind deshalb zum einen als Dokumentation dieses Religionsgesprächs von Jugendlichen, zum anderen aber als Anregung für Jugendliche allgemein zu verstehen. Die Bildserien »tragen weiter, was die Sechs einander mitgeteilt haben, und geben Impulse, um selbst zu forschen, religiöse Orte aufzusuchen, sich über die existenziellen Fragen des Lebens Gedanken zu machen und mit Menschen der jeweiligen Religion zu sprechen« (ebd.). Für die Auseinandersetzung mit dem Judentum und dem Islam hat Karlo Meyer inzwischen gesonderte Publikationen vorgelegt, in denen die Begegnungen mit Zeugen und Zeugnissen der jeweiligen Religion als didaktisches Grundprinzip eine besondere Rolle spielen (Meyer 2006; 2008b).

Interreligiöses Lernen als Trialog

Den ersten umfangreichen Beitrag zum trialogischen Lernen hat 2007 die evangelische Religionspädagogin *Katja Baur* vorgelegt. Unter der Überschrift »Zu Gast bei Abraham« hat die evangelische Religionspädagogin Erfahrungsberichte und Unterrichtsmodelle aus dem Bereich des interreligiösen Lernens gesammelt und systematisiert. Dabei verwendet sie die Gestalt des Abraham als theologisches Leitmotiv und didaktisches Integrativum: Abraham – im Hebräischen *Avraham,* im arabischen *Ibrahim* –, der in Judentum, Christentum und Islam als Erzvater und Patriarch verehrt wird, soll auf den verschiedenen Stationen seines Wegs von Haran nach Beerscheba begleitet werden (Gen 12–22). Zu jeder der Stationen (Verheißungen, Hagar und Sarah, Altarerrichtung, Erprobung, Melchisedek etc.) liefert Baur eine umfangreiche Unterrichtseinheit, der jeweils eine Sachanalyse aus der Perspektive aller drei abrahamischen Religionen vorangestellt ist. Dadurch bekräftigt Baur ihren Anspruch, mit ihrem Kompendium Christen und Muslime befähigen zu wollen, ernsthaft einen Dialog miteinander zu führen und dabei das Judentum als gemeinsame Wurzel in ihren Dialog einzuschließen (vgl. Baur 2007, 9).

Den theologischen Einführungen aus jüdischer, christlicher und muslimischer Perspektive folgen dann neun Unterrichtsbeispiele – Baur spricht von »Möglichkeiten zur Kompetenzbildung und zum Lernarrangement« mit Beispielen »aus der Praxis mit Reflexionen« (ebd., 9f.) –, durch welche die gängigen Methoden interreligiösen Lernens anschaulich durchgeführt werden: Hier finden sich die Arbeit mit religiösen Kinderbüchern, die Gestaltung von Sabbat, Sonn- und Feiertagen, das Entdecken von Synagoge, Kirche und Moschee, die Lektüre von Quellen aus Tora, Bibel und Koran, die Arbeit mit Kunst aus den drei Religionen und die Auseinandersetzung mit dem Brauch des Pilgerns. Außerdem weist das Kompendium mit der Sequenz »Abrahams Frauen« eine eigene Unterrichtseinheit zur Genderperspektive auf (ebd., 284), wie eine weitere zur ethischen Dimension des interreligiösen Dialogs und eine abschließende zur interreligiösen bzw. interkulturellen Lehrkompetenz.

Katja Baur spricht in ihrer Einleitung von einem ernsthaften Dialog zwischen Christen und Muslimen, die »dabei das Judentum in ihren Dialog einschließen« (ebd., 9). Für eine solche Konstellation, in der das Gespräch zwischen den drei abrahamischen Religionen das Zentrum des interreligiösen Lernens bilden soll, hat sich inzwischen der Begriff des trialogischen Lernens durchgesetzt. So schreibt der katholische Religionspädagoge Georg Langenhorst: »›Trialog‹ ist ein Kunstwort, das sich über etymologische Sprachlogik hinwegsetzt. [...] Es bezeichnet aber einen Sachverhalt, der in einem anderen Begriff nicht adäquat erfasst wird. Mit ihm lassen sich die auf Begegnung, Austausch und Annäherung abzielende Kommunikation zwischen den drei abrahamischen, den monotheistischen Religionen Judentum, Christentum und Islam fassen« (Langenhorst 2008, 289). Und der Judaist Stefan Schreiner führt aus, dass die Wortschöpfung »Trialog« mittellateinischen Ursprungs sei und bereits seit dem hohen Mittelalter verwendet werde: »›Trialogisches Prinzip‹ meint dabei die Einsicht, dass nicht nur Judentum und Christentum ihr Selbst aus der Begegnung mit dem jeweils Anderen beziehen, sondern gleiches auch auf den Islam zutrifft, der als ›drittes Kind Abrahams‹ zu Judentum und Christentum hinzugehört« (Schreiner 2010, 21).

Georg Langenhorst hat vor zwei Jahren seine Definition von Trialogischer Religionspädagogik einem Themenheft der Zeitschrift »Religionsunterricht an höheren Schulen« vorangestellt. In dieser Publikation hat vor allem Karl-Josef

Kuschel seine in vielen Publikationen dokumentierte Erfahrung mit dem interreligiösen Dialog in eine Vision des Trialogs der abrahamischen Religionen einfließen lassen. Für ihn ergibt sich die Notwendigkeit eines solchen Trialogs aus der gesellschaftlichen Realität in Europa: »Mittlerweile leben wieder 100.000 Juden in Deutschland sowie rund 3 Millionen Muslime. In Frankreich sind es 4 Millionen Muslime, in England 3 Millionen« (Kuschel 2008, 262). Im Jahr 2020 könnte sich laut Hochrechnungen die Zahl der Muslime in Europa auf 20 Millionen erhöht haben: »Alle europäischen Gesellschaften sehen sich mit sozialen und politischen Herausforderungen konfrontiert, für die sie nicht vorbereitet sind« (ebd.). Folglich ergibt sich für die drei großen abrahamischen Religionstraditionen die Verpflichtung, ernst zu machen mit der theologischen Reflexion »über die Gleichzeitigkeit der Koexistenz von Judentum, Christentum und Islam. Welches Zeichen setzt Gott damit, dass trotz aller feindseliger Abstoßung in der Vergangenheit alle drei: Synagoge, Kirche und Umma nebeneinander existieren?« (ebd., 266f.). Weil alle drei Religionen eine »Erinnerungs-, Erzähl- und Lerngemeinschaft« (ebd., 267) bilden, die große Teile ihrer Überlieferungen teilen (Schöpfung, Sündenfall, Bund des Noah, Abraham, Dekalog sowie Jesus und Maria), können sie im Trialog zueinander finden und das gegenseitige Verständnis – trotz aller Unterschiede in Auslegung und Praxis – suchen. Ein solches Programm des Trialogs skizziert Kuschel mit den Grundpfeilern Wurzelbewusstsein, Familiarität und Lernorte.

Besonders gefördert worden ist das trialogische Lernen durch eine Initiative der *Herbert Quandt-Stiftung*, die erstmals im Januar 2005 einen Wettbewerb »Schulen im Trialog – Europäische Identität und kultureller Pluralismus« ausgeschrieben hatte. Seitdem wendet sich die Stiftung zu Beginn jedes Jahres an Lehrerinnen und Lehrer bzw. Schülerinnen und Schüler und fordert sie zu eigenständigen und kreativen Beiträgen zum interreligiösen Lernen im Kontext der drei Kulturtraditionen Judentum, Christentum und Islam auf. 25 ausgewählte Schulen entwickelten ihre Projekte im Schuljahr 2005/2006, in den folgenden vier Schuljahren folgten entsprechend viele weitere Schulen. Bereits in den Jury-Sitzungen der ersten Wettbewerbsrunde entstand die Idee, die Wettbewerbsbeiträge der Preisträgerschulen zu dokumentieren, da die Projekte Modellcharakter haben und Impulse für zukünftige Initiativen an anderen Schulen geben sollten. Inzwischen liegt unter dem Titel »Trialogisch lernen – Bausteine für die interkulturelle und interreligiöse Projektarbeit« ein Handbuch zum Schulenwettbewerb vor (vgl. Sajak 2010), in dem die trialogische Projektarbeit der Teilnehmerschulen als innovativer Beitrag interreligiöser sowie interkultureller Pädagogik anschaulich wird. Ergebnisse, Erfahrungen und Konzepte der Projektschulen werden an Best-Practice-Beispielen dargestellt und durch fachwissenschaftliche und fachdidaktische Beiträge von jüdischen, muslimischen und christlichen Fachvertretern aus der Expertenjury ergänzt. Dabei wird deutlich, dass der Schulenwettbewerb »Schulen im Trialog« wichtige Beiträge zur bildungs-, integrations- und religionspolitischen Debatte in unserer Gesellschaft liefert: Neben einer eigenen fachdidaktischen und schulpädagogischen Signatur zeigt die Arbeit der Wettbewerbsschulen konkrete Ergebnisse im Bereich von Schulentwicklung und Projektmanagement wie auch im konkreten interreligiösen und interkulturellen Dialog vor Ort.

3. Kompetenz im Umgang mit dem Fremden

Konturen einer Didaktik der Religionen

Der knappe, nur skizzenhafte Durchgang durch die Geschichte der interreligiösen Didaktik hat gezeigt, dass in den vergangenen Jahrzehnten eine ganze Reihe innovativer Ansätze und Modelle entwickelt werden konnten, die gerade in ihrer Verschiedenheit komplementäre Elemente einer Didaktik der Religionen sein sollten. Was in verschiedenen Phasen der Fachgeschichte erforscht und entwickelt worden ist, kann nun entwicklungs- und lernpsychologisch ausdifferenziert als didaktisches Grundmodell für das interreligiöse Lernen im Rahmen des schulischen Religionsunterrichts dienen.

Theologische Voraussetzungen

Dass interreligiöses Lernen integraler Bestandteil religiöser Erziehung sein muss, wird inzwischen im religionspädagogischen bzw. religionspsychologischen Diskurs kaum mehr bestritten. Für die katholische Kirche hat erst das II. Vatikanische Konzil (1962–1965) diese Notwendigkeit von Dialog und Verständigung mit den anderen Religionen aufgedeckt und eingefordert. Zwar hatte nach Zwangstaufe und Kreuzzugsbewegung bereits das Konzil von Trient (1545–1563) eine neue Verhältnisbestimmung zu den Ungetauften gesucht, doch erst das Konzil des 20. Jahrhunderts veränderte grundsätzlich die Haltung der katholischen Kirche gegenüber den anderen, nichtchristlichen Religionen (vgl. Sajak 2005, 17–28). Jetzt erst wandelte sich die negative, kritische Sicht auf den religiösen Pluralismus der Welt in eine positive, wertschätzende Perspektive. So formulierte das Konzil: »Die Kirche lehnt nichts von alledem ab, was in diesen Religionen wahr und heilig ist. Mit aufrichtigem Ernst betrachtet sie jene Handlungs- und Lebensweisen, jene Vorschriften und Lehren, die zwar in manchem von dem abweichen, was sie selbst für wahr hält und lehrt, doch nicht selten einen Strahl jener Wahrheit erkennen lassen, die alle Menschen erleuchtet« (Nostra aetate 2). Entsprechend verlangte das Konzil in den verschiedenen Dekreten, welche die Ausbildung der Priester, Missionare und Laien umreißen, eine gründliche Auseinandersetzung mit den Traditionen und Praktiken der nichtchristlichen Religionen (vgl. Optatam totius 16; Gravissimum educationis 1; Ad gentes 11).

Mit der in Lumen gentium und Nostra aetate entwickelten Interpretation des Verhältnisses von Christentum und nichtchristlichen Religionen hat das II. Vatikanische Konzil die endgültige Abkehr vom sogenannten ekklesiozentrischen Exklusivismus – man denke an das Wort Tertullians: »Extra eccelsiam nulla sallus« – und die Hinwendung zu einem christozentrischen Inklusivismus vollzogen: Auch andere Religionen enthalten »Strahlen der Wahrheit« – der Kirchenvater Justin formulierte einst: »Samen der Wahrheit« –, die Menschen in diesen Religionen »erleuchten« und auf den rechten Weg führen. Die Fülle der Wahrheit liegt aber in Jesus Christus, in ihn münden heilsgeschichtlich die verschiedenen Wege der Religionen ein. Um das soteriologische Dilemma zu lösen, dass zwar Gott das Heil aller Menschen will (1 Tim 2,4), Millionen von Menschen aber in ihren Religionen, in weltanschaulicher Indifferenz oder sogar im Atheismus verharren, griffen die Konzilsväter auf das Modell des »impliziten« oder »anonymen« Christen zurück, wie es in der Theologie Karl Rahners entwickelt worden war. So heißt es in Lumen gentium 6: »Wer nämlich das Evangelium Christi und seine Kirche ohne Schuld nicht kennt, Gott aber aus ehrlichem Herzen sucht, [...] kann das ewige Heil erlangen. Die göttliche Vorsehung verweigert auch denen das zum Heil Notwendige nicht, die [...] nicht ohne die göttliche Gnade, ein rechtes Leben zu führen sich bemühen.«

In den vergangenen zwei Jahrzehnten ist diese Position allerdings von einer neuen, liberalen religionstheologischen Strömung zunehmend infrage gestellt worden. Der vor allem im angloamerikanischen Kontext entstandene religionstheologische Pluralismus (vgl. Hick 2001) sieht nun sogar die Religionen der Welt als gleichberechtigte Heilswege an. Dabei reicht das Spektrum von einem theozentrischen Pluralismus, der die verschiedenen Religionen in ihrem Glauben an ein göttliches Wesen legitimiert sieht, bis hin zu einem soteriozentrischen Pluralismus, der Erlösungstechniken wie den buddhistischen Weg ebenfalls als Heilsweg anerkennt. Sowohl in der evangelischen Theologie als auch in der katholischen Kirche gibt es aber grundsätzliche Vorbehalte gegen eine solche Verhältnisbestimmung, in der weder das evangelische »Solus Christus« noch die Heilsbedeutung der katholischen Kirche eine theologisch angemessene Entsprechung finden (vgl. Waldenfels 2002).

Didaktische Überlegungen

Den Rahmen alles interreligiösen Lernens im schulischen Religionsunterricht bildet die Zielsetzung einer ausgearbeiteten interkulturellen Hermeneutik, wie sie paradigmatisch von dem Religionswissenschaftler *Theo Sundermeier* entwickelt worden ist: Eine angemessene Begegnung zwischen den Schülerinnen und Schülern auf der einen Seite und den Zeugen oder Zeugnissen fremder Religionen auf der anderen Seite ist nur möglich, wenn die »Wand«, also das kulturell oder religiös Trennende als das Konstitutive zwischen den beiden nicht aufgehoben oder aufgelöst wird, sondern als Distinktivum stehen bleibt (vgl. Sundermeier 1996, 133–136). Das Fremde wird so zum Mitkonstituenten der Identität der Schülerinnen und Schüler. Jede Vereinnahmung oder Instrumentalisierung der anderen Religion führt entsprechend zur Zerstörung ihres Wesens, jede Assimilation zur Aufgabe der eigenen, christlichen Identität. Folglich gilt es, einen Prozess des Austauschs und des Verstehens zu initiieren, der das Andere, Fremde und Rätselhafte stehen lässt, es aber durch Kommunikation und Austausch zu erschließen versucht. Sundermeier verwendet dafür den Leitbegriff der Konvivenz: Wahrnehmung ohne Aneignung, Anerkennung der Differenz, Verstehen des Fremden. »Das macht das Besondere der nachbarschaftlichen Konvivenz aus, dass diese Spannung von Gegebenem und Gewähltem im Zusammenleben mit dem Fremden unausweichlich ist. Darum muss man den Umgang mit dem Fremden üben« (ebd., 192). Ziel allen interreligiösen Lernens muss es folglich sein, fremde Religionen in ihrer Andersartigkeit zu akzeptieren und in der Begegnung mit diesen durch Auseinandersetzung und Austausch zu einem besseren Verständnis zu gelangen. Dieses neue Verständnis verändert dann auch den Standpunkt und die Perspektive der Schülerinnen und Schüler, verändert ihre Identität in dem Sinne, dass sie in einem erweiterten Horizont ihre Unsicherheiten, Ängste und Aggressionen ablegen und zu einem abgeklärten und reflektierten Standpunkt in Sachen Religion gelangen. Mit Ulrich Hemel (2000) kann dies als eine erweiterte religiöse Kompetenz umschrieben werden, die durch die bewusste Wahrnehmung, die angemessene Begegnung und die differenzierte Auseinandersetzung mit Zeugen und Zeugnissen fremder Religionen eingeübt und entwickelt werden soll.

Stephan Leimgruber hat in seiner Theorie interreligiösen Lernens den Versuch unternommen, diese erweiterte religiöse Kompetenz mit Blick auf die aktuelle Diskussion um einen kompetenzorientierten Religionsunterricht zu entfalten. Er benennt im Einzelnen sechs Felder interreligiösen Lernens, auf denen unterschiedliche Kompetenzen erworben und entwickelt werden können (vgl. Leimgruber 2007, 100):

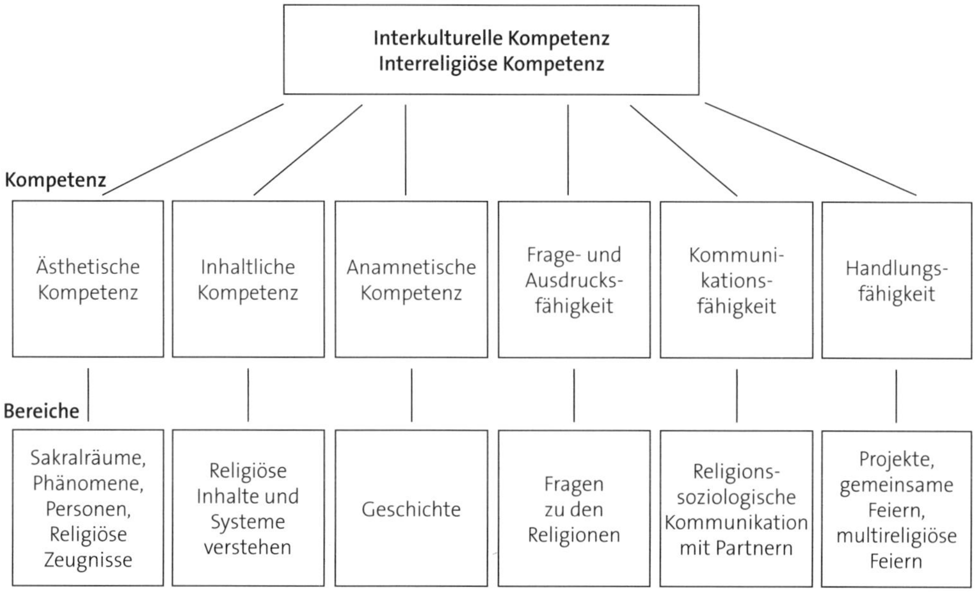

Kompetenzbereiche interkulturellen und interreligiösen Lernens nach Leimgruber 2007

In Anlehnung an dieses Modell und unter Verwendung der inzwischen in den Bundesländern gültigen Kompetenzmodelle (vgl. Sekretariat der Deutschen Bischofskonferenz 2004; 2006) können die allgemeinen Kompetenzen für das interreligiöse Lernen wie folgt beschrieben werden:

Allgemeine Kompetenzen für das interreligiöse Lernen

Wie aber verhält es sich über diese Kompetenzen hinaus mit der religiösen Entwicklung der Lernenden? Wie soll die Auseinandersetzung mit fremden Religionen zur Identitätsbildung der Schülerinnen und Schüler im Religionsunterricht beitragen? Religionspsychologische Untersuchungen zeigen, dass mit Blick auf den Lernenden und seine religiöse Entwicklung drei verschiedene Altersstufen und mit ihnen unterschiedliche Zielsetzung zu beachten sind:

- In der Grundschule und in der Unterstufe sollen Erfahrungen der Kinder mit fremden Religionen aufgegriffen und reflektiert werden, um Ängsten und Vorurteilen entgegenzuwirken und Verständnis für das Verhalten von andersgläubigen Mitschülerinnen und -schülern zu gewinnen. Interreligiöses Lernen dient also der Orientierung und der Angstbewältigung.
- In der Mittelstufe soll die Begegnung mit fremden Religionen und Weltanschauungen die systematische Auseinandersetzung mit den Vorstellungen der eigenen Religion anregen und fördern. Interreligiöses Lernen dient

nun folglich der Kritik und damit letztendlich der Überwindung der kindlichen, konventionellen Religion.

- In der Oberstufe und dem jungen Erwachsenenalter soll die Begegnung mit fremden Religionen schließlich die Ausbildung einer reflektierten, postkonventionellen Religion fördern, in deren Rahmen die Suche junger Menschen nach einem tragfähigen Sinnkonzept und Lebensmodell möglich werden kann.

Stephan Leimgruber hat zudem mit Blick auf die lernpsychologischen Voraussetzungen des interreligiösen Lernens verschiedene Dimensionen menschlicher Bildung herausgearbeitet, in denen Lernprozesse ablaufen können. In Bezug auf seine Definition interreligiöser Bildung, gemäß derer Bildung im Kopf beginnt und die ganze Person mit Leib, Geist, Seele, Gefühlen und Handlungen involviert, unterscheidet er zwischen ästhetischen, kognitiven, emotionalen, sprachlichen, spirituellen und handlungsbezogenen Formen interkulturellen wie interreligiösen Lernens. In diesem Sinne ist bei Leimgruber interreligiöses Lernen »als vieldimensionales Lernen mit Kopf, Herz und Hand (Heinrich Pestalozzi) beschrieben. Seine Bedeutung dürfte aufgrund des künftigen Zusammenwachsens der Welt zu einem ›global village‹ und aufgrund der medialen Kommunikation noch zunehmen« (Leimgruber 2004, 5). Folglich gilt es bei der Initiierung religiöser Lernprozesse im Religionsunterricht zu beachten, dass nicht nur die sprachlich-kognitiven Fähigkeiten der Schülerinnen und Schüler angesprochen werden, sondern auch emotionale, handlungsbezogene wie auch spirituelle Elemente den Unterrichtsprozess konstituieren sollten. Gerade die Arbeit mit Fotos, Postern und Gegenständen, wie sie im Rahmen der angelsächsischen Religious Education entwickelt worden ist, kann hier hilfreich sein und neue Zugänge eröffnen. Über diese im Regelunterricht zu realisierenden Methoden hinaus bleibt die personale Begegnung mit Angehörigen fremder Religionen – im Rahmen von Besuchen im Unterricht oder von Exkursionen zu Moscheen, Synagogen, Kulturzentren etc. – unverzichtbarer Bestandteil umfassender Lern- und Bildungsprozesse.

Methoden und Medien: Zugänge und Wege

Die Frage nach Zielen und Kompetenzen ist eng mit der Wahl der Methode des Unterrichtens verbunden. Das Beispiel »Islam« kann dies deutlich machen: Wenn der Islam bereits in der Grundschule mit den genannten Zielsetzungen behandelt werden soll, bedarf es anderer Methoden als sie bisher im Bereich der Mittelstufe üblich sind.

Überhaupt ist zu überlegen, ob die klassische Methode des hiesigen Religionsunterrichts – Sekundärtexte mit Kommentarcharakter kombiniert mit fiktiven Schüler-Geschichten und illustriert mit Fotos und Karten – wie sie exemplarisch in den Unterrichtswerken von Hubertus Halbfas und Werner Trutwin ausgearbeitet worden ist, nicht ergänzt werden muss durch neue Zugänge zu fremden Religionen, wie sie beispielsweise von der englischen Religionspädagogik entwickelt worden sind und in der dortigen Religious Education praktiziert werden (Arbeit mit Fotos, Postern und Gegenständen sowie Exkursionen und Gespräche).

Johannes Lähnemann (2002) hat eine Theorie des aufbauenden Lernens ausgearbeitet, in der die Schullaufbahn in verschiedene Lernphasen gegliedert werden muss, in denen je altersgemäß ein bestimmtes Methodenrepertoire anzuwenden ist. So unterscheidet er zwischen

- der 1. und 2. Klasse, in denen interreligiöses Lernen durch bewusste Gestaltung des Schullebens und der Feste mit Blick auf die verschiedenen Religionen und Kulturen initiiert werden kann;
- der 3. und 4. Klasse, in denen Schülerinnen und Schülern mithilfe des Personalisierungsprinzips, an einem Kind ihrer Alterstufe »exemplarische Erfahrungen verdeutlicht werden« (Lähnemann 2002, 400);
- der 5. und 6. Klasse, in der größere Zusammenhänge und erste systematische Aufbereitungen des Fremden in den Blicken genommen werden können;
- der weiteren Sekundarstufe I bis Klasse 10, in der das Begegnungslernen durch Exkursionen und Besuche von Vertretern fremder Religionen in der Schule ermöglicht werden sollte;
- der gymnasialen Oberstufe, in der die Arbeit an Quellentexten, solche aus den fremden Religionen selbst wie auch solche aus der Theologie der Religionen, angeregt werden kann.

Selbstverständlich geht es Lähnemann nicht um einen stufenbezogenen Methodenmonismus, sondern um eine Akzentuierung des interreligiösen Lernens in den verschiedenen Altersstufen, die den lebensweltlichen Erfahrungen und den anthropogenen Voraussetzungen der Schülerinnen und Schüler gerecht werden soll.

Eine andere Systematisierung der Lernwege unternimmt Hans Mendl in seinem Arbeitsbuch für den Religionsunterricht »Religion erleben« (2008): Er unterscheidet zwischen solchen Methoden, die in performativer Weise auf Sekundärerfahrungen aufbauen (Jugendbücher, Filme, Internetrecherche, Rollenspiele), und solche, die Primärerfahrungen, also die »unmittelbare Begegnung mit Fremden und Fremdem« (ebd., 274) ermöglichen. Hierzu zählt Mendl die Erschließung von Zeugnissen, Räumen, Menschen und gemeinsamen Festen und Feiern. Auch bei ihm gilt: Wichtig ist die Kombination aller Zugänge, damit Schülerinnen und Schülern eine alters- und erfahrungsbezogene Auseinandersetzung mit der eigenen wie den anderen Religionen ermöglicht werden kann.

Wie in den ersten beiden Schuljahren der *Primarstufe* eine erste Stufe interreligiösen Lernens gestaltet werden kann, haben verschiedene Publikationen zu Formen und Methoden interreligiöser Erziehung in der Vorschulerziehung aufgezeigt. Besonders die Islamwissenschaftlerin Barbara Huber-Rudolf und der auf den Elementarbereich spezialisierte Religionspädagoge Matthias Hugoth haben in den letzten Jahren ausgearbeitete Modelle für die Auseinandersetzung mit fremden Religionen, im besonderen mit dem Islam im Kindergarten vorgelegt (vgl. Huber-Rudolf 2002; Hugoth 2001; 2002; 2003). Dabei stehen vor allem die persönliche Begegnung zwischen Schülerinnen und Schülern verschiedener Religionen, die gemeinsame Gestaltung religiöser Feste und die Einführung in die Welt zentraler religiöser Symbole als Methoden im Vordergrund. Für den schulischen Kontext liefern die Werkbücher von Gertrud Wagemann und Ursula Sieg eine Fülle von Anregungen und Materialien (Wagemann 2002; Sieg 2003).

Zugänge und Methoden, die sich mit den exemplarischen Personen verschiedener religiöser Traditionen auseinandersetzen, können dann in den folgenden Schuljahren, also in der 3. und 4. Klasse der Primarstufe und in den ersten Schuljahren der Sekundarstufe aufgenommen werden. Lähnemann spricht hier in Anknüpfung an Werner Haußmann von einem »Personalisierungsprinzip« (Lähnemann 2002, 400), in dessen Rahmen Symbole,

Bräuche und Glaubensvorstellungen fremder Religionsgemeinschaften am Beispiel fiktiver gleichaltriger Kinder eingeführt und erklärt werden. Vor allem Monika und Udo Tworuschka haben in den vergangenen beiden Jahrzehnten eine Reihe von vorbildlichen Arbeits- und Vorlesebüchern vorgelegt. Im katholischen Bereich hat der Patmos-Verlag eine Reihe mit Lesebüchern zu den Weltreligionen herausgegeben, die vor allem von Hermann-Josef Frisch und Georg Schwikart gestaltet worden ist. Auch auf dem Kinder- und Jugendbuchmarkt lässt sich inzwischen eine Reihe von Kinderbüchern finden, die sich im Unterricht – gerade auch im Rahmen eines fächerverbindenden Unterrichtsprojektes oder einer fächerübergreifenden Unterrichtseinheit – einsetzen lassen.

In der Praxis der englischen *Religious Education,* aus der seit Jahren wichtige Impulse auch die deutsche Diskussion bereichern (vgl. Sajak 2005, 90–125), werden in dieser Altersphase Methoden wie das Westhill Project und John M. Hulls »A Gift to the Child« eingesetzt: Hier steht die bereits erwähnte Arbeit mit religiösen Gegenständen – »Gifts« bzw. »Gaben« oder auch »Items« und »Zeugnisse« genannt – im Zentrum eines religionsphänomenologisch erschließenden Unterrichts. Diese Methode soll im folgenden Praxisteil noch detailliert entfaltet werden. An dieser Stelle nur soviel: Hull hat erst jüngst resümiert, dass die Methode der Gabe vor allem in der Grundschule erfolgreich ist, da »dieser Ansatz bisher vor allem bei Sieben- und Achtjährigen eingesetzt worden ist. Ältere Schüler brauchen eine weitere Perspektive im Sinne religionskundlicher oder komparatistischer Methoden« (Hull 2000b, 125, Übers. Sajak). Weil ältere Schülerinnen und Schüler ein Mehr an Informationen und Hintergrundwissen verlangen, kann die Arbeit mit ›Gaben‹ in höheren Klassen lediglich einen motivierenden Einstieg leisten oder zur Veranschaulichung dienen, sie ersetzt aber nicht die gründliche Auseinandersetzung mit Inhalten anhand von Texten.

Im weiteren Verlauf der *Sekundarstufe I* soll gemäß dem Schema von Lähnemann nun eine systematische Einführung in die Glaubenssysteme, die Geschichte und damit auch in die Vorstellungen der Religionsstifter ermöglicht werden. Dabei kann durchaus auch auf Zeugnisse zurückgegriffen werden, allerdings im Rahmen einer Unterrichtsgestaltung, in der nun auch klassische Methoden, wie die Lektüre von Texten und das Studium von Arbeitsbüchern, ihren Platz haben müssen. Nun liegt der Fokus vor allem auf der geschichtlichen Dimension und den politischen Zusammenhängen, die mit der vorgestellten Religion einhergehen. Einladungen an Vertreter nichtchristlicher Religionen, den Religionsunterricht zu besuchen und für Fragen und Gespräche zur Verfügung zu stehen, gehören ebenso in das methodische Repertoire dieser Stufe wie fächerverbindende Projektarbeit und Unterrichtsgänge bzw. Exkursionen zu Moscheen, Synagogen, Gedenkstätten, Museen etc. Zu dieser methodischen Großform (Meyer 2004, 13f.) ist inzwischen eine Reihe von hilfreichen Publikationen erschienen (grundsätzlich: Meyer 2008c; praktisch: Ruß/Sajak 2000; 2001; Leggewie u.a. 2002; Brüll u.a. 2005; Glöckner 2005; Straß/Haußmann 2005).

In der *Sekundarstufe II* können schließlich auch die bedeutenden religiösen Texte aus den Weltreligionen, jene Urkunden des Glaubens, die sich wegen ihres schwierigen Charakters und wegen ihres Umfangs kaum in der Mittelstufe erschließen lassen, zum Unterrichtsgegenstand gemacht werden. Udo Tworuschka hat der Lektüre von Heiligen Schriften in seinem Methodenbuch zu den Weltreligionen ein ausführliches Kapitel gewidmet, indem er am Koran und am Pali-Kanon aufzeigt, was es zu beachten gilt, wenn man im Unterricht den Umgang mit Originaltexten aus der Religionsgeschichte einüben will. Dabei hat er vor allem zwei Ziele im Blick: »In erster Linie geht es um die sachgemäße Interpretation religionsgeschichtlicher Texte. Andererseits ist aber auch die Wirkungsmöglichkeit eines Textes mitzubedenken« (Tworuschka 1982, 154). Dies ist angesichts der verfügbaren Materialien für den Religionsunterricht nicht immer einfach: »Heutige Text- und Materialsammlungen für den Unterricht enthalten oft ›moderne‹ Texte, die dem heutigen Selbstverständnis einer Religion entsprechen. Gleichwohl besteht für den Unterricht über Religionen die wichtige Aufgabe im Umgang mit ihren jeweiligen Grundlagen: den ›Heiligen Schriften‹« (ebd.). Tworuschka zeigt im Folgenden, dass das Studium jeder heiligen Schrift eine gründliche religions- und literaturwissenschaftliche Auseinandersetzung mit dem vorliegenden Text und seiner Entstehung erfordert. Erst nach einer solchen gründlichen hermeneutischen Vorbereitungsarbeit, deren Ausmaße und Aufwand an Tworuschkas Beispielen von Koran und Pali-Kanon deutlich werden, ist eine angemessene Auseinandersetzung mit dem jeweiligen Text im Unterricht möglich. Vor allem für die Lektüre und Diskussion von Tora und Koran liegen inzwischen eine ganze Reihe von hilfreichen Einführungen in eine solche intertextuelle Erschließungsarbeit vor (Gnilka 2004; 2007; Renz/Leimgruber 2004; Leimgruber/Wimmer 2006; Krochmalnik 2006; Tröger 2008; Tworuschka 2008).

Über die Arbeit mit heiligen Texten hinaus sollten in der Sekundarstufe II die wichtigsten Positionen einer Theologie der Religionen aufgezeigt werden. Gerade weil den Schülerinnen und Schülern heute ein Pluralismus als gleichberechtigtes Nebeneinander der Religionen selbstverständlich erscheint, muss die Frage nach dem Wahrheitsanspruch, der revelatorischen Authentizität wie auch nach der soteriologischen Relevanz der verschiedenen Religionsgemeinschaften vergleichend problematisiert und diskutiert werden. Dabei sollten die grundsätzlichen Begriffe wie Pluralismus, Inklusivimus und Exklusivismus eingeführt und erläutert werden (vgl. Themenheft »Pluralistische Religionstheologie«, rhs 2/1998). Die Lektüre der Erklärung des II. Vatikanischen Konzils »Nostra aeate« bietet sich an: An diesem kirchlichen Dokument kann die Theologie des Inklusivismus aufgezeigt und mit Blick auf die verschiedenen Religionsgemeinschaften konkret gemacht werden. Am Text selbst kann auch die Geschichte der Kirche mit den anderen Weltreligionen, vor allem mit Judentum und Islam, nachgezeichnet und beleuchtet werden. Somit wird deutlich, dass exklusivistische Positionen nicht nur ein Phänomen des Islams sind, sondern bis zum II. Vatikanum auch in der Katholischen Kirche legitim waren und auch heute noch in verschiedenen protestantischen Gemeinschaften vertreten werden. Schließlich bieten sich aktuelle Ansätze wie das »Projekt Weltethos« von Hans Küng zur Auseinandersetzung und zur Kritik an (vgl. Sajak 2005, 287–289).

4. Der Ansatz der Gabe

Zeugnisse fremder Religionen erschließen

In diesem Werkbuch für das interreligiöse Lernen soll der Ansatz des Zeugnislernens vorgestellt und an Zeugnissen aus den fünf Weltreligionen veranschaulicht werden. Dabei ist zu beachten, dass auch in diesem Zusammenhang das Zeugnislernen immer nur als *ein* Ansatz zu verstehen ist, der auf jeden Fall durch andere Methoden des interreligiösen Lernens, z.B. durch das Begegnungslernen, das Lernen in sakralen Räumen oder auch durch die Auseinandersetzung mit Heiligen Schriften, ergänzt werden muss. Wird dieser Kontext beachtet, dann bietet die Methode des Zeugnislernens einen integralen ganzheitlichen Zugang zu fremden Religionen, an den andere Lernwege anknüpfen können.

Die von Michael Grimmit und John Hull begründete »Methode der Gabe an das Kind« ist in den vergangenen Jahren auch im deutschen Kontext aufgegriffen und weiterentwickelt worden – so als Lernen mit »Zeugnissen« bei Meyer, Leimgruber und Sajak, als »Lernen mit Artefakten« bei Lähnemann/ Haußmann. Diese Methode trägt im Englischen den Titel »A Gift to the Child« und wurde von John Hull zusammen mit seinem Kollegen Michael Grimmit an der School of Education der University of Birmingham entwickelt. Im Rahmen zweier Forschungsprojekte – Religious Education in the Early Years (1987–1992) und Religion in the Service of the Child (1989–1992) – versuchten Grimmit und Hull gemeinsam mit einem Team von Lehrerinnen und Lehrern eine Konzeption für interreligiöses Lernen im Religionsunterricht zu finden, die sowohl dem thematischen Ansatz bzw. inhaltlichen Anspruch der Weltreligionen als auch der Erfahrungswelt gerade jüngerer Schülerinnen und Schüler im Vorschul- und Primarbereich gerecht wird.

Hull macht in der Einleitung seines programmatischen Aufsatzes »A Gift to the Child – A New Pedagogy for Teaching Religion to Young Children« (Hull 1996, in deutscher Übersetzung Hull 2000a) darauf aufmerksam, dass in der Praxis des Religionsunterrichts die phänomenologische Methode in ihren verschiedenen Variationen vor allem in höheren Jahrgangsstufen eingesetzt werde – schließlich setzt das Erfassen, Reflektieren und Vergleichen verschiedener ›Religionssysteme‹ Abstraktionsvermögen und die Fähigkeit zum Perspektivwechsel voraus –, während in den unteren Jahrgangsstufen vornehmlich der erfahrungsorientierte Ansatz mit seinen verschiedenen Modellen zum Zuge komme (vgl. Hull 2000a, 142–144). »A Gift to the Child« will in gewisser Weise die beiden Ansätze, den deskriptiven wie den existenziellen Zugang, verbinden. Zum einen leistet die neue Methode »eine vertiefte und ausführliche Begegnung mit einem Aspekt oder Gegensatz religiösen Glaubens, der wegen seiner Bedeutsamkeit und Heiligkeit ausgewählt wurde« (ebd., 155). Zum anderen berücksichtigt die Methode auch in spezifischer Form die Erfahrungsdimension von Schülerinnen und Schülern: »Der Ansatz der ›Gabe‹ regt die Erfahrung des Schülers an, ohne etwas vorauszusetzen. Er geht den Weg von der Religion zur Erfahrung, nicht umgekehrt« (ebd., 158). Damit leistet »Die Gabe an das Kind« einen wichtigen Beitrag zu einer entwicklungspsychologisch reflektierten interreligiösen Didaktik, in der »die Begegnung mit religiösen Items eine Anregung und Bereicherung für die soziale, persönliche, moralische, spirituelle und geistige Entwicklung des Kindes darstellt« (ebd., 152).

»A Gift to the Child« ist von Grimmit und Hull im Rahmen ihrer Forschungsprojekte ausführlich erprobt, reflektiert und verändert worden. Inzwischen gibt es ein umfangreiches Lehrerhandbuch, insgesamt vierzehn Bilderbücher für Kinder und eine Begleitkassette für den Unterricht (vgl. das Schülerbuch sowie das Lehrerhandbuch und das Tonbandmaterial unter Grimmit/Grove/Hull/Spencer 1991).

Die Idee: Lernen über die Auseinandersetzung mit Kultgegenständen

Der Grundgedanke dieses Ansatzes ist es, eine Religion mittels eines Items/Kultgegenstandes (die »Gabe«, das »Zeugnis«, das »Artefakt«) den Schülerinnen und Schülern vorzustellen und so einen Lernprozess zu initiieren. Ein solches Item, in Anlehnung an Rudolf Otto auch »Numen«[3] genannt, kann ein Wort (»Halleluja«), ein Klang (der Gebetsruf des Muezzin), eine Geschichte

3 Bezeichnung der Anwesenheit eines »gestaltlos Göttlichen«.

(Jona und der Wal), eine Statue (Ganesha, der Elefantengott), ein Aspekt spiritueller Realität (eine Engel) oder eine Person (ein buddhistischer Mönch) sein. Wichtig ist, dass folgende Kriterien erfüllt sind:

- Das Item soll exemplarisch für Leben und Glauben der betreffenden Religionsgemeinschaft sein.
- Das Item soll eine numinose Aura besitzen, die ein Gefühl von Heiligkeit hervorruft.
- Das Item sollte bedeutsam für die Entwicklung und den Lernprozess des Kindes sein (vgl. Hull 2000a, 144f.).

Es wird rasch klar, dass ein solches Item nur in einem ständigen Prozess des Experimentierens und Diskutierens gefunden werden kann – wenn überhaupt, denn es ist kritisch anzumerken, dass das Kriterium der »numinosen Aura« wohl selten einzuholen ist. Auch die in unserem Werkbuch vorgestellten Zeugnisse sind das Ergebnis von fachwissenschaftlichen Diskussionen, unterrichtlichen Erprobungen und anschließendem Austausch. Dabei haben wir uns auf das Kriterium des Exemplarischen und auf die Bedeutsamkeit für das Kind konzentriert. Außerdem hat für uns die Frage der Zugänglichkeit eines Mediums eine wichtige Rolle gespielt: Zwar liefert dieses Werkbuch zu jedem Item ein entsprechendes Foto, doch sollten Lehrerinnen und Lehrer ja auch die Möglichkeit haben, den Gegenstand für den Unterricht zu beschaffen.

Wie läuft nun der Unterrichtsprozess gemäß der Methode ab? Hull nennt vier Phasen, in denen die Begegnung mit dem Item vollzogen wird und die auch in unseren Unterrichtsbausteinen im Einzelnen aufgeführt werden:

Die Phase der inneren Beteiligung
(The Engagement Stage; vgl. Hull 2000a, 145–148)

Der Klasse wird das Item so vorgestellt, dass die Aufmerksamkeit und das Interesse der Lerngruppe geweckt werden. Die Wirkung des Items soll Schülerinnen und Schüler auch in ihrem Inneren beteiligen und nicht gleichgültig lassen. Hull nennt als Beispiel die Einführung des Elefantengottes Ganesha in einer Grundschulklasse: Die vielköpfige Statue des Gottes wurde schrittweise enthüllt, während die Kinder aufgefordert waren, ihre Beobachtungen zu nennen. Gefesselt und engagiert wetteiferten die Schülerinnen und Schüler da-

Die vielköpfige Statue des Elefantengottes Ganesha

rum, die verschiedenen Skulpturteile – Ratte, Schlange und schließlich den Elefantenkopf – zu benennen, bis sie sich schließlich von der Gesamtgestalt überrascht zeigten. »Die innere Beteiligung entstand ganz einfach während der Enthüllung der Statue« (ebd.).

Die Phase der Exploration
(The Exploration Stage; vgl. Hull 2000a, 148)

In dieser zweiten Phase werden die Kinder nun aufgefordert, das Item genauer zu untersuchen. Die Statue wird in allen Details von allen Seiten gezeigt, eine Geschichte wird komplett vorgelesen, ein Musikstück vollständig abgespielt. Hier ereignet sich nun die konkrete Begegnung mit dem Item, das, was in der traditionellen Didaktik »Aneignung« genannt wird. »Die Exploration geht mit der Aufforderung einher, sich ihm zu nähern und kraft der eigenen Fantasie in seine Welt einzutauchen« (ebd.).

Die Phase der Kontextualisierung
(The Contextualization Stage; vgl. Hull 2000a, 148f.)

Im nächsten Schritt wird den Kindern aufgezeigt, in welchem Zusammenhang das Item im religiösen Alltag steht: Die Statue des Elefantengottes wird z.B. mit Kerzen und Rosenblüten in einen Schrein gestellt (Hinduismus), der Muezzin-Ruf wird in seiner Funktion vor dem Gebet gezeigt (Islam) und der Engel wird in eine biblische Geschichte funktional eingebettet (Christentum). Dadurch wird klar, welche Bedeutung dem Item in der religiösen Praxis der repräsentierten Gemeinschaft zukommt.

Die Phase der Reflexion
(The Reflection Stage; vgl. Hull 2000a, 149f.)

Im letzten Schritt nun sollen die Kinder eine Verbindung zwischen dem Item und ihrem Leben herstellen. Sie erhalten von der Lehrerin oder dem Lehrer eine Aufgabe zum Item. Im Falle der Begegnung mit dem Elefantengott Ganesha wurden die Kinder aufgefordert, zwischen verschiedenen Tiermasken zu wählen und eine dieser Masken aufzusetzen. Dabei sollten sie begründen, warum sie sich gerade für dieses Tier entschieden hatten. Im Rahmen der Begegnung mit dem Gebetsruf des Muezzin wurden die Kinder gebeten, sich vorzustellen, sie dürften auf einen hohen Turm steigen und der ganzen Schulgemeinde etwas zurufen.

Der methodische Duktus von innerer Beteiligung, Exploration, Kontextualisierung und Reflexion gewährleistet, dass sich die Kinder im Rahmen des Unterrichtsprozesses unbefangen mit dem Item identifizieren können, dann aber auch wieder – nach näherem Hinschauen – eine gewisse Distanz entwickeln können. Die Identifikation findet folglich in der Regel in der Phase der Exploration statt, während die Distanzierung durch die Kontextualisierung, also die Einbettung des Items in die Praxis einer bestimmten Religionsgemeinschaft, geleistet wird. Identifizierung und Distanzierung sind von entscheidender Bedeutung, weil zum einen nur dieser Zweischritt sicherstellt, dass das Recht des Kindes eingelöst wird, eine Religion kennenzulernen, wie auch sich von dieser zu distanzieren. Zum anderen wird so die Trennung von Information über eine Religion und die Instruktion in eine Religion gewahrt (vgl. ebd.).

Den wissenschaftstheoretischen Hintergrund zur Methode der »Gabe« liefern Überlegungen von Paul Ricœur und Alfred Schütz. Hull nimmt Bezug auf Paul Ricœurs Unterscheidung von einer Hermeneutik des Heiligen und einer Hermeneutik des Verdachts: »Die Hermeneutik des Heiligen gründet sich auf die Phänomenologie der Religion, insofern das religiöse Item sich selbst zum Ausdruck bringen und dem Betrachter sein inneres Wesen offenbaren darf. Sie geht davon aus, dass, sobald etwaige Missverständnisse aus dem Weg geräumt sind, das Wesen des Heiligen hell und frei von aller Mehrdeutigkeit erstrahlen kann. Die Hermeneutik des Verdachts hingegen ist sich bewusst, dass religiöse Phänomene häufig mehrdeutig sind und immer wieder der Deutung und neuen Wertung bedürfen. [...] Aus dem gleichen Grund wird darauf geachtet, dass es dem Kind durch den distanzierenden Schritt entsprechend fern gerückt wird, wenn es später wieder in seinen religiösen Kontext hineingestellt wird« (ebd., 150f.).

Liefert Ricœur den hermeneutischen Hintergrund der methodologischen Überlegungen, so stammt aus der phänomenologisch orientierten Soziologie von Alfred Schütz die vierfache Gliederung lebensweltlicher Sinnzusammenhänge in Alltagswelt, Imagination, Traum und Religion, auf die Grimmit und Hull zurückgreifen. Übergänge von einem Sinnbereich in den anderen werden durch einen Perspektivwechsel vollzogen, eine Verschiebung des Bewusstseins (z.B. das Erwachen aus einem Traum), die gerade durch den Doppelschritt von

Identifizierung und Distanzierung im Rahmen der »Gabe« geleistet wird: »Der hinführende Schritt und der distanzierende Schritt markieren die Punkte, an denen der Schüler aufgefordert wird, von einem begrenzten Sinnzusammenhang in einen anderen hinüberzuwechseln. Mit der Stufe der Reflexion kehrt er dann wieder in die Alltagswelt zurück und versucht, das, was er aus der Welt der Religion mitbekommen hat, in seine Alltagserfahrung hineinzunehmen« (ebd. 151f.).

Das Ziel: Eine Methode, die Kindern Religion erschließen hilft

Es ist deutlich geworden, dass »A Gift to the Child – Eine Gabe für das Kind« eine Reihe von Vorzügen gegenüber den konventionellen bzw. traditionellen Methoden (Textarbeit, Bildbetrachtung, Referate) im interreligiösen Lehr- und Lerngeschehen besitzt. Hull fasst die Ziele seines Ansatzes wie folgt zusammen:

Der Ansatz der Gabe liefert eine Methode für frühes interreligiöses Lernen in der Primarstufe: »Der systematische Ansatz hat zweifellos seine Daseinsberechtigung, vor allem an den weiterführenden Schulen, doch für das jüngere Kind ist er ungeeignet« (ebd., 154). Die theoretische und abstrakte Vorstellung der Weltreligion ist zum einen mit Blick auf die entwicklungspsychologischen Voraussetzungen, zum anderen unter Berücksichtigung der bildungstheoretischen Aspekte frühestens in den oberen Klassen der Sekundarstufe, eher noch in den ersten beiden Jahren des College (dies entspricht den deutschen Schuljahren 12/13) zu vermitteln. »Der systematische Ansatz wie auch die aktuelle/themenbezogene Darstellung setzen die Fähigkeit zur Verallgemeinerung voraus. [...] Der Ansatz der ›Gabe‹ hingegen ist nicht nur konkret, er wendet sich ganz unmittelbar an die sinnliche Erfahrung der Kinder« (ebd., 157).

Auch hat der systematische Ansatz in der Praxis oft zu einer Betonung der Differenz und Trennung von Religionen geführt. Der Ansatz der Gabe bietet die Möglichkeit, sowohl gerade bei jüngeren Kindern einen ganzheitlichen Begegnungsprozess mit fremden Religionen anzuregen als auch das Verbindende von Religionen motivisch herauszuarbeiten (z.B. bei der Gestalt des Engels in Judentum, Christentum und Islam; vgl. ebd., 154f.).

Die Methode der Gabe beugt oberflächlicher Behandlung von Religion vor: Der thematische Ansatz ist in der englischen Diskussion oft kritisiert worden, weil er lediglich ein oberflächliches Verständnis von Religion eröffne und so zu einem undifferenzierten »Mischmasch« an Glaubensvorstellungen beitrage. Dieser Vorwurf trifft auf die Methode der Gabe nicht zu: »Es geht vielmehr um eine vertiefte und ausführliche Begegnung mit einem Aspekt oder einem Gegenstand religiösen Glaubens, der wegen seiner Bedeutsamkeit und Heiligkeit ausgewählt wurde. Vergleiche zwischen Religionen und damit die Möglichkeit zu irrigen Schlüssen sind tabu« (ebd. 155). Zwar werden auch hier verschiedene Religionen eingeführt, doch nur als Horizont des einzelnen Zeugnisses, nicht als ›Systeme‹.

Die Methode der Gabe erleichtert Lehrerinnen und Lehrern das Unterrichten verschiedenster Religionen im Religionsunterricht: Religionsunterricht in England stellt hohe Ansprüche an die Lehrkraft. Diese ist nicht – wie im deutschen System – an theologischen Fakultäten oder Instituten wissenschaftlich und konfessionell verortet ausgebildet, sondern hat meist die Qualifikationen für die Multi-Faith Religious Education über berufsbegleitende Fortbildungen erworben. »A Gift to the Child« erleichtert folglich gerade diesen Lehrerinnen und Lehrern das Unterrichten, da über die Items ein anschaulicher, konkreter Zugang in eine Religion ermöglicht wird, bei dem auf religionswissenschaftliche Systeme und Lehrgebäude verzichtet werden kann: »Aus der unmittelbaren Darbietung ergibt sich nicht nur eine große Zeitersparnis für den Lehrer; für diese Methode spricht vor allem, dass der Anstoß vom Item selbst ausgeht« (ebd., 157).

Die Methode der Gabe leistet einen wichtigen Beitrag zur Entwicklung einer pädagogischen Theorie des Religionsunterrichts: Der Ansatz der ›Gabe‹ beugt der intellektuellen Überfrachtung des Religionsunterrichts vor und bietet die Chance, Religion als Gegenstand schulischen Unterrichts stärker persönlich bekannt zu machen (vgl. ebd., 159). Dies ist nicht nur unter methodischen Gesichtspunkten, sondern auch unter curricularen von Bedeutung: Wenn der Religionsunterricht seinen spezifischen Beitrag zur religiösen, moralischen, kulturellen und geistigen Weiterentwicklung von Schülerinnen und Schülern leisten soll, dann sind Wege zu suchen, auf denen der Religionsunterricht den Kindern etwas für ihr persönliches Leben und ihre Entwicklung mitgeben kann. Dies leistet »A Gift to the Child« sicher besser als jeder andere Ansatz, da hier nicht nur über Religion informiert wird, sondern die Kinder sich in andere Vorstellungen, Haltungen und Perspektiven hineinversetzen. Selbst im Falle einer Distanzierung im Verlauf der Methode findet doch gerade hier konkretes Empathielernen statt, das zu einer wirklichen interkulturellen Kompetenz der Kinder beitragen kann.

Die Methode der Gabe trägt zu einer gründlichen Reflexion interreligiöser Lernziele bei: »Die verschiedenen ›Gaben‹, die religiöse Items anbieten, sind durch psychologische, sozial- und verhaltenswissenschaftliche Erkenntnis gestützt« (ebd., 161). Die im Lehrerhandbuch ausgewählten Items für den Unterricht sind sorgfältig auf ihre Bedeutsamkeit für das Kind geprüft worden. Die Lernziele werden folglich vom Adressaten her entwickelt, nicht von der Theologie einer Religion oder der Religionswissenschaft aus. »Warum Ganesha lehren?«, lautet z.B. die Überschrift des beschriebenen Kapitels zum indischen Elefantengott Ganesha. Dabei fließen psychologische Erkenntnisse (A. Maslow) ebenso in die Lernzieloperationalisierung ein, wie entwicklungstheoretische (E. H. Erikson) oder gesellschaftskritische (K. Marx).

Die Methode der Gabe fördert auch den Prozess der Glaubensentwicklung bei Erwachsenen: Hull nennt am Ende seines Artikels zwei Vorteile, die »A Gift to the Child« für Erwachsene bietet: Zum einen kann diese Methode von jedem ausgebildeten und erfahrenen Lehrer, unabhängig von seiner persönlichen Religiosität und seinem Glauben, angewandt werden: »Natürlich sollte jeder/jede Lehrer/in eine reife Persönlichkeit sein und sich mit der religiösen Bildwelt seiner Kindheit und seiner Kultur und den Charakteristika der verschiedenen Weltreligionen auseinandergesetzt haben. Dass er an Gott glaubt, ist nicht nötig, wichtig ist aber, dass er sich der Frage des Glaubens an Gott emotional und intellektuell gestellt hat und einen reifen Standpunkt zur Gottesvorstellung und zum Gottesbild einnimmt« (ebd., 162). Schließlich spielt das theologische Gespräch für die Methode eine bedeutende Rolle. Hull fordert zudem die Fähigkeit, mit Kindern humorvoll und offen über religiöse Themen sprechen zu können, und die Offenheit, sich selbst von der »Macht des Heiligen« (ebd., 163) berühren zu lassen.

Zum anderen macht gerade der letzte Punkt deutlich, dass »A Gift to the Child« wichtige Prozesse der Glaubensentwicklung von Erwachsenen fördern kann. »Wer zu lernen versucht, etwas über Engel zu vermitteln, dessen eigenes Leben wird von Engelsflügeln gestreift. Mit anderen Worten: Man kann Kinder nicht empfänglich für religiöse Werte machen, wenn man diese Empfänglichkeit nicht selbst besitzt und die Macht dieser Werte nicht selbst erfahren hat« (ebd.).

Die Kritik: Ästhetisierung und Trivialisierung?

Natürlich ist der Ansatz von John Hull auch einer kritischen Prüfung zu unterziehen, gerade vor dem Hintergrund eines grundsätzlich anders konzipierten Religionsunterrichts in Deutschland. Karl-Ernst Nipkow hat vier grundsätzliche Anfragen an die Methode »A Gift to the Child« formuliert (Nipkow 1998, 457–460):

1. Wie soll mit Einwänden oder Kritik von Kindern an der vorgestellten Religion umgegangen werden, wenn doch ethische oder theologische Bewertungen in einem multireligiösen Unterrichtskonzept keinen Platz haben? Als ›Moderatoren‹ eines subjektorientierten Lernprozesses dürfen Lehrerinnen und Lehrer schließlich die vorgestellten Religionen nicht ›bewerten‹.
2. Wie verhält es sich mit der theologischen Wahrheitsfrage – gerade mit Blick auf die kindliche Entwicklung? Die Mehrzahl der entwicklungspsychologischen Studien geht davon aus, dass für eine spätere kritische Auseinandersetzung mit Religion in der Spätadoleszenz die Initiation in und Identifikation mit einem religiösen Milieu in der frühen Kindheit grundlegend ist. »A Gift to the Child« bietet Kindern lediglich Teilidentifikationen mit verschiedenen Glaubensvorstellungen. Wie dies die religiöse Entwicklung hemmt oder fördert, ist noch nicht geklärt.
3. An die Stelle von theologischen und ethischen Geltungsfragen durch die Auswahl der Materialien ist bei Hull eine Kriteriologie ästhetischer Kriterien getreten: Schön, farbenfroh, anschaulich, faszinierend ... Nipkow ist skeptisch hinsichtlich einer solchen Form ›ästhetisierter Religiosität‹: »Über das Verhältnis von Religionspädagogik und Ästhetik ist auch hierzulande differenziert und bedenkenswert nachgedacht worden [...]. Die Erfahrungen des Glaubens mit seinen Anfechtungen sind jedoch noch ganz anderer Art. Ist eine ästhetisierende und idyllisierende Religionspädagogik der frühen Jahre auch nach dieser Seite der Religion im Leben eine pädagogisch förderliche Voraussetzung für die spätere Identitätskrise?« (ebd.).

4. Im Anschluss an die Problematik der ästhetischen Kategorien fragt Nipkow auch, inwieweit »A Gift to the Child« wirklich Toleranz und Verständnis bei den Kindern schafft. Der Ansatz zielt ja darauf ab, dass die Schülerinnen und Schüler Religion und Religionsgemeinschaft durch persönliche Erfahrungen und Begegnungen, weniger aber aufgrund von Glaubensvorstellungen und Lehraussagen kennenlernen und bewerten. Sind diese Erfahrungen nun aber nicht eher ästhetischer (»Die Elefanten-Statue ist ja wirklich hässlich, der Engel dagegen total schön!«) oder methodischer (»Der Aufstieg auf das Minarett hat echt Spaß gemacht!«) Natur? Kann von einer wirklichen Toleranz und Akzeptanz des ›Fremden‹ die Rede sein?

Schon Karlo Meyer hat in seiner gründlichen Auseinandersetzung mit »A Gift to the Child« die Kritik Nipkows an einer banalen Ästhetisierung von Religion durch diese Methode zurückgewiesen und die Aufgabe der Elementarisierung betont: Gerade weil das Unterrichtswerk vornehmlich für Erzieherinnen sowie für Lehrkräfte der Primarstufe konzipiert worden ist, mussten Hull und Grimmit die komplexen religionstheologischen Inhalte für diese Gruppe und ihren Unterricht auswählen und vereinfachen (vgl. Meyer 1999, 244). Und natürlich kann eine Begegnung mit Zeugnissen anderer Religionen allein nicht zu Toleranz und Akzeptanz führen: Diese Bildungsziele, die in den über allgemeine und inhaltsbezogene Kompetenzen hinausführenden Bereich der Haltungen und Einstellungen gehören (vgl. Sekretariat der deutschen Bischöfe 2006, 11), sind eben nicht mit bestimmten Methoden oder Medien allein zu erreichen, sondern bedürfen einer umfassenden Didaktik der Religionen, in der die bewusste Wahrnehmung, die angemessene Begegnung und die differenzierte Auseinandersetzung mit Zeugnissen, aber eben auch mit Zeugen fremder Religionen ermöglicht wird. Auf das Methodencurriculum einer solchen Didaktik, in der das Zeugnislernen nur einen von vielen Bausteinen ausmacht, ist weiter oben bereits hingewiesen worden (vgl. Lähnemann 2002 und ausführlich Sajak 2005).

Auch die anderen Einwände Nipkows lassen sich entkräften, wenn man »A Gift to the Child« nicht als altersunabhängige Grundstruktur eines religionskundlichen, religionstheologisch plural konzipierten Religionsunterrichts einsetzt, sondern als einen methodischen Baustein für eine bestimmte Altersgruppe im Rahmen eines konfessionellen oder konfessionell-kooperativen Religionsunterrichts: Die in diesem Fall grundsätzlich andere Position und

Perspektive von Lehrerinnen und Lehrern ermöglicht dann nämlich sehr wohl eine Antwort auf die Wahrheitsfrage, fordert aber auch zu einer behutsamen und oftmals sicher auch apologetischen Vorstellung der fremden Religion heraus. So können bei Projekten und in Lerngruppen, die zwar von einer katholischen oder evangelischen Lehrkraft unterrichtet werden, an denen aber – aus welchen Gründen auch immer – Schülerinnen und Schüler verschiedener Konfessionen und Religionen als Gäste teilnehmen, Zeugnisse aus den verschiedenen Religionen religiöse Erfahrungen ermöglichen und zu Gespräch wie Diskussion anregen. In diesem Kontext verwendet, kann »A Gift to the Child« als ein methodisches Element einer Didaktik der Religionen dienen.

Die Fortschreibung: Vom Ansatz der Gabe zum Zeugnislernen

Dieses Werkbuch will den Ansatz der Gabe aufgreifen und das Zeugnislernen für den deutschen Religions- und Ethikunterricht fruchtbar machen. Karlo Meyer hat in seiner Rezeption der Gabe-Methode ebenfalls für einen stärkeren Einsatz von Zeugnissen im Religionsunterricht plädiert: »Durch die Beschäftigung mit einem Gegenstand aus den Religionen übt der Unterricht in religiöse und existenzielle Denkbewegungen ein. Ein Thema des Zeug-nisses kann zu vorläufigen Antworten auf letzte Fragen (›ultimate questions‹) herausfordern und übt so die Kompetenz ein, eigene Erfahrungen und Überlegungen, aber auch Vorbehalte zum Ausdruck zu bringen« (Meyer 1999, 305). Und er fährt mit Blick auf den konfessionellen Charakter des deutschen Religionsunterrichts fort: »Ein fremdes Zeugnis im evangelischen Religionsunterricht eröffnet die Chance, in einem offenen Gespräch Kritik und Misstrauen neu zu formulieren, wie auch eigene alte Bilder neu zu durchdenken« (ebd., 305f.). Vor diesem Hintergrund empfiehlt Meyer ein dreiphasiges Schema für den Einsatz von Gaben im Rahmen interreligiöser Lernprozesse, in dem folgenden Schritte vollzogen werden müssen (vgl. ebd.):

1. Das Einüben von Wahrnehmung eines religiösen Gegenstandes mit allen Sinnen.
2. Das Inszenieren von Ritualen der Begegnung, um Schülerinnen und Schüler wie das Zeugnis selbst vor Vereinnahmung zu schützen.

3. Die Vertiefung und Reflexion eines Themas, sodass Schülerinnen und Schüler eine eigene Position mit Blick auf das Item und die Standpunkte anderer Schülerinnen und Schüler finden können.

Indem Meyer die Vertiefungsphase und die Reflexionsphase zusammenzieht, folgt er den vier Schritten von John Hull, der – wie oben gezeigt – eine schrittweise Erschließung der Zeugnisse im Unterricht in vier Lernsequenzen vorschlägt: Interesse wecken *(Engagement Stage)*, das Zeugnis entdecken *(Exploration Stage)*, das Zeugnis in einen religiösen Zusammenhang einordnen *(Contextualization Stage)* und das Zeugnis sowie seinen Gebrauch reflektieren *(Reflection Stage)*.

Im folgenden Praxisteil haben wir zu jeder der fünf großen Weltreligionen, also zu Christentum, Judentum, Islam, Hinduismus und Buddhismus, jeweils fünf Zeugnisse ausgewählt und für den Einsatz im Unterricht vorbereitet. Wir sind dabei John Hull gefolgt und haben in jedem Baustein das vierschrittige Schema von 1. Beteiligung, 2. Entdeckung, 3. Kontextualisierung (bei uns: Erarbeitung I und II) und 4. Reflexion (Vertiefung) aufgenommen. Da diese vier Schritte aber nur den methodischen Duktus der konkreten Begegnung vorgeben, haben wir diesen Methodenschritt durchgängig in einen größeren didaktischen Zusammenhang gestellt, indem eine Reflexion der anzustrebenden Kompetenzen (in der traditionellen Nomenklatur der Didaktik die »Lernzieldimension«), eine ausführliche Sachanalyse des Gegenstandes und seines Gebrauchs (»Inhaltsanalyse«), ein Foto des Gegenstandes (»Medium«) und einen Vorschlag für das Alter bzw. die Schulstufe (»Lerngruppe«) vorgeschaltet ist. So soll jeder Baustein eine kleine Unterrichtseinheit liefern, die in eine Facette bzw. Segment von Glaube und Praxis der jeweiligen Religion einführen will (vgl. zu dieser Bausteinstruktur auch Sajak 2007a).

Die Auswahl der Religionen und ihre Anordnung im folgenden Praxisteil des Werkbuchs folgt den Strukturen der Curricula für den katholischen Religionsunterricht in Deutschland, die aufgrund der Vorgaben durch die bischöflichen Grundlagenpläne und Richtlinien für Bildungsstandards in der Regel die Behandlung von Islam und Judentum in Grundschule, die Wiederaufnahme dieser abrahamischen Religionen in der frühen Sekundarstufe I und die Behandlung von Hinduimus und Buddhismus in der 9. und 10. Klasse der Sekundarstufe I bzw. in der Sekundarstufe II (Buddhismus) vorschreiben.

Diese Anordnung folgt der religionstheologischen Logik des II. Vatikanischen Konzils, das in der Dogmatischen Konstitution »Lumen gentium« wie auch in der Erklärung über das Verhältnis der Kirche zu den nichtchristlichen Religionen »Nostra aetate« zuerst die Juden als das Volk, »dem der Bund und die Verheißungen gegeben worden sind und aus dem Christus dem Fleische nach geboren ist« (Lumen gentium 16) wertschätzt, um dann die Muslime als diejenigen unter den Glaubenden zu würdigen, »die sich zum Glauben Abrahams bekennen und mit uns den einen Gott anbeten« (ebd.). Dann erst folgen in dieser Erklärung Hinduisten und Buddhisten, »die in Schatten und Bildern den unbekannten Gott suchen« (ebd.). Auch diese sind zu respektieren und zu wertschätzen, denn »auch solchen ist Gott nicht ferne, da er allen Leben und Atem und alles gibt« (ebd).

Es entspricht aber auch den Erfahrungen von Schülerinnen und Schülern heute, nach einem Blick auf die religionsgeschichtliche Verwandtschaft und heilstheologische Bedeutung des Judentums in der Grundschule mit dem Islam zu beginnen. Und es ist sicher auch sinnvoll, die kulturgeschichtlich älteren und theologisch komplexeren asiatischen Religionen erst in der fortgeschrittenen Sekundarstufe I zu behandeln.

Bei der Auswahl der fünf Zeugnisse für jede Weltreligion haben wir auf eine durchgängige Systematisierung, wie sie z.B. Werner Haußmann (2008, 48–50) jüngst vorgenommen hat, verzichtet. Ein solche Gliederung der Zeugnisse in ein Zwölf-Felder-Schema kommt zwar den religionskundlichen Domänen und ihren religionswissenschaftlichen Reflexionsmodi entgegen, ist aber mit Blick auf die Kriterien des Exemplarischen und des Zugänglichen nicht immer hilfreich. Wir haben im kritischen Wechselspiel von unterrichtlicher Erprobung und religionsdidaktischer Reflexion versucht, Zeugnisse für jede der fünf Weltreligionen zu finden, an denen sich die elementaren Glaubensvorstellungen und die gängigen Glaubenspraktiken der jeweiligen Religion gut entwickeln lassen.

TEIL II

ZEUGNISSE DER RELIGIONEN

5×5 Bausteine für das interreligiöse Lernen

1. CHRISTENTUM

Basisinformationen

Das Christentum ist mit ca. 2,2 Milliarden Gläubigen die zurzeit größte Weltreligion. Christen leben heute vor allem in Europa, Nord- und Südamerika, Zentral- und Südafrika und Australien. Das Christentum ist aus einer jüdischen Gruppierung hervorgegangen, die den charismatischen Wanderprediger Jesus von Nazaret (ca. 4 v.Chr.–30 n.Chr.) als den Messias (griechisch *Christos* = der Gesalbte) verehrte. Von grundlegender Bedeutung für die Entstehung der neuen Religion war das Wirken des Paulus von Tarsus († 60 n.Chr.), einem jüdischen Schriftgelehrten, der sich um 33/34 n.Chr. den Jesus-Anhängern anschloss, die Religionsgemeinschaft auch für Nichtjuden öffnete und in den folgenden beiden Jahrzehnten weite Teile des Mittelmeerraums missionierte. Paulus lieferte in seinen Briefen an die frühen christlichen Gemeinden in Kleinasien und Griechenland eine erste systematische Reflexion des christlichen Glaubens, die sich in fünf Glaubensaussagen zusammenfassen lässt:

- Mit Jesus von Nazaret hat Gott seinen Sohn in die Welt gesandt, um die Menschen zur Umkehr zu bewegen (vgl. Gal 4,4).
- Die Menschen haben ihn aber nicht erkannt und aufgenommen, sondern angeklagt, ans Kreuz geschlagen und getötet (vgl. 1 Kor 1,17–25).
- Gott aber hat seinen Sohn von den Toten auferweckt und damit die Macht des Todes ein für alle Mal besiegt (vgl. 1 Kor 15,1–28).
- Am Ende der Zeit wird Jesus Christus wiederkommen, um die Welt zu richten (vgl. 1 Thess 5,1–11).
- In der Zwischenzeit sendet Gott seinen Geist, um denen beizustehen, die in der Nachfolge Jesu leben und die wie er Widerspruch und Verfolgung ausgesetzt sind (vgl. Röm 8, 23–27).

Damit hatte Paulus die Grundzüge einer christlichen Theologie skizziert, die bis heute den christlichen Glauben prägt: Gott ist dreifaltig und zeigt sich als

Vater, Sohn und Heiliger Geist. Gottvater hat durch Leben, Tod und Auferweckung des Sohnes der Welt die Möglichkeit zur Umkehr und Erlösung eröffnet. Mit der Kraft des Geistes wirkt er in der Kirche als der Gemeinschaft derer, die Jesus nachfolgen und seine Botschaft vom Reich Gottes leben wollen. In der Kirche ist Gott in Wort und Sakrament gegenwärtig. Hier lesen die Christen die jüdische Bibel (das sogenannte Alte Testament) und ergänzen diese durch die Evangelien, die von Jesu Erlösungswerk erzählen, und Briefe und Schriften aus der urchristlichen Zeit (das sogenannte Neue Testament).

Vor allem durch das Wirken des Paulus verbreitete sich der neue Glaube an »Jesus den Christus« bis zum Ende des 1. Jahrhunderts im gesamten Römischen Reich. Bis ins 4. Jahrhundert wurden die Christen allerdings immer wieder durch die römischen Herrscher verfolgt. Erst das Toleranzedikt Kaiser Konstantins sicherte 313 n.Chr. dem Christentum die Gleichberechtigung neben dem römischen Kult. Mit Kaiser Konstantin begann dann auch die Epoche der abendländischen Allianz von Kaiser und Papst, also von Staat und Kirche. In den folgenden Jahrhunderten wurde das Christentum durch die weltpolitische Vormachtstellung Europas schließlich zur Weltreligion.

Auch wenn die Christen immer noch die meisten Gläubigen einer Religionsgemeinschaft weltweit stellen, hat der Islam doch inzwischen durch seine große Wachstumsdynamik erheblich an Mitgliedern zugenommen und könnte das Christentum als größte Religion bald ablösen. Geschwächt wird das Christentum durch die seit Jahrtausenden währenden Streitigkeiten unter Christen um die Deutungshoheit über Offenbarung und Tradition, die vor allem in den beiden großen Schismen ihren Ausdruck fanden: 1054 kam es zur Trennung von byzantinischer Ostkirche und römischer Westkirche, von 1517 an folgte die Trennung der reformatorischen Kirchen und der römisch-katholischen Kirche. Beide Schismen spalten bis heute Europa in konfessionell-kultureller Weise in orthodox-östliche, katholisch-mediterrane und protestantisch-nordische Staaten.

Ritus und Rituale

Den Glauben an den einen Gott, der sich in drei Personen zeigt, bekennen Christen zu Beginn eines Gebets oder Gottesdienstes durch die Geste des Bekreuzigens und die Gebetsformel *»Im Namen des Vaters, des Sohnes und des*

Heiligen Geistes. Amen« (vgl. 1.1 – Das Kreuz). Die Erlösungstat Jesu Christi, sein Tod am Kreuz und seine Auferstehung feiern Christen im Sakrament der Eucharistie (= Danksagung), in der an das letzte Abendmahl Jesu und seinen Liebesdienst erinnert wird (vgl. 1.3 – Der Kelch). Die Auferstehung Jesu wird symbolisiert im Licht der Osternacht (vgl. 1.2 – Die Osterkerze), das im Zentrum der Osterliturgie steht und das an Jesus Christus als Anfang und Ende der Zeit erinnert. Jesu Leben und Sterben wird in der katholischen Kirche im ritualisierten Gebet des Rosenkranzes (vgl. 1.4 – Der Rosenkranz) gedacht, in dem auch die Wertschätzung für Maria, die Mutter Jesu, zum Ausdruck kommt. In der orthodoxen Kirche ist dagegen das Porträt Jesu als Kultbild (vgl. 1.5 – Die Ikone) zum Gegenstand ritualisierter Verehrung schlechthin geworden.

Literatur zum Christentum

Wolfgang Beinert, Das Christentum. Atem der Freiheit, Freiburg 2000.
David L. Edwards, Christentum, in: John Bowker (Hg.), Religionen der Welt, Darmstadt 2004, 230–269.
Alister McGrath u.a., Christiantiy, in: Christopher Partridge (Hg.), The New Lion Handbook: The World's Religion, Oxford 2005, 311–355.
Monika und Udo Tworuschka, Religionen der Welt in Geschichte und Gegenwart, Gütersloh/München 1992, 57–164.

1.1 Das Kreuz Jesu Christi

Zeugnis der Menschwerdung Gottes

Empfohlene Jahrgangsstufe: 3–4 und 5–6

Mögliche Verknüpfung:
4.4 Die Shiva-Statue – Zeugnis des Gottes der Schöpfung und Zerstörung
5.3 Glocke und Vajira – Zeugnisse von Versöhnung und Mitleid

Thema der Stunde: Was wird behandelt?
»Gekreuzigt unter Pontius Pilatus« – Das Kreuz als Zentralsymbol des Christentums

Angestrebte Kompetenzen: Welche Fähigkeiten sollen Schülerinnen und Schüler am Zeugnis zeigen können?
Die Schülerinnen und Schüler deuten das Zeugnis des Kreuzes als Erkennungszeichen der Christen und als Symbol für die Menschwerdung Gottes in Jesus Christus.

Im Einzelnen: Die Schülerinnen und Schüler

- skizzieren die Bedeutung des Kreuzessymbols im Allgemeinen.
- erklären den Ursprung des Kreuzessymbols in der Leidensgeschichte des Jesus von Nazaret.
- erläutern die Bedeutung des Kreuzestodes Jesu für Christen im Zusammenhang mit dem Auferstehungsglauben.
- ordnen die Verwendung des Kreuzes in Liturgie und Kirchenraum christlichen Glaubensvorstellungen zu.

Gotisches Kreuz als Lebensbaum aus St. Sixtus, Haltern am See

INRI

Das Zeugnis: Was muss man als Lehrerin oder Lehrer über das Kreuz wissen?

Das für Christen wichtigste Symbol ihres Glaubens, das Kreuz Jesu Christi, geht auf die Hinrichtung ihres Religionsstifters zurück. Jesus von Nazaret, ein dem liberalen Pharisäertum zuzuordnender jüdischer Wanderprediger aus Galiläa, wurde um 30 n.Chr. auf Anordnung des römischen Statthalters Pontius Pilatus in Jerusalem zum Tode verurteilt und durch Kreuzigung hingerichtet. Diese besonders grausame Strafe verhängten die Römer nur gegen entlaufene Sklaven und Schwerverbrecher. Der Vorwurf der Verschwörung gegen die römischen Autoritäten kommt im sogenannten Kreuzestitel zum Ausdruck, einer Tafel, die am Kreuz angebracht worden sein soll: »INRI« (lateinisch für *»Iesus Nazarenus Rex Iudaeorum«* = »Jesus von Nazaret, König der Juden«). Mit der Selbstbezeichnung als »König der Juden« soll Jesus die Autorität des römischen Kaisers infrage gestellt haben. Dies ist historisch aber so nicht haltbar: Es handelt sich wohl um einen konstruierten Vorwurf mit dem Ziel, Jesus zu beseitigen, nachdem dieser den kommerzialisierten Tempelkult in Jerusalem infrage gestellt hatte.

Wenn Christen ihren Glauben bekennen, beten sie bis heute: Ich glaube *»an Jesus Christus, seinen [Gottes] eingeborenen Sohn, empfangen durch den Heiligen Geist, geboren von der Jungfrau Maria, gelitten unter Pontius Pilatus, gekreuzigt, gestorben und begraben, hinabgestiegen in das Reich des Todes, am dritten Tage auferstanden von den Toten«* (Apostolisches Glaubensbekenntnis, zurückgehend bis ins 2. Jh. n.Chr.). Damit bringen sie die zentralen Glaubensvorstellungen des Christentums zum Ausdruck: Gott hat sich in Jesus von Nazaret in unserer Welt gezeigt, um diese zu erlösen. Die Menschen nahmen ihn jedoch nicht auf, sondern töteten ihn (vgl. den Hymnus des Philipperbriefs in Phil 2,5–11). Um deutlich zu machen, dass es sich bei Auftreten, Verfolgung und Kreuzigung Jesu hier nicht um einen religionstypischen Mythos handelt, sondern um ein historisches Ereignis – das auch durch außerchristliche, historische Quellen der römischen Geschichtsschreibung belegt ist – haben Christen schon früh den römischen Statthalter Pontius Pilatus († 36 n.Chr.) mit in ihr Glaubensbekenntnis aufgenommen –, eine an sich merkwürdige Zeile in einem religiösen Bekenntnistext.

Für Christen hat die Geschichte mit dem Tod Jesu am Kreuz aber nicht ihr Ende gefunden: Gott selbst hat Jesus von den Toten auferweckt und damit die

Macht des Todes durchbrochen. Paulus, der wohl bedeutendste Theologe unter den ersten Christen, schreibt im 1. Korintherbrief: »Denn vor allem habe ich euch überliefert, was auch ich empfangen habe: Christus ist für unsere Sünden gestorben, gemäß der Schrift, und ist begraben worden. Er ist am dritten Tag auferweckt worden, gemäß der Schrift, und erschien dem Kephas, dann den Zwölf. Danach erschien er mehr als fünfhundert Brüdern zugleich; die meisten von ihnen sind noch am Leben, einige sind entschlafen« (1 Kor 15,3–6). Die Erfahrung der Auferstehung Jesu und die Begegnung mit dem Auferstandenen muss auf seine Anhänger eine enorme Wirkung gehabt haben, denn nur wenige Jahre nach dem Kreuzestod Jesu ist aus dem Judentum die neue Religion der Christen mit großer Dynamik herausgewachsen.

Trotz der Deutung des Todes Jesu im Kontext der Auferstehung hat das Symbol des Kreuzes in den ersten drei Jahrhunderten für Christen wohl weiterhin eher eine abschreckende Wirkung gehabt. In den römischen Katakomben und anderen Gottesdiensträumen ist der Fisch, dessen Anfangsbuchstaben im Griechischen als Akrostichon eine Bekenntnisformel bilden (Fisch = griechisch *ichthys,* steht für: **I**esus **Ch**ristus **Th**eou **Y**ios **S**oter = »Jesus Christus Gottes Sohn der Retter«), das gängige Symbol, also Erkennungszeichen der Christen. Erst mit der Anerkennung der Christen als Religionsgemeinschaft unter Kaiser Konstantin (ca. 272–337 n.Chr.) und der Abschaffung der Kreu-

Fisch-Symbol mit Ichthys-Akrostichon in der römischen Domitilla-Katakombe

zigung als Todesstrafe scheint sich das Kreuz als neues Symbol der Christen durchgesetzt zu haben. Von nun an wird es zum zentralen Erkennungszeichen, das christliche Kultgegenstände kennzeichnet, das den christlichen Gotteshäusern ihre Grundform gibt, mit dem Christen als Geste Gebets- und Segensformeln vollziehen und das sie als Zeichen der Hoffnung auf ihren Grabstellen errichten. Bei der Verwendung des Kreuzzeichen als Segensgeste sprechen Christen die Dreifaltigkeitsformel aus, mit der sie zum Ausdruck bringen, dass sich Gott in Jesus in dieser Welt gezeigt hat und auch nach dessen Rückkehr zum Vater in der Gestalt des Heiligen Geistes weiter bei den Menschen ist: »Im Namen des Vaters, des Sohnes und des Heiligen Geistes«.

Nicht vergessen werden sollte, dass das Kreuz auch in vorchristlichen Zeiten bereits symbolischen Charakter hatte, in dem es durch seine senkrechte Struktur die Verbindung der Erde als Bereich des Menschen mit dem Himmel als Bereich des Göttlichen zum Ausdruck bringt, während seine waagerechte Dimension die Verbundenheit des Menschen mit den Mitmenschen symbolisiert.

Das auf S. 63 abgebildete Kreuz stammt aus dem 14. Jahrhundert und steht in der St. Sixtus-Kirche in Haltern am See. Es hat die Form eines Lebensbaums: Der Querbalken weist wie die Äste eines Baums an beiden Enden gen Himmel, um so auszudrücken, dass aus dem Kreuzestod Jesu neues Leben entstanden ist.

Der didaktische Rahmen: Wozu ein Kreuz einsetzen?

Eine Unterrichtsstunde zum Zeugnis des Kreuzes sollte bereits in der Grundschule durchgeführt werden, da das Christentum ohne sein Zentralsymbol nicht zu verstehen ist. Entsprechend muss mit Blick auf das Alter der Kinder in der Primarstufe elementarisiert werden: Es kann hier nicht um die Aufarbeitung der Passionserzählung, heilsgeschichtliche Reflexionen oder einen Einstieg in die Kreuzestheologie gehen. Vielmehr muss es in dieser Altersstufe entwicklungspsychologisch angemessen um eine Vorstellung und Erklärung dieses ambivalenten und schwierigen Symbols gehen. Wenn das Kreuz mit der Passionsgeschichte oder mit dem Leben Jesu im weiteren Sinne überhaupt verknüpft werden soll, dann bietet sich der Kreuzweg in einer für Kinder angemessenen und reduzierten Form als Medium an.

Die folgende Sequenz lässt sich in ihrer Grundstruktur in einer Unterrichtsstunde durchführen. Will man allerdings die kreativen Abschnitte ausführlicher gestalten und ist eine gründliche Behandlung von Trinität und Passionsgeschichte notwendig, so ist mindestens eine Doppelstunde einzuplanen.

Die methodischen Schritte: Wie wird das Zeugnis eingeführt?

Einstieg: Die Phase der inneren Beteiligung

Zu Beginn der Stunde breitet die Lehrerin bzw. der Lehrer ein weißes Laken oder Leinentuch auf dem Boden aus und fragt, wer bereit ist, sich auf das Tuch zu legen. Das Kind, das sich freiwillig auf das ausgebreitetes Tuch legt, wird gebeten, die Arme dabei auszustrecken. Ein anderes Kind malt schemenhaft die Umrisse des liegenden Kindes mit einem dicken Filzschreiber auf das Tuch. So entsteht auf dem Boden eine Kreuzform, über das die Schülerinnen und Schüler ins Gespräch kommen sollen: Was ist das überhaupt? Wo begegnet uns dieses Symbol sonst?

Vielleicht erwähnen einige Kinder auch schon den gekreuzigten Jesus. Doch sollte an dieser Stelle das Kreuz erst einmal als Grundsymbol erfahren werden. Auch andere Kinder der Lerngruppe werden deshalb gebeten, sich auf das »Bodenkreuz« zu legen und nachzuspüren, wie sich dies anfühlt. Im Unterrichtsgespräch können dann Erfahrungen wie die Nähe und Härte der Erde oder das Gefühl der Verletzbarkeit thematisiert werden.

Erarbeitung I: Die Phase der Entdeckung

Die Lehrerin bzw. der Lehrer stellt nun ein Kreuz auf oder enthüllt ein vorher im Klassenraum aufgestelltes bzw. aufgehängtes Kreuz. Die Kinder werden aufgefordert, das Zeugnis zu beschreiben. Nach einem Gespräch über die typischen Merkmale eines Kreuzes können die Kinder erzählen, welche Kreuztypen und Kreuzdarstellungen sie aus ihrem Alltag in Familie und Gemeinde kennen.

Erarbeitung II: Die Phase der Kontextualisierung

Im Folgenden muss die christliche Bedeutung des Kreuzes verdeutlicht werden. Dabei ist darauf zu achten, wie viel Vorerfahrungen die Kinder haben. Kennen sie z.B. die Geschichte von der Kreuzigung Jesu? Wenn nicht, sollte sie erzählt oder aus einer Kinderbibel vorgelesen werden. Folgende Leitfragen sollten im Laufe der Sequenz bearbeitet werden: Wo verwenden Christen das Kreuz in ihrer Glaubenspraxis? Warum ist ein grausames Tötungswerkzeug zum Symbol der Christen geworden? Was hat es mit der Kreuzigung Jesu auf sich? Wann bekreuzigen sich Christen? Was sagen sie dabei?

Mit den letzten beiden Fragen wird das Kreuzzeichen als Segensgeste und Gebetszeichen thematisiert. Hier sollte auch die Dreieinigkeitsformel und das christliche Verständnis der Trinität angesprochen werden. Auch ist es wichtig, das Kreuz nicht nur als Erinnerung an den Tod Jesu, sondern auch als Symbol für die Auferstehung Jesu zu deuten. In diesem Sinne ist das Kreuz eben kein Symbol des Todes, sondern das Symbol des Lebens.

Kurz gefasst

Trinität

Nach christlichem Verständnis ist Gott *ein* Wesen in *drei* Personen. Dabei wird die Einheit Gottes mit dem Begriff »Wesen« ausgesagt. Da Gott aber in verschiedenen Erscheinungsweisen (griech. »Hyposthasen«) wirkt, sprechen Christen von den drei göttlichen Wirklichkeiten. Auf diese Wirklichkeiten bezieht sich der Begriff »Person«. Folglich zeigt sich das *Wesen* des einen Gottes in den drei *Personen* Vater, Sohn und Geist: Gott hat als Vater diese Welt geschaffen, in dieser Welt ist er, »als die Zeit erfüllt war« (Gal 4,4), in Jesus Christus den Menschen erschienen, um ihnen die Möglichkeit eines menschenwürdigen Lebens zu eröffnen. Nach Tod, Auferstehung und Himmelfahrt Jesu bleibt Gott als »Heiliger Geist« (Apg 2,4) bei den Menschen, um ihnen beizustehen.

Vertiefung: Die Phase der Reflexion

In dieser letzten Phase soll thematisiert werden, wo uns als Christen überall Kreuze begegnen, z.B. als Schmuckstücke an Ketten, zentral an der Wand in der Kirche, zu Hause über Tür oder Bett, auf Friedhöfen zur Kennzeichnung von Gräbern. Gerade das Grabkreuz kann dazu dienen, noch einmal das Kreuz

Arbeitsblatt 1 CHRISTENTUM: Das Kreuz

	Für Christen bedeutet das Kreuz ...	
Mich stört am Zeichen des Kreuzes ...	Das Zeichen des Kreuzes steht für ...	Das Kreuz ist für mich ein wichtiges Zeichen, weil ...
	Menschen benutzen ein Kreuz, um ...	
	Kreuze begegnen mir im Alltag an unterschiedlichen Stellen ...	

1. *Fülle die einzelnen Quadrate mit für dich passenden Ergänzungen aus.*
2. *Vergleicht eure Antworten zu zweit und sucht eine bedenkenswerte, provozierende oder unklare Aussage heraus, die ihr in der gesamten Klasse zur Diskussion stellen wollt.*

Arbeitsblatt 2 CHRISTENTUM: Das Beziehungszeichen

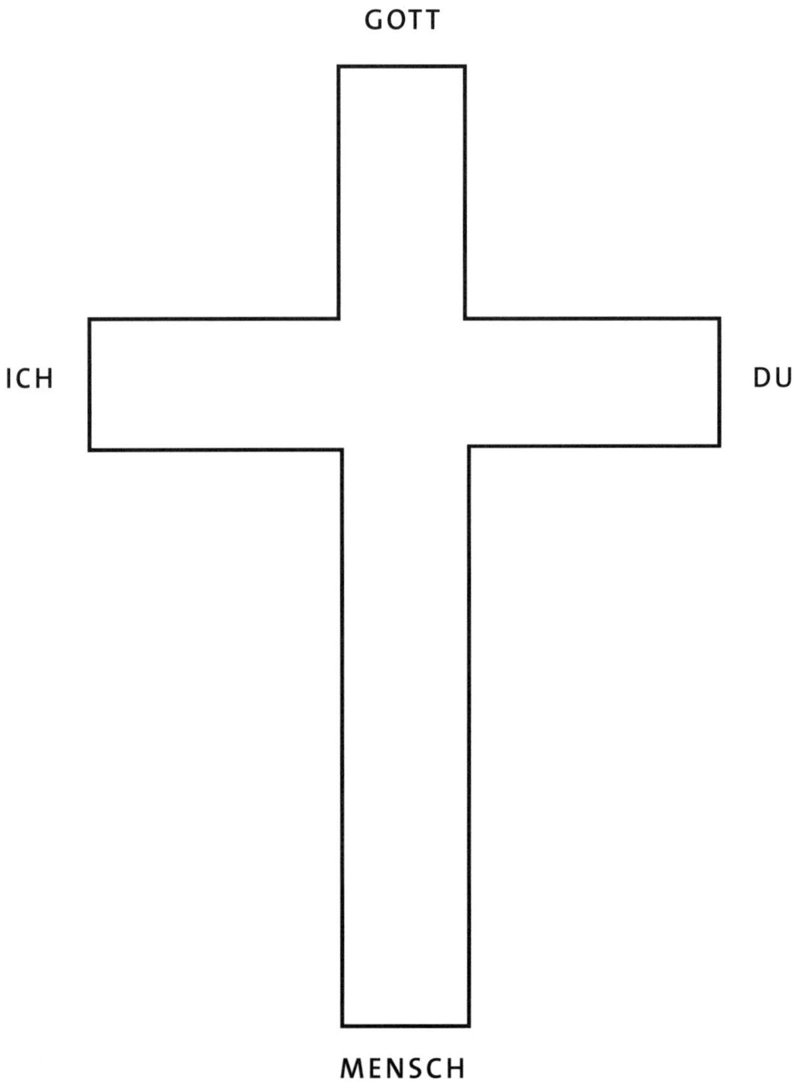

Das Kreuz kann man auch als ein Beziehungszeichen verstehen:
Schreibe in den Querbalken und Längsbalken alles hinein, was deiner Meinung nach die angegebenen Beziehungen ausmacht. Vielleicht fallen dir auch Fragen ein, die dir dazu durch den Kopf gehen. Schreibe sie ebenfalls auf.

in seiner Ambivalenz als Erinnerung an den Tod Jesu, aber auch als Zeichen für die Auferstehung und das Leben über den Tod hinaus wahrzunehmen. Die Kinder können auch selbst Kreuze malen und gestalten. Zu Hause können sie nach Kreuzen Ausschau halten und diese gegebenenfalls in die nächste Unterrichtsstunde mitbringen. Eine alternative Form der Vertiefung ist die Arbeit mit den Arbeitsblättern 1 und 2 zum Christentum, die in Einzel- bzw. Partnerarbeit ausgefüllt und dann diskutiert werden können.

Weiterführende Literatur

Michaela Albrecht, Vom Kreuz reden im Religionsunterricht, Göttingen 2008.

Vida Barnett, Christian Artefacts Teaching Set, Bury 1988, hier 4–6.

Elsbeth Bihler, Symbole des Lebens, Symbole des Glaubens, 3 Bde.; Bd. 2: Wasser – Kreuz, Limburg 2002, 240–260.

Valentino Hribernig-Körber, Was ist katholisch? Alles Wissenswerte auf einen Blick, München 2008, hier 19–26.

Norbert Weidinger, Elemente einer Symboldidaktik, 2 Bde.; Bd 1: Elemente einer Symbolhermeneutik und -didaktik, St. Ottilien 1990, hier 501–508.

1.2 Die Osterkerze

Zeugnis der Hoffnung für diese Welt

Empfohlene Jahrgangsstufe: 1–6

Mögliche Verknüpfung:
2.1 Der Tallit und die Tefillin – Zeugnisse des Erinnerns
2.5 Die Menora – Zeugnis zwischen Religion und Politik

Thema der Stunde: Was wird behandelt?
»Sie leuchte, bis der Morgenstern erscheint« – Das Zeugnis der Osterkerze

Angestrebte Kompetenzen: Welche Fähigkeiten sollen Schülerinnen und Schüler am Zeugnis zeigen können?
Die Schülerinnen und Schüler erklären das Zeugnis der Osterkerze und setzen dieses in Beziehung zu Ereignissen der jüdischen und christlichen Heilsgeschichte.

Im Einzelnen: Die Schülerinnen und Schüler
- beschreiben die Osterkerze und erläutern ihre verschiedenen Elemente.
- zeigen die Ambivalenz des Grundsymbols Feuer auf und arbeiten die Lichtsymbolik der Osterkerze heraus.
- setzen die Erzählung vom Auszug aus Ägypten (Ex 12–18, hier vor allem Ex 14) und die Auferstehungsberichte der Evangelien in Bezug zur Kerze.
- entfalten die Verwendung der Osterkerze in Liturgie und Kirchenraum.

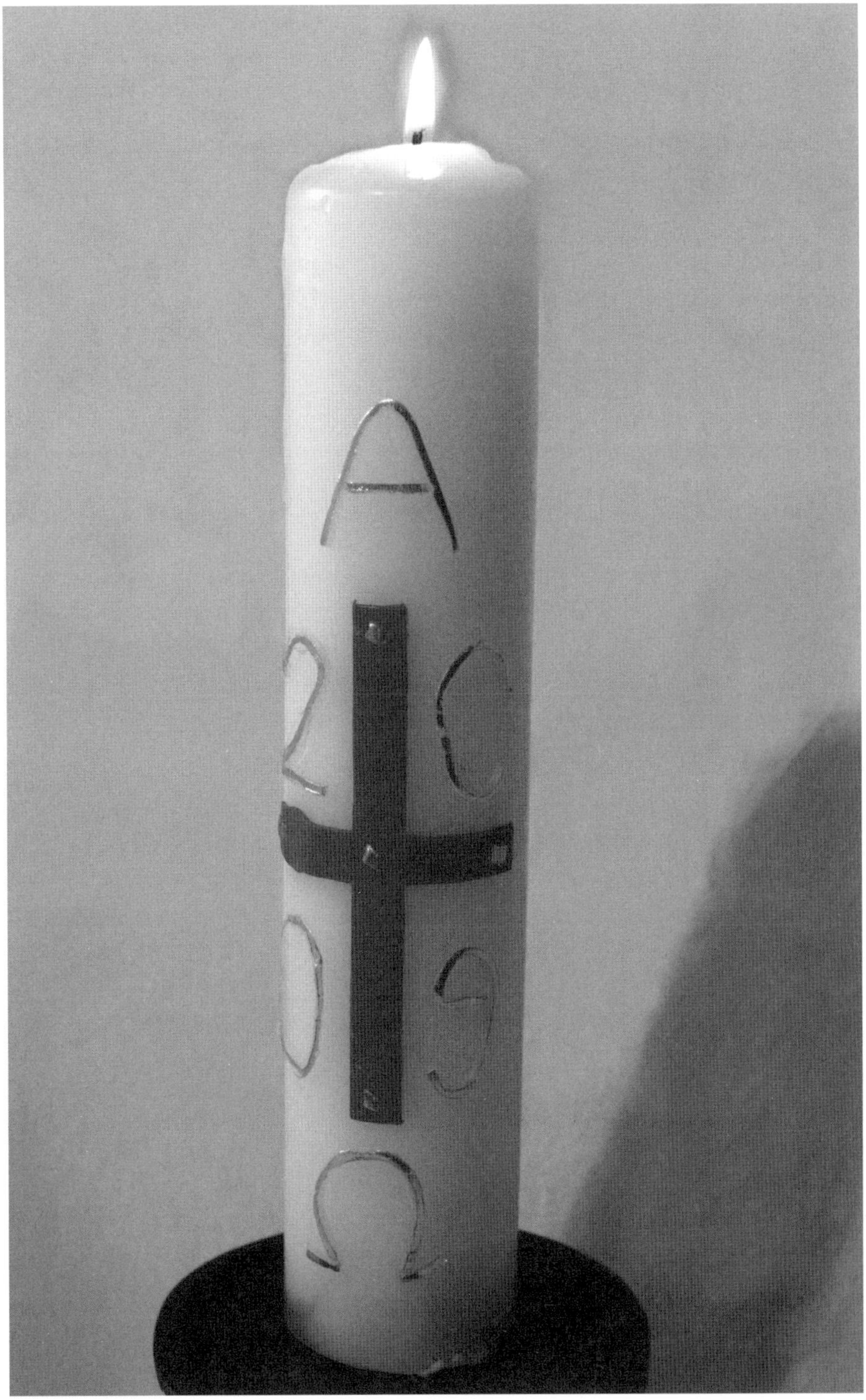
A
2 0
0 9
Ω

Das Zeugnis: Was muss man als Lehrerin oder Lehrer über die Osterkerze wissen?

Die Osterkerze ist eine besondere Kerze, die in allen Westkirchen (römisch-katholische Kirche, anglikanische Kirche, evangelische Kirchen) für die Gestaltung der Osterliturgie von zentraler Bedeutung ist. In der katholischen Kirche wird die Osterkerze zu Beginn der Osternacht, in der die Christen die Auferstehung Jesu Christi feiern, am Osterfeuer vor der Kirche geweiht und entzündet. Anschließend wird die brennende Osterkerze in einer feierlichen Prozession, zu der der dreimalige Ruf *Lumen Christi* – »Christus, das Licht« gehört, durch die noch dunkle Kirche zum Ambo (= Lesepult) getragen, wo das *Exsultet*, das feierliche Osterlob, gesungen wird. Während der Prozession entzünden die Gläubigen an der Osterkerze ihre eigenen Kerzen, sodass sich der Kirchenraum langsam erhellt. Der Einzug mit der brennenden Kerze in die dunkle Kirche symbolisiert auch die Feuersäule, mit der nach der biblischen Überlieferung Gott sein Volk aus der Sklaverei in Ägypten in die Freiheit geführt hat (vgl. Ex 13,21f.; siehe dazu auch die Zeugnisse Tallit und Tefillin, 2.1). Die Ausbreitung des Lichts im Gottesdienstraum versinnbildlicht die Verwandlung der Welt durch die Heilstat Gottes an Jesus Christus. Dadurch, dass Gott seinen Sohn von den Toten erweckt und den Tod damit ein für alle Mal besiegt hat, verwandelt sich die Finsternis in Licht, die Kälte in Wärme, der Tod ins Leben. Wie die gesamte Liturgie der Osternacht, in der nun eine Vielzahl von Lesungen aus dem Alten und Neuen Testament folgt, hat auch die Osterkerze als Zentralsymbol dieser Feier eine doppelte Erinnerungsstruktur: Sie erinnert an das Heilshandeln Gottes an seinem Volk Israel und an das Heilshandeln Gottes an allen Menschen, das durch die Auferweckung Jesu gewirkt worden ist. Beide Erinnerungsebenen haben ihren Verbindungspunkt im jüdischen Paschafest, das an den Auszug aus Ägypten erinnert und an dem zugleich Leiden, Sterben und Auferstehung des Juden Jesus von Nazaret stattgefunden haben.

Nach christlicher Vorstellung sind diejenigen von der Macht des Todes jetzt schon befreit, die sich zu Christus bekennen und seiner Nachfolgegemeinschaft, der Kirche, angehören. Diese Zugehörigkeit kommt im Sakrament der Taufe zum Ausdruck. Bei diesem Ritus der Aufnahme in die Kirche wird der Täufling symbolisch mit hineingenommen in den Tod Christi und mit ihm zu neuem Leben erweckt. Dies geschieht zeichenhaft durch das Untertauchen des Täuflings in Wasser (so in der frühen Kirche und heute noch bei den Baptisten) in einem Taufbecken oder durch das Übergießen des Kopfes mit Wasser (katholische und anglikanische Kirche, evangelische Kirchen) an einem Taufbecken. Im Rahmen der Tauffeier wird dann auch die Taufkerze an der Osterkerze angezündet, um deutlich zu machen, dass das neue ewige Leben in Christus bereits jetzt durch die Taufe begonnen hat. Deshalb wird nach alter Tradition oft auch in der Osternacht getauft. In der katholischen Kirche wird in der Osternacht feierlich das Taufwasser (»Weihwasser«) geweiht.

In der katholischen Kirche ist es üblich, die Osterkerze mit einem Kreuz und den griechischen Buchstaben Alpha (A) und Omega (Ω) zu schmücken (siehe Foto S. 73). In die Kreuzenden und in die Mitte der Kerze werden am Osterfeuer fünf Wachsnägel gesteckt: Sie versinnbildlichen die fünf Wundmale Jesu und erinnern somit noch einmal an Leiden und Tod Jesu, bevor das Licht der Auferstehung von diesem Kreuz ausgeht. Kreuz und Auferstehung, Tod und neues Leben sind im Symbol der Osterkerze verbunden.

Alpha und Omega sind der erste und der letzte Buchstabe des griechischen Alphabets. Sie zeigen an, dass Jesus Christus der Anfang (Schöpfung) und das Ende der Welt (Gericht) ist und dass die an ihm vollzogene Heilstat die gesamte Schöpfung in Raum und Zeit umfasst.

Der didaktische Rahmen: Wozu eine Osterkerze einsetzen?

Eine Unterrichtsstunde zum Zeugnis der Osterkerze ist im Rahmen des Grundschulunterrichts sinnvoll, zum Beispiel in einer Unterrichtseinheit über die Grundsymbole oder in einer Unterrichtssequenz zum Kirchenjahr, also hier zur Kar- und Osterzeit. Auch das Thema Taufe lässt sich über das Zeugnis der Osterkerze erschließen.

Kurz gefasst

Das Sakrament der Taufe

Sakramente sind »Zeichen der Nähe Gottes« (Theodor Schneider), in denen das Heilshandeln Gottes an wichtigen Stationen des menschlichen Lebens durch eine ritualisierte Handlung der Kirche sichtbar gemacht wird. In den evangelischen Kirchen haben Sakramente symbolischen Charakter. Nach Lehrauffassung der katholischen Kirche dagegen wirken Sakramente durch die Kraft des Heiligen Geistes real, was sie durch äußerliche Zeichen markieren (»Realsymbole«). So wirkt das Übergießen des Täuflings mit Wasser im Ritus der Taufe die Reinigung von der Erbsünde und die Aufnahme in die Gemeinschaft mit Christus. Zentrales Element der Tauffeier ist das zeichenhafte Übergießen des Täuflings mit Wasser und das Zusprechen der trinitarischen Taufformel »Ich taufe dich im Namen des Vaters, des Sohnes und des Heiligen Geistes«. Voraussetzung für die Taufe ist der ausdrückliche Wunsch, Christ zu werden, oder bei Kleinkindern stellvertretend der Wunsch der Eltern. Nach katholischer Auffassung prägt dabei der Heilige Geist im Wesen des Täuflings ein »unauslöschliches Zeichen« (lateinisch *character indelebilis*) ein, das die Zugehörigkeit zu Christus markiert. Deshalb kann die Taufe auch nur einmal im Leben empfangen werden. Die Kirchen erkennen darum auch die Taufen der anderen Konfessionen an. Die Taufe ist, das wurde in einer gemeinsamen Vereinbarung 2007 auch offiziell bestätigt, konfessionsunabhängig gültig, wenn sie auf den Namen des dreieinigen Gottes erfolgt ist, wenn dies durch Untertauchen oder Begießen mit Wasser geschieht und der Taufende die Institution der Kirche dabei vertritt.

Taufstein in St. Sixtus, Haltern am See: Das Taufbecken steht meist an einem zentralen Ort in der Kirche. Häufig ist es achteckig, als Symbol für die »neue Schöpfung«, die in der Taufe geschieht.

Kurz gefasst

Während die evangelischen Kirchen in der Regel zwei Sakramente anerkennen (Taufe und Abendmahl), pflegen die Ostkirchen und die katholische Kirche insgesamt sieben Sakramente, die sich auf die verschiedenen Lebensabschnitte des Menschen beziehen:

1. Taufe
2. Eucharistie
3. Firmung
4. Buße
5. Krankensalbung
6. Ehe
7. Priesterweihe

Dabei gelten Taufe, Eucharistie und Firmung als *Initiationssakramente* (= Einführungssakramente), d.h. man muss diese empfangen haben, um vollwertiges Mitglied der katholischen Kirche zu sein.
Buße, Eucharistie und Krankensalbung sind *lebensbegleitende* Sakramente, Ehe und Priesterweihe dagegen *Standessakramente.*

Die methodischen Schritte: Wie wird das Zeugnis eingeführt?

Einstieg: Die Phase der inneren Beteiligung

Zu Beginn der Stunde finden sich die Schülerinnen und Schüler in einem Kreis auf dem Boden zusammen. Der Klassenraum ist etwas verdunkelt. Es sollte eine ruhige und besinnliche Atmosphäre sein, in der sich die Kinder auf die Stille und die Dunkelheit einlassen können. Die Lehrerin bzw. der Lehrer kann zur Besinnung die Geschichte vom Samenkorn, das in der warmen dunklen Erde liegt und schließlich von einem Sonnenstrahl hinausgelockt wird, erzählen oder von einem Tier, das Winterschlaf gehalten hat und nach langer Zeit wieder aus der dunklen Höhle kriecht. In der Mitte des Kreises steht eine Kerze (die bis dahin verdeckt bzw. verhüllt sein sollte). Nach der Geschichte enthüllt die Lehrerin bzw. der Lehrer die Kerze und zündet sie an. Es wird heller in der Runde und die Osterkerze deutlich sichtbar.

Erarbeitung I: Die Phase der Entdeckung

Die Lehrerin bzw. der Lehrer lässt den Schülerinnen und Schülern Zeit, das Licht und die Kerze auf sich wirken zu lassen. Dann kann ein Gespräch über die Empfindungen der Kinder angeregt werden: Wie habe ich mich im Dunkeln gefühlt? Haben sich meine Gefühle geändert, als die Kerze angezündet wurde? An welche Situation hat mich der Wandel von »hell« zu »dunkel« erinnert?

Den individuellen und persönlichen Erfahrungen der Kinder sollte Zeit und Raum gegeben werden. Danach sollte sich das Gespräch der Osterkerze zuwenden. Die Kinder sollen die Kerze beschreiben: Was ist das Besondere an dieser Kerze? Wie ist die Kerze gestaltet? Was könnten die Zahlen und Symbole auf der Kerze bedeuten?

Die Kinder werden das Kreuz entdecken, die Buchstaben A und Ω. Das Thema Ostern wird angesprochen.

Erarbeitung II: Die Phase der Kontextualisierung

Im Folgenden sollte nach den Erfahrungen der Kinder mit dem Osterfest gefragt werden: Wie feiern wir Ostern? Was gehört zur Gestaltung des Osterfests? Was wird an diesen Tagen gefeiert?

Vielleicht haben schon einige Kinder die Osternacht mit ihren Eltern erlebt und kennen die Osterkerze auch aus dem liturgischen Zusammenhang. Es wird von der Auferstehung Jesu (Mk 16,1–8 par) und vom Auszug aus Ägypten (Ex 12–14) erzählt (oder aus einer Kinderbibel vorgelesen). Anschließend wird nach dem Bezug zwischen den Geschichten und der Kerze gefragt. So kann die Hoffnungssymbolik des Lichts herausgearbeitet werden. Das Licht der Osterkerze erinnert an die Auferstehung Jesu. Auch sollten die oben angesprochenen Merkmale der Osterkerze nicht vergessen werden: Das Kreuz, das uns an Jesu Leiden und Tod erinnert (falls das Symbol des Kreuzes schon behandelt wurde, kann das Wissen dazu aktiviert, wiederholt und gefestigt werden), sowie der erste und letzte Buchstabe des griechischen Alphabets, die uns zeigen, dass Jesus Anfang und Ende unseres Lebens ist; er ist immer bei uns – wir müssen nur (das Licht) sehen lernen.

Zum Abschluss dieser Phase kann das Lied »Gottes Wort ist wie Licht in der Nacht gesungen werden« (siehe S. 79).

Arbeitsblatt 3 CHRISTENTUM: Lieder über das Licht

Gottes Wort ist wie Licht in der Nacht

Kanon — *T: Hans-Hermann Bittger 1978/1983; M: Joseph Jacobsen 1935*

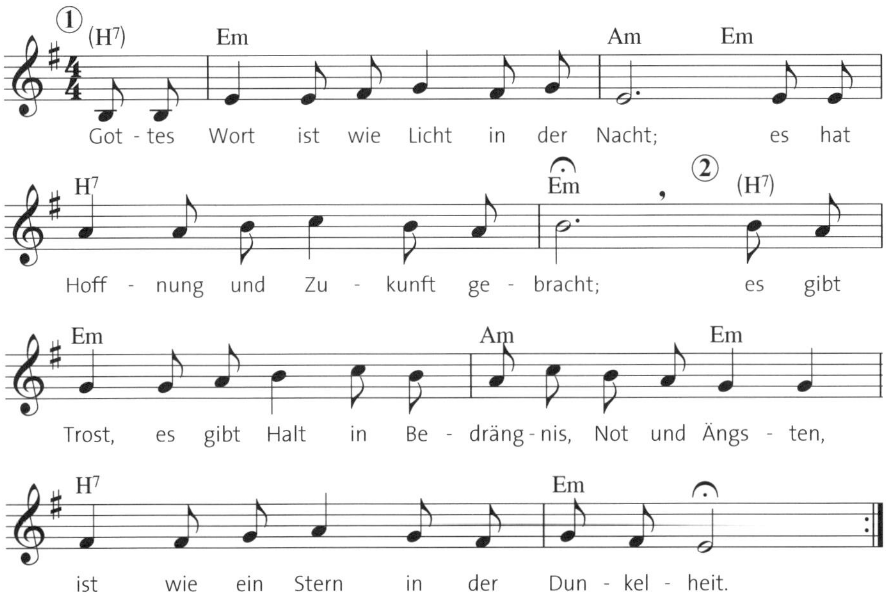

Mache dich auf und werde licht

Kanon — *T: nach Jes 60,1; M: Kommunität Gnadenthal*

Vertiefung: Die Phase der Reflexion

In dieser letzten Phase kann die Taufkerze angesprochen werden: Wisst ihr, was eine Taufkerze ist? Habt ihr eure Taufkerze noch zu Hause? (Die Kerzen können auch zur näheren Betrachtung in der nächsten Stunde mitgebracht werden.)

Zum Abschluss können die Kinder kleine Kerzen bekommen, die sie an der großen Kerze in der Mitte entzünden. Dabei kann der Kanon »Mache Dich auf und werde licht« (siehe S. 79) gesungen werden. Zur Vertiefung kann eine eigene (Oster-)Kerze gestaltet werden.

Weiterführende Literatur

Peter Biehl, Festsymbole. Zum Beispiel Ostern. Kreative Wahrnehmung als Ort der Symboldidaktik, Neukirchen-Vluyn 1999.

Elsbeth Bihler, Symbole des Lebens, Symbole des Glaubens, 3 Bde., Bd.1: Licht-Feuer, Limburg 1992, hier 11–54.

Valentino Hribernig-Körber, Was ist katholisch? Alles Wissenswerte auf einen Blick, München 2008, hier 27–33.

Clara Vasseur, Altes neu entdecken. Die reiche Symbolik der Osterkerze, Beuron 2007.

Vida Barnett, Christian Artefacts Teaching Set, Bury 1988, hier 4–6.

1.3 Der Kelch

Zeugnis der Hingabe und der Gemeinschaft über den Tod hinaus

Empfohlene Jahrgangsstufe: 3–4 und 5–7

Mögliche Verknüpfung:
5.5 Die Almosenschale – Zeugnis der rechten Erkenntnis

Thema der Stunde: Was wird behandelt?
»Tut dies zu meinem Gedächtnis« – Der Kelch als Zeugnis für das letzte Abendmahl Jesu

Angestrebte Kompetenzen: Welche Fähigkeiten sollen Schülerinnen und Schüler am Zeugnis zeigen können?
Die Schülerinnen und Schüler entfalten die Bedeutung des Kelchs als Zeugnis für Gemeinschaft und liebende Hingabe und setzen diesen in Beziehung zu den christlichen Sakramenten der Eucharistie und des Abendmahls.

Im Einzelnen: Die Schülerinnen und Schüler
- beschreiben die Eigenschaften des Kelchs als Trinkgefäß und ordnen diesem Gegenstand symbolische Bedeutungen zu.
- geben das letzte Abendmahl in Grundzügen wieder und ordnen es in den Lebensweg Jesu ein.
- ordnen dem Ablauf der Eucharistiefeier bzw. der Abendmahlsfeier Elemente des Abendmahls Jesu zu.
- erläutern die besondere Bedeutung der Eucharistie bzw. des Abendmahls für die Gemeinschaft der Christen.

Das Zeugnis: Was muss man als Lehrerin oder Lehrer über den Kelch wissen?

Der Kelch ist ein Trinkgefäß, das bereits in der Antike verwendet wurde. Die vier Evangelisten und der Apostel Paulus berichten übereinstimmend, dass Jesus von Nazaret am Abend seiner Verhaftung mit den Jüngern ein letztes Abendmahl eingenommen hat, das wohl im Rahmen des jüdischen Paschafests stattgefunden hat. Während dieses Mahls hat Jesus das in der jüdischen Liturgie übliche Lobgebet gesprochen, um dann Brot und Wein auszuteilen. Die Art und Weise, wie er dabei das Brot und den Kelch bezeichnete, haben zur Entwicklung des Abendmahlssakraments geführt: »*Das ist mein Leib. Tut dies zu meinem Gedächtnis. Ebenso nahm er nach dem Mahl den Kelch und sprach: Dieser Kelch ist der Neue Bund in meinem Blut. Tut dies, sooft ihr daraus trinkt, zu meinem Gedächtnis*« (1 Kor 11,24–25). Christen aller Konfessionen verstehen diese Worte als Ankündigung der Selbsthingabe Jesu für seine Freunde, die sich im folgenden Tod am Kreuz konkret geschichtlich ereignen wird, die hier aber bereits zeichenhaft-symbolisch geschieht.

Die darauffolgenden Worte Jesu »*Denn sooft ihr von diesem Brot esst und aus dem Kelch trinkt, verkündigt ihr den Tod des Herrn, bis er kommt*« (1 Kor 11,26) sind bereits in der frühen Kirche als Auftrag verstanden worden, die Hingabe Jesu in einem rituellen Gedächtnismahl regelmäßig zu pflegen. So hat sich bald die Eucharistiefeier (griechisch *eucharistein* = danken) als wichtigste Gottesdienstform der Christen durchgesetzt: Justin der Märtyrer († 165) wie auch die »Traditio Apostolica«, häufig Hippolyt von Rom († 235) zugeschrieben, dokumentieren frühe Gestalten der Eucharistiefeier. Immer stehen das Brechen des Brotes und das Trinken des Weins aus dem Kelch im Zentrum der Liturgie.

Im Laufe der Christentumsgeschichte haben sich in den unterschiedlichen Konfessionen verschiedene Vorstellungen entwickelt, wie die Gegenwart Jesu in Brot und Wein zu verstehen ist. Grundsätzlich kann man zwischen folgenden Deutungen unterscheiden:

Kelch für die Eucharistiefeier, St. Sixtus, Haltern am See

- Die römisch-katholische *Eucharistiefeier:* In Brot und Wein wird Jesus Christus durch die Wandlungsworte (= Konsekration) des Priesters gegenwärtig. Die fortdauernde Realpräsenz Jesu Christi in Brot und Wein ist die Vergegenwärtigung des einen Opfers Jesu Christi.
- Das evangelische und anglikanische *Abendmahl:* In Brot und Wein wird Jesus Christus durch die Wandlungsworte (= Konsekration) des Pfarrers gegenwärtig. Eine Opferwiederholung und eine fortdauernde Realpräsenz Jesu Christi in Brot und Wein über das Abendmahl hinaus wird aber abgelehnt.
- Das reformierte und (teilweise) freikirchliche Abendmahl bzw. *Brotbrechen:* Brot und Wein symbolisieren die Gegenwart Jesu Christi in der Gemeinde. Durch die Wiederholung der Wandlungsworte entsteht lediglich eine geistliche Realpräsenz, d.h. Jesus Christus ist zeichenhaft anwesend.

Unabhängig von der vielfältigen Praxis und den unterschiedlichen Deutungen der Abendmahlsliturgie verwenden alle Konfessionen doch den Kelch als liturgisches Gefäß, um den Wein zu fassen und zu trinken.

Es gibt auch den »bitteren Kelch« – Jesus wünschte sich im Garten Getsemani, dass »der Kelch« an ihm vorüber gehe. In der Antike gab es zudem einen Kelch mit einer vergifteten Flüssigkeit als Hinrichtungsmethode: Sokrates wurde 399 v.Chr. verurteilt und mit dem sogenannten Schierlingsbecher getötet.

Der Kelch hat auch in nichtchristlichen Kulturen oft zeichenhafte Bedeutung: So wird die Form der runden Halbkuppel auch als Symbol für die weibliche Brust und damit für Leben und Lebensspendung gedeutet (z.B. in Indien). Im hinduistischen Kulturkreis ist die mit Reis oder Edelsteinen gefüllte Schale ein Zeichen von Wohlstand. Ein umgestülpter Kelch stellt Leere oder Nichtigkeit dar. Aufgrund der Funktion als Trinkgefäß gelten Kelch, Becher oder Schale auch als Sinnzeichen für Gemeinschaft (z.B. im Judentum) oder sogar für Liebe und Vereinigung (z.B. im Shintoismus: das Tauschen der Trinkschalen im Rahmen der Hochzeitszeremonie). Diese Bedeutung hat sich in der christlichen Tradition durch das liebende Selbstopfer Jesu verstärkt und prägend etabliert. Ein kulturgeschichtlicher Reflex auf dieses christliche Verständnis findet sich in Hugo von Hofmannsthals Gedicht »Die Beiden«, in dem Becher und Wein als Symbole für die Vereinigung zweier Liebender verwendet werden.

Die Beiden

Sie trug den Becher in der Hand –
Ihr Kinn und Mund glich seinem Rand –,
So leicht und sicher war ihr Gang,
Kein Tropfen aus dem Becher sprang.

So leicht und fest war seine Hand:
Er ritt auf einem jungen Pferde,
Und mit nachlässiger Gebärde
Erzwang er, dass es zitternd stand.

Jedoch, wenn er aus ihrer Hand
Den leichten Becher nehmen sollte,
So war es beiden allzu schwer:
Denn beide bebten sie so sehr,
Dass keine Hand die andre fand
Und dunkler Wein am Boden rollte.

Hugo von Hofmannsthal

Der didaktische Rahmen: Wozu einen Kelch einsetzen?

Im Bereich der Grundschule kann eine Unterrichtsstunde zum Zeugnis des Kelchs entweder als Baustein einer Unterrichtsequenz zur Eucharistie (Katholische Religionslehre) oder als Teil einer Unterrichtseinheit zur Einführung in den Glauben der Christen (Ethik/Religionskunde) verwendet werden. In der Sekundarstufe I kann der Baustein auch als Teil einer Sequenz eingesetzt werden, die mit der Feier des Abendmahls (Evangelische Religionslehre) vertraut machen bzw. die Elemente der Eucharistie wiederholen will.

Die methodischen Schritte: Wie wird das Zeugnis eingeführt?

Einstieg: Die Phase der inneren Beteiligung

Die Lehrerin bzw. der Lehrer bringt eine ganze Reihe verschiedener Trinkgefäße mit und stellt diese der Lerngruppe vor. Die Schülerinnen und Schüler werden aufgefordert, die verschiedenen Gefäße zu beschreiben und Vermutungen darüber anzustellen, in welchem Zusammenhang diese verwendet werden und welche Getränke in diesen gereicht werden (z.B. Saftglas, Kaffeebecher, Bierkrug, Teetasse, Weinglas): Was ist das für ein Gefäß? Wofür braucht man ein solches Gefäß? Besitzt ihr auch ein solches Gefäß?

Erarbeitung I: Die Phase der Entdeckung

Die Lehrerin bzw. der Lehrer stellt nun einen Kelch deutlich sichtbar und herausgehoben in den Raum, am besten auf einen Tisch zentral vor oder in die Mitte der Klasse. Die Schülerinnen und Schüler werden aufgefordert, dieses Gefäß zu beschreiben und zu erklären, wozu dieses Zeugnis wohl verwendet wird: Was ist das Besondere an diesem Gefäß? Könnt ihr das Gefäß beschreiben? Wisst ihr, wofür man ein solches Gefäß braucht? Die Schülerinnen und Schüler, die den Kelch aus liturgischen Zusammenhängen kennen, können erläutern, wozu dieses Zeugnis im Gottesdienst verwendet wird.

Erarbeitung II: Die Phase der Kontextualisierung

Im anschließenden Unterrichtsgespräch ist die Klärung folgender Leitfragen sinnvoll: Warum sind Kelch (und Brotschale) so kostbar und aufwendig gestaltet? Warum feiern Christen das letzte Abendmahl Jesu? Was hat Jesus bei seinem letzten Abendmahl gesagt? In welchem Zusammenhang stehen Abendmahl und Kreuzestod Jesu? Welche Elemente gehören zum Abendmahlsgottesdienst/Eucharistie? Warum bieten sich gerade Brot und Kelch als Symbole für Freundschaft und Gemeinschaft an?

Je nach Altersstufe und Konfession können auch die unterschiedlichen Vorstellungen von der Gegenwart Jesu in Brot und Wein im Gottesdienst angesprochen werden (vgl. dazu die Informationen S. 84).

Sieger Köder, Abendmahl: »Das ist mein Leib« (Lk 22)

Vertiefung: Die Phase der Reflexion

Diese Phase kann genutzt werden, um auf die Bedeutung der Mahlgemeinschaft im Leben und Wirken Jesu insgesamt einzugehen. Dafür ist es wichtig, mit den Schülerinnen und Schülern herauszuarbeiten, welche Bedeutung das gemeinsame Essen und Trinken, besonders aber das gemeinsame Feiern auch für uns hat. Von diesen Erfahrungen aus kann dann die integrative und heilende Kraft der Mahlgemeinschaften Jesu erschlossen werden, wie sie uns im Markus-Evangelium und bei den anderen Synoptikern überliefert werden (vgl. die Textstellen auf dem Arbeitsblatt 4 zum Christentum: Jesus hält Mahl, S. 89–91).

Alternativ kann eine Bildbetrachtung durchgeführt werden. Sieger Köder hat in seinem Gemälde »Das ist mein Leib« (Lk 22) eine Darstellung des letzten Abendmahls Jesu geschaffen, die die gewohnte, traditionelle Motivik und Struktur klassischer Abendmahlsbilder (z.B. Duccio Di Buoninsegna, Leonardo da Vinci, Dirk Bouts) an entscheidender Stelle variiert und aufbricht. Nicht

Jesus steht bzw. sitzt im Zentrum. Er ist auf dem Bild gar nicht zu sehen – nur seine Hände und der Kelch, in dem sich sein Gesicht spiegelt. Gerade die Bedeutung des Kelchs als Symbol für Opfer (Gabe des blutroten Weins) und Gemeinschaft (im Kreis der Jünger) zeigt sich hier in besonders anschaulicher Weise. Eine Folie dieses Bildes kann mit Schülerinnen und Schülern als Abschluss der Sequenz, als Vertiefung oder Ergebnissicherung erarbeitet werden.

Weiterführende Literatur

Elsbeth Bihler, Symbole des Lebens, Symbole des Glaubens, 3 Bde., Bd.3: Stein – Kreis/Mitte, Limburg 1995, 173–206.

Willibald Bösen, Der letzte Tag des Jesus von Nazaret. Was wirklich geschah, Freiburg ³1995.

Valentino Hribernig-Körber, Was ist katholisch? Alles Wissenswerte auf einen Blick, München 2008, hier 51–53.

Reinhard Meßner, Einführung in die Liturgiewissenschaft, Paderborn 2001, hier 150–226.

Arbeitsblatt 4 CHRISTENTUM: Jesus hält Mahl

Die Hochzeit in Kana als Zeichen

2 1Am dritten Tag fand in Kana in Galiläa eine Hochzeit statt und die Mutter Jesu war da-
bei. 2Auch Jesus und seine Jünger waren zur Hochzeit eingeladen. 3Als der Wein aus-
ging, sagte die Mutter Jesu zu ihm: Sie haben keinen Wein mehr. 4Jesus erwiderte ihr:
Was willst du von mir, Frau? Meine Stunde ist noch nicht gekommen. 5Seine Mutter
sagte zu den Dienern: Was er euch sagt, das tut! 6Es standen dort sechs steinerne Was-
serkrüge, wie es der Reinigungsvorschrift der Juden entsprach; jeder fasste ungefähr
hundert Liter. 7Jesus sagte zu den Dienern: Füllt die Krüge mit Wasser! Und sie füllten
sie bis zum Rand. 8Er sagte zu ihnen: Schöpft jetzt und bringt es dem, der für das Fest-
mahl verantwortlich ist. Sie brachten es ihm. 9Er kostete das Wasser, das zu Wein ge-
worden war. Er wusste nicht, woher der Wein kam; die Diener aber, die das Wasser ge-
schöpft hatten, wussten es. Da ließ er den Bräutigam rufen 10und sagte zu ihm: Jeder
setzt zuerst den guten Wein vor und erst, wenn die Gäste zu viel getrunken haben, den
weniger guten. Du jedoch hast den guten Wein bis jetzt zurückgehalten. 11So tat Jesus
sein erstes Zeichen, in Kana in Galiläa, und offenbarte seine Herrlichkeit und seine Jün-
ger glaubten an ihn.

Joh 2,1–11

Die Speisung der Viertausend

8 1In jenen Tagen waren wieder einmal viele Menschen um Jesus versammelt. Da sie
nichts zu essen hatten, rief er die Jünger zu sich und sagte: 2Ich habe Mitleid mit
diesen Menschen; sie sind schon drei Tage bei mir und haben nichts mehr zu essen.
3Wenn ich sie hungrig nach Hause schicke, werden sie unterwegs zusammenbrechen;
denn einige von ihnen sind von weither gekommen. 4Seine Jünger antworteten ihm:
Woher soll man in dieser unbewohnten Gegend Brot bekommen, um sie alle satt zu
machen? 5Er fragte sie: Wie viele Brote habt ihr? Sie antworteten: Sieben. 6Da forderte
er die Leute auf, sich auf den Boden zu setzen. Dann nahm er die sieben Brote, sprach
das Dankgebet, brach die Brote und gab sie seinen Jüngern zum Verteilen; und die
Jünger teilten sie an die Leute aus. 7Sie hatten auch noch ein paar Fische bei sich. Jesus
segnete sie und ließ auch sie austeilen. 8Die Leute aßen und wurden satt. Dann
sammelte man die übrig gebliebenen Brotstücke ein, sieben Körbe voll. 9Es waren
etwa viertausend Menschen beisammen. Danach schickte er sie nach Hause.

Mk 8,1–9

Die Berufung des Levi und das Mahl mit den Zöllnern

5 [27]Als Jesus von dort wegging, sah er einen Zöllner namens Levi am Zoll sitzen und sagte
zu ihm: Folge mir nach! [28]Da stand Levi auf, verließ alles und folgte ihm. [29]Und er gab
für Jesus in seinem Haus ein großes Festmahl. Viele Zöllner und andere Gäste waren
mit ihnen bei Tisch. [30]Da sagten die Pharisäer und ihre Schriftgelehrten voll Unwillen
zu seinen Jüngern: Wie könnt ihr zusammen mit Zöllnern und Sündern essen und trin-
ken? [31]Jesus antwortete ihnen: Nicht die Gesunden brauchen den Arzt, sondern die
Kranken. [32]Ich bin gekommen, um die Sünder zur Umkehr zu rufen, nicht die Ge-
rechten.

Lk 5,27–32

Das Abendmahl in Emmaus

24 [13]Am gleichen Tag waren zwei von den Jüngern auf dem Weg in ein Dorf namens
Emmaus, das sechzig Stadien von Jerusalem entfernt ist. [14]Sie sprachen miteinander
über all das, was sich ereignet hatte. [15]Während sie redeten und ihre Gedanken aus-
tauschten, kam Jesus hinzu und ging mit ihnen. [16]Doch sie waren wie mit Blindheit ge-
schlagen, sodass sie ihn nicht erkannten. [17]Er fragte sie: Was sind das für Dinge, über
die ihr auf eurem Weg miteinander redet? Da blieben sie traurig stehen, [18]und der eine
von ihnen – er hieß Kleopas – antwortete ihm: Bist du so fremd in Jerusalem, dass du
als einziger nicht weißt, was in diesen Tagen dort geschehen ist? [19]Er fragte sie: Was
denn? Sie antworteten ihm: Das mit Jesus aus Nazaret. Er war ein Prophet, mächtig in
Wort und Tat vor Gott und dem ganzen Volk. [20]Doch unsere Hohenpriester und Führer
haben ihn zum Tod verurteilen und ans Kreuz schlagen lassen. [21]Wir aber hatten ge-
hofft, dass er der sei, der Israel erlösen werde. Und dazu ist heute schon der dritte Tag,
seitdem das alles geschehen ist. [22]Aber nicht nur das: Auch einige Frauen aus unserem
Kreis haben uns in große Aufregung versetzt. Sie waren in der Frühe beim Grab, [23]fan-
den aber seinen Leichnam nicht. Als sie zurückkamen, erzählten sie, es seien ihnen En-
gel erschienen und hätten gesagt, er lebe. [24]Einige von uns gingen dann zum Grab und
fanden alles so, wie die Frauen gesagt hatten; ihn selbst aber sahen sie nicht. [25]Da
sagte er zu ihnen: Begreift ihr denn nicht? Wie schwer fällt es euch, alles zu glauben,
was die Propheten gesagt haben. [26]Musste nicht der Messias all das erleiden, um so
in seine Herrlichkeit zu gelangen? [27]Und er legte ihnen dar, ausgehend von Mose und
allen Propheten, was in der gesamten Schrift über ihn geschrieben steht. [28]So erreich-
ten sie das Dorf, zu dem sie unterwegs waren. Jesus tat, als wolle er weitergehen,
[29]aber sie drängten ihn und sagten: Bleib doch bei uns; denn es wird bald Abend, der

Tag hat sich schon geneigt. Da ging er mit hinein, um bei ihnen zu bleiben. [30] Und als er
mit ihnen bei Tisch war, nahm er das Brot, sprach den Lobpreis, brach das Brot und gab
es ihnen. [31] Da gingen ihnen die Augen auf und sie erkannten ihn; dann sahen sie ihn
nicht mehr. [32] Und sie sagten zueinander: Brannte uns nicht das Herz in der Brust, als er
unterwegs mit uns redete und uns den Sinn der Schrift erschloss? [33] Noch in derselben
Stunde brachen sie auf und kehrten nach Jerusalem zurück und sie fanden die Elf und
die anderen Jünger versammelt. [34] Diese sagten: Der Herr ist wirklich auferstanden und
ist dem Simon erschienen. [35] Da erzählten auch sie, was sie unterwegs erlebt und wie
sie ihn erkannt hatten, als er das Brot brach.

Lk 24,13–35

1. *Vergleicht die aufgeführten Textstellen und arbeitet Gemeinsamkeiten wie Unterschiede heraus. Bedenkt dabei Folgendes:*
   - *Was haben die verschiedenen Situationen, in denen Jesus Mahl hält, gemeinsam?*
   - *Mit wem hält Jesus Mahl?*
   - *Welche Folgen hat das Wirken Jesu in der konkreten Situation?*

2. *Setzt die Mahlgemeinschaften Jesu in Beziehung zu Gottesdienstformen wie der Eucharistie und dem Abendmahl:*
   - *Welche Elemente aus den Textstellen kennt ihr aus den heutigen Gottesdiensten?*
   - *Was hat sich im Vergleich mit dem Mahl Jesu in unserem heutigen Abendmahls- bzw. Eucharistiegottesdienst geändert? Versucht Gründe für die Veränderungen zu finden.*

1.4 Der Rosenkranz

Zeugnis der Marienverehrung

Empfohlene Jahrgangsstufe: 5–7

Mögliche Verknüpfungen:
2.1 Der Tallit und die Tefillin – Zeugnisse des Erinnerns
3.4 Die Gebetskette – Zeugnis der Einheit und Vielfalt
5.4 Die Gebetsmühle – Zeugnis der rechten Versenkung

Thema der Stunde: Was wird behandelt?
»Über Maria zu Jesus beten?« – Der Rosenkranz als christliche Gebetskette

Angestrebte Kompetenzen: Welche Fähigkeiten sollen Schülerinnen und Schüler am Zeugnis zeigen können?
Die Schülerinnen und Schüler erörtern anhand des Zeugnisses »Rosenkranz« die Bedeutung der Marienverehrung in der katholischen Kirche.

Im Einzelnen: Die Schülerinnen und Schüler

- beschreiben die Rosenkranzkette und erklären ihren Gebrauch.
- erläutern die verschiedenen Gebete, die im Rahmen des Rosenkranzes verrichtet werden.
- ordnen das Rosenkranzgebet in die Gebets- und Gottesdienstpraxis der Kirche ein.
- entfalten, dass sich das Rosenkranzgebet als exemplarisches Ritual der Marienverehrung »über Maria an Jesus Christus« wendet.
- setzen den Rosenkranz in Beziehung zu Gebetsketten anderer Religionen (Mala, Tasbih).

Rosenkranz

Das Zeugnis: Was muss man als Lehrerin oder Lehrer über den Rosenkranz wissen?

Der Rosenkranz ist eine Perlenschnur, die als Zählkette für das vielgliedrige Rosenkranzgebet dient. Der Legende nach soll der heilige Dominikus (1170–1221) den Rosenkranz durch eine Marienerscheinung empfangen haben. Historisch ist lediglich belegt, dass der im 11. Jahrhundert im Kloster Cluny gepflegte Brauch des Vaterunser-Psalters (150 Vaterunser wurden mithilfe einer Paternoster-Schnur in Anlehnung an die 150 Psalmen der Bibel gebetet) im 13. Jahrhundert durch den sogenannten Laienpsalter ersetzt wurde, der nun 150 Ave Maria statt Vaterunser vorsah:

Gegrüßet seist du Maria, voll der Gnade,
der Herr ist mit dir.
Du bist gebenedeit unter den Frauen,
und gebenedeit ist die Frucht deines Leibes, Jesus.

Heilige Maria, Mutter Gottes,
bitte für uns Sünder,
jetzt und in der Stunde unseres Todes. Amen.

Die heutige Gebetsform des Rosenkranzes geht wohl auf den Karthäuser Dominikus von Preußen († 1460) zurück. Der Name »Rosenkranz« erklärt sich damit, dass Maria im Mittelalter auch als »rosa mystica«, also als »mystische Rose« bezeichnet wurde. In der katholischen Kirche wird der Rosenkranz besonders in den traditionellen Marienmonaten Mai und Oktober gebetet (vgl. Imbach 2008, 129f.).

Das Gebet des Rosenkranzes orientiert sich an den insgesamt 59 Perlen der Gebetskette. Er wird wie folgt gebetet:

- Beginn mit dem Apostolischen Glaubensbekenntnis, dabei wird das Kreuz in der Hand gehalten; danach: »*Ehre sei dem Vater und dem Sohn und dem Heiligen Geist wie auch jetzt und allezeit und in Ewigkeit. Amen.*«
- Vaterunser an der ersten Perle.

Aufbau des Rosenkranzes

- Drei Ave Maria mit eingefügten Bitten um die christlichen Tugenden Glaube, Hoffnung und Liebe an den folgenden drei Perlen:

  Jesus, der in uns den Glauben vermehre.
  Jesus, der in uns die Hoffnung stärke.
  Jesus, der in uns die Liebe entzünde.

- »Ehre sei dem Vater« und anschließend bei der nächsten einzelnen Perle ein Vaterunser.
- 50 Ave Maria, in Zehnergruppen (»Gesätze«) gegliedert. In jeder Zehnergruppe wird jeweils nach dem Wort »Jesus« ein anderes »Geheimnis« eingefügt, ein Glaubenssatz, der dem Neuen Testament entstammt und das Leben Jesu und seiner Mutter Maria betrifft.
- Jedes Gesätz wird mit dem Vaterunser an einer einzelnen, oft auffälliger oder größer gestalteten Perle eingeleitet und nach den zehn Ave Maria mit dem »Ehre sei dem Vater« abgeschlossen.

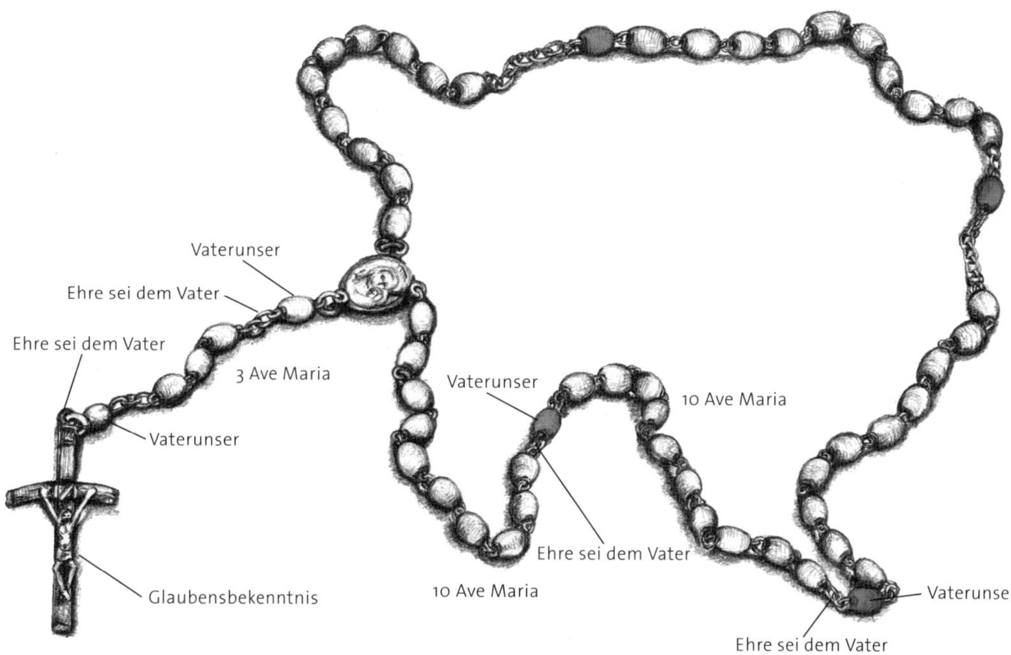

Die nach dem Wort »Jesus« in jedem Ave Maria eingefügten Glaubenssätze werden in die vier sogenannten »Geheimnisse« gegliedert:

Die freudenreichen Geheimnisse

1. ... den du, o Jungfrau, vom heiligen Geist empfangen hast.
2. ... den du, o Jungfrau, zu Elisabeth getragen hast.
3. ... den du, o Jungfrau, in Bethlehem geboren hast.
4. ... den du, o Jungfrau, im Tempel aufgeopfert hast.
5. ... den du, o Jungfrau, im Tempel wiedergefunden hast.

Die lichtreichen Geheimnisse (von Papst Johannes Paul II. eingeführt)

1. ... Jesus, der von Johannes getauft worden ist.
2. ... Jesus, der sich bei der Hochzeit in Kana offenbart hat.
3. ... Jesus, der uns das Reich Gottes verkündet hat.
4. ... Jesus, der auf dem Berg verklärt worden ist.
5. ... Jesus, der uns die Eucharistie geschenkt hat.

Die schmerzhaften Geheimnisse

1. ... der für uns Blut geschwitzt hat.
2. ... der für uns gegeißelt worden ist.
3. ... der für uns mit Dornen gekrönt worden ist.
4. ... der für uns das schwere Kreuz getragen hat.
5. ... der für uns gekreuzigt worden ist.

Die glorreichen Geheimnisse

1. ... der von den Toten auferstanden ist.
2. ... der in den Himmel aufgefahren ist.
3. ... der uns den Heiligen Geist gesandt hat.
4. ... der dich, o Jungfrau, in den Himmel aufgenommen hat.
5. ... der dich, o Jungfrau, im Himmel gekrönt hat.

Mit Blick auf einzelne merkwürdige und an Aberglauben grenzenden Praktiken der katholisch-volkstümlichen Marienverehrung muss an dieser Stelle betont werden, dass sich das Gebet aus theologischer Perspektive niemals an Maria richtet, sondern bei Maria um Fürbitte bei Gott gebeten wird. In der katholischen Kirche hat sich dafür die Formel »per Mariam ad Jesum« (= »durch

Maria zu Jesus«) bewährt. Dies gilt auch für den Rosenkranz: Wer diesen betet, erinnert sich durch Maria an »ein Heilsgeschehen, das Christus betrifft« (Imbach 2008, 133). In diesem Sinne wird im Rosenkranzgebet Maria angesprochen und um Fürbitte gebeten, der Fokus der meditativen Betrachtung liegt aber auf dem Weg Jesu mit seinen Stationen von der Menschwerdung bis zu Kreuz und Auferstehung.

Der didaktische Rahmen: Wozu einen Rosenkranz einsetzen?

Eine Unterrichtseinheit zum Thema »Rosenkranz« kann in der Sekundarstufe I sowohl Baustein einer Unterrichtsreihe zur Praxis des Gebets als auch ein zusätzliches Element in einer Sequenz über das Leben und Wirken Jesu sein. Im Unterricht der Grundschule bietet sich der Einsatz des Rosenkranzes im Rahmen einer Einheit zum Kirchenjahr an, vor allem natürlich mit Blick auf Marienfeste.

Die methodischen Schritte: Wie wird das Zeugnis eingeführt?

Einstieg: Die Phase der inneren Beteiligung

Die Lehrerin bzw. der Lehrer bringt in die Stunde einen Beutel mit einer ganzen Reihe von Ketten mit: Schmuckketten, Schlüsselketten, Perlenketten, Ketten mit Namensanhängern, Tasbih, Rosenkranz ... Je nach Größe der Lerngruppe können sich mehrere Schülerinnen und Schüler eine Kette aus dem Beutel ziehen, um diese dann in der Gesamtgruppe zu beschreiben. Im folgenden Unterrichtsgespräch kann anschließend bereits angesprochen werden, wozu Ketten dienen und welche unterschiedlichen Funktionen sie erfüllen: Ketten erinnern uns an etwas und sie helfen uns, etwas nicht zu verlieren, dienen als Schmuck! Vielleicht können an dieser Stelle Schülerinnen und Schüler bereits Informationen zu den Gebetsketten aus Christentum und Islam beisteuern.

Erarbeitung I: Die Phase der Entdeckung

Die Lehrerin bzw. der Lehrer verteilt nun Rosenkränze an die Schülerinnen und Schüler der Lerngruppe. Sind nicht genügend Rosenkränze für Zweier- oder Dreiergruppen vorhanden, sollte die Lehrkraft einen Rosenkranz in seiner Grundstruktur (vgl. die Zeichnung S. 94) auf einer Folie oder einem Poster visualisieren. Es gilt nun, das Muster des Rosenkranzes zu entdecken und herauszuarbeiten. Dabei sollen die Kinder Vorschläge machen, wie wohl ein solches Perlenmuster mit Gebeten verknüpft werden könnte. In diesem Zusammenhang ist es sinnvoll, an Gebeten zu sammeln und vortragen zu lassen, was in der Lerngruppe schon bekannt ist. Als Hilfestellung können Poster aufgehängt oder ein Arbeitsblatt mit dem Vaterunser, dem Ave Maria, dem »Ehre sei dem Vater« und dem Glaubensbekenntnis ausgeteilt werden.

Erarbeitung II: Die Phase der Kontextualisierung

Im folgenden Unterrichtsgespräch muss nun der Gegenstand kontextualisiert werden. Dabei sind folgende Leitfragen sinnvoll: Wie funktioniert die Gebetskette des Rosenkranzes genau? An wen richtet der Betende seine Gebete? Wie ist das Verhältnis von Maria, Jesus und Gott zu verstehen? Welche anderen Formen der Marienverehrung sind bekannt?

Da davon auszugehen ist, dass nur wenige Schülerinnen und Schüler Kenntnisse über den Rosenkranz haben, ist ein Lehrervortrag mit Informationen über den Rosenkranz in dieser Phase angemessen.

Vertiefung: Die Phase der Reflexion

In dieser letzten Phase sollte mit den Schülerinnen und Schülern erörtert werden, welchen Sinn traditionelle Gebetstechniken im Christentum, aber auch in anderen Religionen haben (vgl. 99-Namen-Gottes-Meditation im Islam und die 108-Perlen der Mala im Hinduismus und Buddhismus). Wichtig ist es hier, die Schülerinnen und Schüler für meditative Formen des Gebets im Allgemeinen zu sensibilisieren, auch mit Blick auf die Gebetsschule im Religionsunterricht. Auch andere Formen der Meditation (Taizé-Gesänge, Körpergebet, Stilleübungen, Wallfahrten) sollten an dieser Stelle angeführt und betrachtet werden. Abschließend kann mit den Schülerinnen und Schülern diskutiert werden, warum der Rosenkranz heute immer mehr in Vergessenheit gerät: Was stört junge Menschen heute an diesem Gebet? Was sind alternative Formen des Gebets, die heute praktiziert werden?

Weiterführende Literatur

Herbert Haag/Joe H. Kirchberg/Dorothee Sölle, Maria. Die Gottesmutter in Glaube, Brauchtum und Kunst, Freiburg 2004.
Josef Imbach, Marienverehrung zwischen Glaube und Aberglaube, Düsseldorf 2008.
Klaus Schreiner, Maria. Leben, Legenden, Symbole, München 2003.
Gudrun Weber, Wie bete ich den Rosenkranz? Freude – Licht – Schmerz – Glorie, Meppen 1984.

1.5 Die Ikone

Zeugnis der Gegenwart Gottes in dieser Welt

Empfohlene Jahrgangsstufe: 9–11

Mögliche Verknüpfung:
1.1 Das Kreuz Jesu Christi – Zeugnis der Menschwerdung Gottes
4.4 Die Shiva-Statue – Zeugnis des Gottes der Schöpfung und Zerstörung
5.1 Die Buddha-Statue – Zeugnis der Erleuchtung

Thema der Stunde: Was wird behandelt?
»Gott finden – unter der Oberfläche« – Die Christusikone und ihre Bedeutung

Angestrebte Kompetenzen: Welche Fähigkeiten sollen Schülerinnen und Schülern am Zeugnis zeigen können?
Die Schülerinnen und Schüler beschreiben die Christusikone, erklären ihre Bedeutung und erörtern ihren Gebrauch in den Ostkirchen des Christentums.

Im Einzelnen: Die Schülerinnen und Schüler
- beschreiben die Christusikone und benennen ihre typischen Elemente.
- erläutern Herkunft und Verwendung der Ikone als Kultbild.
- erörtern die Verehrung von Ikonen im Christentum.
- setzen sich mit der Problematik der Darstellbarkeit Gottes vor dem Hintergrund des Bilderverbotes in Judentum und Islam auseinander.

Christus-Ikone aus dem Katharinenkloster/Sinai, 6. Jh.

Das Zeugnis: Was muss man als Lehrerin oder Lehrer über die Ikone wissen?

Ikonen (griechisch *eikón* = Bild, Abbild) sind Kultbilder, die in den Ostkirchen, besonders in den orthodoxen Kirchen des byzantinischen Ritus, für die Frömmigkeitspraxis von großer Bedeutung sind. In der Regel unterscheidet man entsprechend der dargestellten Person zwischen Christusikonen, Mutter-Gottes-Ikonen, Apostelikonen und Heiligenikonen.

Durch die kontemplative Betrachtung der Ikonen soll Ehrfurcht geweckt und eine existenzielle Verbindung zwischen dem Betrachter und Gott hergestellt werden. Ikonen sind deshalb in der orthodoxen Kirche weder Dekoration noch bloße Artefakte, sondern heilige Zeugnisse, die den Zugang zum Göttlichen ermöglichen. Sie werden ehrfurchtsvoll gegrüßt, indem man sich vor ihnen bekreuzigt, sich vor ihnen verneigt und die Ikonen behutsam küsst. Die Verehrung richtet sich auf den Dargestellten, nicht auf die Ikone selbst als einen Gegenstand aus Holz und Farbe. Das Verehren ist strikt von der Anbetung zu unterscheiden, die nur Gott zukommt.

Die ältesten erhaltenen Ikonen stammen aus dem 6. Jahrhundert; allerdings sind aus der Zeit vor den gewaltsamen Zerstörungen während des byzantinischen Bilderstreits (8./9. Jh.) nur noch sehr wenige Exemplare vorhanden. Diese erbitterte Kontroverse, Ikonoklasmus (= Bildersturm, Bilderzerstörung) genannt, entzündete sich an der Frage nach der Zulässigkeit von Ikonenverehrung angesichts des Bilderverbots der Bibel. Das führte bis zum kaiserlichen Verbot von Ikonen, die als Götzenbilder gebrandmarkt wurden. Vor allem dem Theologen Johannes von Damaskus ist es zu verdanken, dass sich das teils gewalttätig durchgesetzte Bilderverbot am Ende in der abendländischen Kulturgeschichte nicht behaupten konnte. Johannes wies überzeugend darauf hin, dass Gott selbst sich in Christus sichtbar und greifbar gemacht habe, sodass das im Alten Testament mit der Unsichtbarkeit Gottes begründete Bilderverbot im Neuen Testament durch die Menschwerdung Gottes überwunden worden sei. Wer Bilder Christi ablehne, lehne folglich auch die wirkliche und nicht nur scheinbare Menschwerdung Christi ab.

Die erfolgreiche Begründung der Darstellbarkeit Jesu Christi in seiner Menschheit war die Voraussetzung für die Etablierung einer eigenständigen Ikonenmalerei. Stellte noch im 6. Jahrhundert die Enkaustik (= das »Einbrennen«; künstlerische Maltechnik, bei der in Wachs gebundene Farbpigmente heiß auf den Maluntergrund aufgetragen werden) die bedeutendste Technik der Ikonenproduktion dar, so setzten sich im 7. Jahrhundert die Temperamalerei (künstlerische Maltechnik, bei der Farbpigmente in einer Wasser-Öl-Emulsion gebunden werden) auf Holz, die Mosaiksetzerei und die Schnitzerei in Holz als Techniken durch.

Die hier als Zeugnis vorgestellte Christus-Ikone vom Sinai ist eine der ältesten Ikonen, die wir heute kennen. Sie ist als in Enkaustik-Technik gestaltet und verdankt ihre sakralgeschichtliche Bedeutung dem Umstand, dass sie durch ihren Aufenthalt im abgelegenen Katharinenkloster auf der Sinaihalbinsel den Bildersturm des 9. Jahrhunderts schadlos überstanden hat. Erst im Jahr 1962 wurde diese Ikone entdeckt, freigelegt und somit der Öffentlichkeit zugänglich gemacht. Kunsthistorische Analysen haben ergeben, dass sie wahrscheinlich im Laufe des 6. Jahrhunderts in Konstantinopel angefertigt worden ist. Sie zeigt Christus als Lehrer, ein gängiges Motiv der Ikonenkunst: »In der linken Hand hält der Erlöser das in Gold gebundene, mit Edelsteinen verzierte Evangelium [...], während die Rechte erhoben ist, wobei jeweils Zeige- und Mittelfinger sowie der Daumen und die drei anderen Finger zusammengelegt sind. Vermutlich handelt es sich um die Geste des Rhetors, auf Christus übertragen: um die des Lehrers der Wahrheit und des Neuen Gesetzes. [...] Gegenüber der späteren Christus-Ikone fehlt auf dem Sinai-Bild allerdings noch die obligatorische Aufschrift. Es spricht einiges dafür, dass die Ikone ursprünglich einmal eine Aufschrift auf dem verloren gegangenen Rahmen trug« (Felmy 2004, 19).

Der didaktische Rahmen: Wozu eine Ikone einsetzen?

Eine Unterrichtsstunde zur Christusikone vom Sinai ist sicherlich vor allem in der Sekundarstufe I angemessen. Besonders in den höheren Jahrgangsstufen kann die Arbeit mit diesem Zeugnis zu einer altersangemessenen Reflexion der Unsichtbarkeitsproblematik und zur Bearbeitung der individuellen Gottesbilder führen.

Die methodischen Schritte: Wie wird das Zeugnis eingeführt?

Einstieg: Die Phase der inneren Beteiligung

Die Lehrerin bzw. der Lehrer beginnt die Stunde damit, dass er eine Reihe von Ikonen auf dem Tisch ausbreitet und aufstellt. Die Schülerinnen und Schüler werden aufgefordert, die Gegenstände zu beschreiben und einzuordnen. Auch wenn der Begriff der Ikone hier noch nicht fällt, so können die Schülerinnen und Schüler doch schon Merkmale von Ikonen nennen. Das Format, die Darstellungsweise und das Figurenrepertoire werden zur Sprache kommen, vielleicht erkennen manche Schülerinnen und Schüler auch schon den Bildtyp der Ikone aus der häuslichen Frömmigkeitspraxis oder aus besuchten bzw. besichtigten Kirchen oder Museen.

Mit älteren Lerngruppen können moderne »Ikonen« als Einstieg verwendet werden, etwa der Goethe-Druck von Andy Warhol oder das bekannte Porträt von Che Guevara. Der Präsentation einer solchen modernen Form von (Pop-)Ikonen kann ein Gespräch über das Wesen der Ikone folgen: Warum genießen solche Bilder Kultstatus, warum trägt man sie auf der Brust oder hängt sie sich über das Sofa? Welches Verhältnis hat der Betrachter, der ein solches Bild »verehrt« und pflegt, zu der abgebildeten Person? Lassen sich Grundzüge einer »Ikonen-Technik« bei solchen modernen Bildern erkennen?

Erarbeitung I: Die Phase der Entdeckung

In einer zweiten Phase stimmt die Lehrerin bzw. der Lehrer die Schülerinnen und Schüler mit einer Stilleübung ein. Es eignen sich hierfür unterschiedliche Methoden, zum Beispiel eine Klangschale oder leise Meditationsmusik. In dieser Stillephase wird die Christus-Ikone mit dem Tageslichtprojektor oder Beamer projiziert oder als großflächiges Poster an der Tafel entrollt. Die Kinder sollen nun Zeit haben, das Bild zu betrachten und auf sich wirken zu lassen. Je nachdem, in welcher Jahrgangsstufe die Christus-Ikone eingeführt wird, kann man die Schülerinnen und Schüler bitten, Gedanken, die sie bei der Betrachtung haben, aufzuschreiben. Dabei sollte der Schwerpunkt zunächst auf den Gefühlen der Schülerinnen und Schüler liegen: Was gefällt mir – was gefällt nicht? Wie wirken die Farben bzw. Schattierungen auf mich? Wie fühle ich mich beim Betrachten dieser Christus-Ikone?

Nach dieser Phase der Stille sollten im Rahmen eines Unterrichtsgesprächs die Überlegungen und Gedanken der Schülerinnen und Schüler thematisiert werden. Dabei sollte die Lehrerin bzw. der Lehrer zur gemeinsamen Betrachtung des Bildes überleiten: Was ist auf der Ikone zu sehen? Was fällt besonders auf? Was ist das Besondere an dieser Art der Jesus-Darstellung? Was haben die Gesten und die Attribute für eine Bedeutung?

Erarbeitung II: Die Phase der Kontextualisierung

Nach der ausgiebigen Betrachtung der Ikone ist es nun erforderlich, Herkunft, Wesen und Sinn von Ikonen zu erläutern. Es sollte deutlich werden, dass Ikonen keine Kunstwerke im eigentlichen Sinne sind, sondern dass sie von den Gläubigen der orthodoxen Kirchen als Zeichen der Nähe Gottes und als Zugang zur göttlichen Sphäre verehrt werden. Dies ist auch der Grund, warum Ikonen immer in gleicher Weise gestaltet sind und das Figurenrepertoire auf die drei göttlichen Personen und die Heiligen beschränkt ist.

Mit älteren Schülerinnen und Schülern kann auch diskutiert werden, warum von Christus-Ikonen und nicht von Jesus-Bildern die Rede ist: Es geht hier um die Darstellung der göttlichen Person des Sohnes, in unserem Fall um den »ewigen Lehrer der Wahrheit«, und nicht um den irdischen/historischen Jesus von Nazaret. Lediglich seine menschliche Erscheinung wird in der Ikone aufgenommen und prototypisch abgebildet.

Vertiefung: Die Phase der Reflexion

Die Vorstellung, durch die Verehrung einer Ikone einen Zugang zur Sphäre des Göttlichen zu eröffnen, ist für die Schülerinnen und Schüler in der Regel sehr befremdlich. Durch die Thematisierung anderer Erinnerungsbilder (die modernen »Ikonen« der Einstiegs- bzw. Beteiligungsphase) können die Kinder und Jugendlichen angeregt werden, über das Wesen und die Kraft der Erinnerung nachzudenken. Auch das Aufhängen von Fotos oder Bildern, die geschätzte oder geliebte Menschen zeigen, kann Hilfe sein, diese in Gedanken zu vergegenwärtigen und mit diesen in eine erinnernde oder andenkende Beziehung zu treten.

Schließlich kann an dieser Stelle noch einmal das Kreuz (vgl. 1.1) in den Blick genommen werden: Auch bei der Kreuzverehrung, wie sie vor allem in der katholischen Frömmigkeitspraxis gepflegt wird, geht es ja nicht um die Anbetung des Kreuzes oder des Körpers auf dem Kruzifix, sondern um eine besonders intensive Gebetsbeziehung zu dem lebendigen Jesus Christus, dessen Leiden und Sterben der Betende im Angesicht des Kreuzes vergegenwärtigt.

Gerade bei älteren Lerngruppen sollte zum Abschluss dieser Themeneinheit das Bildverbot in Judentum und Islam angesprochen werden. Dabei kann noch einmal herausgearbeitet werden, dass auch das Christentum eine lange Geschichte des Bildverbots kennt, dieses Verbot aber durch die Sichtbarkeit Gottes in Jesus Christus einen anderen Stellenwert hat, als in den beiden anderen abrahamischen Religionen.

Weiterführende Literatur

Karl Christian Felmy, Das Buch der Christus-Ikonen, Freiburg/Basel/Wien 2004.
Helene Hoerni-Jung, Vom inneren Menschen (Ikonen des göttlichen Sohnes), Kempten 1995.
Christoph Kardinal Schönborn, Die Christus-Ikone. Eine theologische Hinführung, Wien 1998.

2. JUDENTUM

Jan Woppowa

Basisinformationen

Religion, Volk und Geschichte bilden im Judentum eine unzertrennbare Einheit. Das Judentum als »Religion« zu bezeichnen, ist zunächst nur bedingt möglich (die hebräische Sprache hat zudem kein eigenes Wort für Religion), denn im traditionsverbundenen Judentum durchwirkt Religion das ganze Leben: Nichts ist ausschließlich profan, alles ist religiös. Diese religiöse Alltagsstrukturierung ermöglicht zugleich die bewusste Erfahrung jüdischer Geschichte einerseits und jüdischer Gemeinschaft andererseits. Hierin zeigen sich die Zugehörigkeit zu einem Volk und dessen »kollektivem Gedächtnis« (Maurice Halbwachs). Beide Pole, Religion und Nation, prägen das Selbstverständnis des Judentums bis heute und sind Antrieb vielfältiger historischer und gegenwärtiger Suchprozesse nach jüdischer Identität.

Die orthodoxe Tradition folgt in der Frage nach einer Definition jüdischer Identität zunächst dem Prinzip der Matrilinearität: Jude ist, wer von einer jüdischen Mutter geboren worden ist. Darüber hinaus aber gilt eine inhaltliche Konkretisierung jüdischen Lebens und jüdischer Identität, abhängig von einer Zugehörigkeit zu einer der großen Hauptströmungen des Judentums: von der strengen Orthodoxie über das konservative und liberale Judentum bis hin zu Rekonstruktionismus und Reformjudentum. Hierbei zeigt sich ein weites Spektrum vom bewussten und strengen Festhalten an traditionellen Lebensformen über eine gewisse Praxis der Gegenwartsanpassung und Kompatibilität mit der Spätmoderne bis hin zur völligen Aufgabe von Normen und Bräuchen zu Gunsten einer »Idee« des Judentums und seiner Ethik.

Von den weltweit über 14 Millionen Juden leben heute über 5 Millionen in Israel, knapp 6 Millionen in den USA und darüber hinaus ein größerer Teil in der ehemaligen Sowjetunion, in Mittel- und Osteuropa und Südamerika. Die Zahl der jüdischen Gemeinden in Deutschland ist seit der Öffnung Osteuropas kontinuierlich auf ca. 100 gewachsen, sodass heute ungefähr 100.000 Juden in Deutschland leben.

Jahrhundertelange Erfahrungen von Diskriminierung und Verfolgung, von christlich motiviertem Antijudaismus und politisch-gesellschaftlichem Antisemitismus bis hin zur entsetzlichen Erfahrung der Schoah (= Vernichtung) während des Nazi-Regimes prägen die jüdische, insbesondere die deutsch-jüdische Geschichte bis heute.

Trotz oder gerade wegen dieser Erfahrung ist das Judentum in seinem Kern Erinnerungsgemeinschaft geblieben. Sein kollektives Gedächtnis speist sich aus der narrativen Erinnerung an jene Gotteserfahrungen, die in den Erzählungen der jüdischen Bibel festgehalten sind. Im Zentrum stehen dabei die Offenbarungsgeschichten des unsichtbaren Gottes JHWH mit seinem biblischen Volk Israel, zu dem er durch »Auserwählung« und Bundesschluss ein besonderes Treueverhältnis eingegangen ist. Dieser Gott ist der eine Gott Israels:

- der allmächtige Gott des Anfangs, der Schöpfer der Welt (vgl. Gen 1f.);
- der überraschende Gott der Erzeltern Israels: Abraham und Sara, Isaak und Rebekka, Jakob und Lea bzw. Rachel, von deren Gotteserfahrungen das Buch Genesis erzählt;
- der mitleidende Gott des Mose, der sich im Buch Exodus als JHWH, als der »Ich-bin-da« bzw. der »Ich werde da sein, als der ich da sein werde« (Ex 3,14) den Israeliten offenbart und sie aus der Knechtschaft Ägyptens befreit;
- der herausfordernde Bundesgott der Tora und des Dekalogs, der religiösen Gesetze und lebenspraktischen Weisungen, die Mose am Berg Sinai empfangen hat (vgl. Ex 19ff.);
- der gerechte und mahnende Gott der Propheten, von Amos und Hosea bis zu Jesaja, Jeremia und Ezechiel;
- der rätselhafte und zweifelhafte Gott des leidenden Gerechten Ijob (vgl. das gleichnamige Buch der Bibel);
- der vielfältige, menschliche und zugleich unverfügbare Gott der Psalmen, des großen Gebetsbuches des Judentums.

Die göttliche Verheißung an Abraham (vgl. Gen 12ff.), der Bundesschluss und das geschichtliche Befreiungshandeln JHWHs im Exodus (etwa 13./12. Jh. v.Chr.) sind die Erfahrungen, auf die sich im Kern die »narrative Identität« (Paul Ricœur) bzw. das textuelle Gedächtnis des Judentums gründet. Diesem zur Seite steht die *Halacha* (= Weg, Wandel), das jüdische Religionsgesetz. Es ist dem gläubigen Juden allerdings weniger Joch als vielmehr Handlungsorientierung und Lebensform und eben darin »lebendige Gegenwart der göttlichen Liebe« (Emmanuel Lévinas). Seine Gebote bilden das rituelle bzw. gestische Gedächtnis des traditionsverbundenen Judentums, beispielsweise im Befolgen der jüdischen Speisegesetze und Reinheitsvorschriften oder im Einhalten der Schabbatregeln. Im Zentrum des Judentums steht neben dem Bundesgedanken insgesamt das Streben nach Heiligkeit (vgl. Lev 19,2), das in der Befolgung der *Mizwot* (= Gebote) erfüllt wird und so den frommen Juden zu einer »Heiligung des Alltags« führt.

Die besondere Wechselwirkung von Glaubensgeschichte und Bundesvolk bzw. Einheit von Religion und Nation hat im 20. Jahrhundert mit der zionistischen Bewegung und der Gründung des politischen Staates Israel im Jahr 1948 neue Bedeutung erlangt. Zugleich ist diese politische Dimension jüdischer Geschichte nach jahrhundertelanger Verfolgung bis zur Schoah zu einer neuen und bleibend aktuellen Herausforderung des Judentums geworden, auch in seinem Selbstverständnis als Glaubensgemeinschaft.

Ritus und Rituale

Die folgenden Ausführungen eines interreligiösen Verstehens jüdischer Zeugnisse orientieren sich vorwiegend an den Grundlinien einer gemäßigt orthodoxen, der biblisch-talmudischen Tradition verpflichteten Lebensform, in der den gewachsenen religiösen Traditionen – und damit eben auch den hier vorgestellten religiösen Zeugnissen – eine bleibend hohe religiöse und alltagsgestaltende Relevanz zukommt.

So muss das textuelle Gedächtnis des Judentums ständig neu eingewoben werden (vgl. lateinisch *textus* = Gewebe) in den Alltag jüdischen Lebens und Denkens, augenscheinlich im jüdischen Gebetsmantel und in den Gebetsriemen, die fromme Juden beim Gebet anlegen (vgl. 2.1 – Der Tallit und die Tefillin). Die beständige Gegenwart und Erinnerung an den Gott des Bundes und der Tora geschieht alltäglich und wortwörtlich »im Vorbeigehen«, nämlich im Berühren der kleinen Gebetskapsel, die man an den Türpfosten jüdischer Häuser findet und die das Glaubensbekenntnis Israels beinhaltet (vgl. 2.2 – Die Mesusa). Die exponierte Stellung der Tora, der fünf Bücher Mose bzw. der jüdischen Bibel insgesamt zeigt sich in den regelmäßigen Synagogenlesungen und in der Verehrung der Tora als Gottes Offenbarung. Ausdruck dieser Heiligkeit und deshalb Unberührbarkeit der Schrift, aber auch praktische Lesehilfe ist der kleine Torazeiger (vgl. 2.3 – Der Torafinger Jad). Obwohl auch religiös motiviert, so kommt sowohl dem Scheitelkäppchen jüdischer Männer (vgl. 2.4 – Die Kippa) als auch dem siebenarmigen Leuchter (vgl. 2.5 – Die Menora) eine insgesamt höhere Bedeutung für die öffentliche Wahrnehmung jüdischen Lebens in der Gesellschaft zu als den übrigen rituellen Zeugnissen. Denn die Kippa gehört zur alltäglichen Kleidung traditionsbewusst lebender Juden. Als ursprüngliches Symbol der Gottesbegegnung im Stiftszelt auf der 40-jährigen Wüstenwanderung des Volkes Israel im Buch Exodus und später im Jerusalemer Tempel ist die Menora seit 1948 sogar offizielles Emblem des Staates Israel.

Literatur zum Judentum

Michael Brenner, Kleine jüdische Geschichte, München 2008.

Dan Cohn-Sherbok, Judentum, Freiburg i.Br. 2000.

Günter Stemberger, Jüdische Religion, München [3]1999.

Marc-Alain Ouaknin/Laziz Hamani, Symbole des Judentums. Übersetzt von Daniel Krochmalnik, Wien 1995.

Monika und Udo Tworuschka, Religionen der Welt in Geschichte und Gegenwart, Gütersloh/München 1992, 11–56.

2.1 Der Tallit und die Tefillin

Zeugnisse des Erinnerns

Empfohlene Jahrgangsstufe: 6–10

Mögliche Verknüpfungen:
1.4 Der Rosenkranz – Zeugnis der Marienverehrung
2.2 Die Mesusa – Zeugnis des Unterwegsseins
3.4 Die Gebetskette – Zeugnis der Einheit und Vielfalt
4.1 Das Bindi – Zeugnis für Segen und Schutz
5.4 Die Gebetsmühle – Zeugnis der rechten Versenkung

Thema der Stunde: Was wird behandelt?
»Das Denkmal zwischen deinen Augen« – Gebetsmantel und Gebetsriemen als Zeugnisse des Erinnerns

Angestrebte Kompetenzen: Welche Fähigkeiten sollen Schülerinnen und Schüler am Zeugnis zeigen können?
Die Schülerinnen und Schüler entdecken anhand der Zeugnisse Tallit und Tefillin die Bedeutung der Erinnerungsrituale im Judentum.

Im Einzelnen: Die Schülerinnen und Schüler
- beschreiben den Tallit bzw. die Tefillin und erklären ihren Gebrauch.
- beziehen die Zeugnisse auf entsprechende Texte der jüdischen Bibel.
- kennen die Bedeutung des Gebets im Judentum und erläutern insbesondere die zentrale Bedeutung des jüdischen Glaubensbekenntnisses, des *Sch'ma Israel*.
- setzen Tallit und Tefillin in Beziehung zu anderen religiösen und nichtreligiösen Erinnerungsritualen.

Tallit und Tefillin

Das Zeugnis: Was muss man als Lehrerin oder Lehrer über Tallit und Tefillin wissen?

Das Gebet hat im Judentum einen hohen Stellenwert, denn es ist ein Grundvollzug des Gläubigen, durch den er – allein oder auch in Gemeinschaft – persönlich vor seinen Gott tritt. Die Erfahrung, dass der Mensch zu Gott in eine Beziehung treten kann, bildet den roten Faden der biblischen Erzählungen. Insbesondere die Gottesoffenbarung JHWHs im brennenden Dornbusch gegenüber Mose bringt dies deutlich zum Ausdruck (vgl. Ex 3), aber auch das beharrliche Verhandeln Abrahams über das Schicksal der Städte Sodom und Gomorra (vgl. Gen 18) gibt davon ein eindrückliches Zeugnis.

Orthodoxe Juden bringen ihre Gebetshaltung insofern auch öffentlich zum Ausdruck, als sie sich mit dem Tallit, einem weißen rechteckigen Gebetsmantel aus Wolle, Baumwolle oder Seide mit blauen oder schwarzen Streifen längs der Seitenkanten bekleiden. Dass für einen strenggläubigen Juden das Leben schlechthin in all seinen Inhalten und Formen Gebet ist, zeigt sich darin, dass auch im Alltag unter der eigentlichen Kleidung ein »kleiner Tallit« getragen wird. Im Reformjudentum tragen den Tallit Frauen wie Männer. In orthodoxen Kreisen ist dieser zudem mit den Tsitsit, mehr oder weniger auffälligen Quasten bzw. Schaufäden, versehen. Ihre biblische Begründung finden Tallit und Tsitsit im folgenden Gebot, das zugleich die Funktion dieser rituellen Kleidung als Erinnerungszeugnis herausstellt: *»Der Herr sprach zu Mose: Rede zu den Israeliten und sag zu ihnen, sie sollen sich Quasten an ihre Kleiderzipfel nähen, von Generation zu Generation, und sollen an den Quasten eine violette Purpurschnur anbringen; sie soll bei euch zur Quaste gehören. Wenn ihr sie seht, werdet ihr euch an alle Gebote des Herrn erinnern, ihr werdet sie halten und eurem Herzen und euren Augen nicht nachgeben, wenn sie euch zur Untreue verleiten wollen. Ihr sollt so an alle meine Gebote denken und sie halten; dann werdet ihr eurem Gott heilig sein. Ich bin der Herr, euer Gott, der euch aus Ägypten herausgeführt hat, um für euch Gott zu sein, ich, der Herr, euer Gott«* (Num 15, 37–41; vgl. Dtn 22,12).

In Kombination mit dem Tallit legt ein orthodoxer Jude beim Gebet die Tefillin (hebräisch *tefilla* = Gebet) an. Das sind lederne Gebetsriemen, an denen eckige Kapseln mit Pergamentstücken befestigt sind, auf denen sich wiederum festgelegte Bibeltexte (Dtn 6,4–9; Dtn 11,13–21; Ex 13,1–10; Ex 11–16) befinden. Der Mann trägt sie wochentags beim häuslichen Gebet, vor allem aber in der Synagoge. Auch hierfür findet sich eine biblische Begründung: *»Diese meine Worte sollt ihr auf euer Herz und auf eure Seele schreiben. Ihr sollt sie als Zeichen um das Handgelenk binden. Sie sollen zum Schmuck auf eurer Stirn werden«* (Dtn 11,18). Die Tefillin (auch: Phylakterien) sind die buchstäbliche Erfüllung dieser Weisung und bringen den Gedanken zum Ausdruck, dass der Mensch sich ganz an Gott bindet. Eine der Kapseln befindet sich auf der Stirn des Beters, die andere wird mithilfe des Lederriemens so um den linken Arm geschlungen, dass sie genau vor dem Herzen liegt.

Das tägliche Gebet ist dreigeteilt (morgens, nachmittags, abends), am Schabbat und den Festtagen kommen weitere hinzu. Die beiden zentralen Gebete des Judentums sind das *Sch'ma Israel* (= »Höre Israel«) nach Dtn 6,4–9 und die *Amida* (Stehendes Gebet) bzw. *Schmone Esre* (Achtzehngebet), bestehend aus ursprünglich achtzehn, heute neunzehn Segenssprüchen bzw. Bitten (vgl. dazu die beiden Textvorlagen sowie auch 2.2 – Die Mesusa).

Der didaktische Rahmen: Wozu Tallit und Tefillin einsetzen?

Eine oder mehrere Unterrichtsstunden zum Thema »Tallit und Tefillin« können an verschiedenen Stellen integriert werden: Neben dem angestammten Platz in einer Unterrichtsreihe zum Judentum insgesamt kann das Thema ein wesentliches Element in einer allgemeinen Sequenz zum Gebet sein, als Ergänzung einer Beschäftigung mit Texten der Tora dienen oder auch zu einer exemplarischen religiösen Konkretion der Auseinandersetzung mit dem Themenkomplex Erinnern und Gedenken werden.

Die methodischen Schritte: Wie wird das Zeugnis eingeführt?

Einstieg: Die Phase der inneren Beteiligung

Als vorbereitende Aufgabe werden die Schülerinnen und Schüler gebeten, zur nächsten Stunde persönliche Andenken mitzubringen, die sie sich dann zunächst in Kleingruppen gegenseitig vorstellen. Anschließend stellt jede Kleingruppe ein ausgewähltes Andenken noch einmal der gesamten Lerngruppe vor und erläutert dabei Hintergründe oder erzählt kleine Geschichten zum Andenken.

Im darauf folgenden Unterrichtsgespräch findet eine erste Reflexion statt: Benennt Bestandteile eines Andenkens. Wodurch wird ein Gegenstand zu einem Andenken? Beschreibe den Unterschied zwischen Andenken und Denkmal usw.

Erarbeitung I: Die Phase der Entdeckung

Die Lehrerin bzw. der Lehrer präsentiert nun die Zeugnisse des Gebetsschals bzw. -mantels (Tallit) und der Gebetsriemen (Tefillin). Zum einen sollten die Zeugnisse real vorgestellt und den Schülerinnen und Schülern in die Hand gegeben werden. Zum anderen darf hier nicht darauf verzichtet werden, beispielsweise das Bild S. 112 über Folie zu präsentieren, um den originalen Gebrauch der Zeugnisse, das heißt das traditionelle Anlegen des Gebetsschals und der Gebetsriemen bzw. -kapseln, erkennen zu können.

In dieser Phase gilt es nun, durch konkretes Betrachten und Betasten die Zeugnisse zu entdecken. Das kann medial bzw. methodisch in zwei Schritten geschehen:

1. Während die Zeugnisse weitergereicht werden, artikulieren die Schülerinnen und Schüler zunächst alle gemachten Beobachtungen, möglichst detailgetreu. Die Ergebnisse werden an der Tafel in einer Tabelle mit den Spalten »Der Gebetsschal Tallit« bzw. »Die Gebetsriemen Tefillin« fixiert.
2. Anschließend wenden sich die Schülerinnen und Schüler der Folie zu und versuchen, den praktischen Umgang mit den Zeugnissen zu erkennen: die Art ihrer Handhabung sowie deren Funktion beim Gebet. Darüber hinaus kann die Wirkung thematisiert werden, die diese zumeist wohl eher ungewöhnliche Tradition des Betens auf die Schülerinnen und Schüler ausübt.

Erarbeitung II: Die Phase der Kontextualisierung

Zur Kontextualisierung der Zeugnisse ist es notwendig, einen Bezug sowohl zu den Begründungstexten aus der Bibel als auch zu den mit den Zeugnissen verbundenen Gebeten der jüdischen Tradition herzustellen. Dazu dienen die Textvorlagen S. 118–120, die folgendermaßen bearbeitet werden können:

Arbeitsblatt 1 (Judentum): Aus der jüdischen Bibel
- Die Texte sollten zunächst laut vorgelesen werden, am besten von den Schülerinnen und Schülern versweise abwechselnd.
- Die Schülerinnen und Schüler markieren anschließend in den Textabschnitten die Passagen, mit denen die bis heute andauernde Praxis des Anlegens von Tallit und Tefillin begründet wird.
- Im Weiteren wird in Partnerarbeit und in einem sich anschließenden Unterrichtsgespräch geklärt, warum und wozu diese Gebote erlassen worden sind. Die Antworten sollen aus den Texten entnommen werden (Erinnerung an das Befreiungshandeln Gottes, Halten der Gebote, Heiligung etc.).

Arbeitsblatt 2 (Judentum): Hauptgebete des Judentums
- Das *Sch'ma Israel* soll in seinen Hauptaussagen – das Bekenntnis zum einen Gott mit der Hingabe des ganzen Lebens, das wiederum im Befolgen und im Weitergeben der Gebote mündet – erschlossen werden. Der vollstän-

dige Text des synagogalen Gebetes besteht aus: Dtn 6,4–9; Dtn 11,13–21; Lev 15,37–41.

- Im *Achtzehngebet* markieren die Schülerinnen und Schüler alle Namen, mit denen Gott hier angeredet bzw. betitelt wird und erläutern diese. Darüber hinaus können die Themen gesammelt werden, die in diesem Gebet eine Rolle spielen (vom Lobpreis des Schöpfers bis hin zu den Bitten um eine ertragreiche Ernte oder Erlösung von Krankheit, Leid und Tod). Auffallend ist dabei auch die parallele Struktur der Bitten, insbesondere bzgl. des jede Bitte abschließenden Lobpreises.

Insgesamt ist in dieser Phase der Bezug des jüdischen Betens zur Geschichtserfahrung des Volkes Israel zu thematisieren, die in der Erinnerung an den Exodus und im Bekenntnis zum einen Gott aufscheint. Darüber hinaus soll deutlich werden, dass die beiden Zeugnisse des Tallits und der Tefillin ihren Ursprung und ihre Begründung in den Texten der jüdischen Bibel finden.

Vertiefung: Die Phase der Reflexion

In dieser letzten Phase sollte je nach Altersstufe der Lerngruppe insgesamt bis zu drei Fragerichtungen nachgegangen werden:

1. *Beten erfordert einen persönlichen Ausdruck:* Welche weitere Bedeutung haben die Zeugnisse Tallit und Tefillin, nun unabhängig von ihrem Charakter als göttliches Gebot? Können wir ihnen heute und aus unseren aktuellen Lebenserfahrungen heraus einen ›modernen Sinn‹ abgewinnen? Was erscheint immer noch fremd, was fasziniert?

2. *Parallelen in anderen Religionen:* Gibt es ähnliche Ausdrucksformen, mit denen in anderen Religionen gebetet wird? Lassen sich Vergleiche zu Zeugnissen ziehen (etwa zum christlichen Rosenkranz, zur Stola oder auch zum Velum eines katholischen Priesters beim Aussetzen des Allerheiligsten etc.)? Darüber hinaus gibt es konkrete inhaltliche Parallelen zwischen dem christlichen Vaterunser und dem jüdischen Achtzehngebet, hier etwa bzgl. der sechsten und siebten Bitte oder (als weitere Ergänzung) auch zu dem zentralen jüdischen Heiligungsgebet, dem Kaddisch.

3. *Identität aus Erinnerungen schöpfen:* Aus welchen Erinnerungen schöpfen die Schülerinnen und Schüler, wenn sie über ihr Leben nachdenken? Gibt es persönliche Texte, Geschichten, Musikstücke, Songs, Bilder, Erlebnisse etc., an denen sie festhalten und die ihnen regelmäßig eine Stütze sind? Haben sie sich persönliche Rituale geschaffen, mit denen sie sich an Wichtiges in ihrem Leben erinnern? Was zählen sie zu den Erinnerungen bzw. Gewohnheiten, die untrennbar mit ihnen selbst, mit ihrer Identität verbunden sind?

Weiterführende Literatur

Marc-Alain Ouaknin/Laziz Hamani, Symbole des Judentums. Übersetzt von Daniel Krochmalnik, Wien 1995, 14–25.

Arbeitsblatt 1 JUDENTUM: Aus der jüdischen Bibel

13 [1]Der Herr sprach zu Mose: [2]Erkläre alle Erstgeburt als mir geheiligt! Alles, was bei den Israeliten
den Mutterschoß durchbricht, bei Mensch und Vieh, gehört mir.
[3]Mose sagte zum Volk: Denkt an diesen Tag, an dem ihr aus Ägypten, dem Sklavenhaus, fortge-
zogen seid; denn mit starker Hand hat euch der Herr von dort herausgeführt. [...] [6]Sieben Tage
sollst du ungesäuerte Brote essen, am siebten Tag ist ein Fest zur Ehre des Herrn. [...] [8]An diesem
Tag erzähl deinem Sohn: Das geschieht für das, was der Herr an mir getan hat, als ich aus Ägyp-
ten auszog. [9]Es sei dir ein Zeichen an der Hand und ein Erinnerungsmal an der Stirn, damit das
Gesetz des Herrn in deinem Mund sei. Denn mit starker Hand hat dich der Herr aus Ägypten
herausgeführt. [10]Halte dich an diese Regel, Jahr für Jahr, zur festgesetzten Zeit! *Ex 13,1–10*

15 [37]Der Herr sprach zu Mose: [38]Rede zu den Israeliten und sag zu ihnen, sie sollen sich Quasten
an ihre Kleiderzipfel nähen, von Generation zu Generation, und sollen an den Quasten eine
violette Purpurschnur anbringen; [39]sie soll bei euch zur Quaste gehören. Wenn ihr sie seht,
werdet ihr euch an alle Gebote des Herrn erinnern, ihr werdet sie halten und eurem Herzen
und euren Augen nicht nachgeben, wenn sie euch zur Untreue verleiten wollen. [40]Ihr sollt so
an alle meine Gebote denken und sie halten; dann werdet ihr eurem Gott heilig sein. [41]Ich bin
der Herr, euer Gott, der euch aus Ägypten herausgeführt hat, um für euch Gott zu sein, ich,
der Herr, euer Gott. *Num 15,37–41*

11 [13]Und wenn ihr auf meine Gebote hört, auf die ich euch heute verpflichte, wenn ihr also den
Herrn, euren Gott, liebt und ihm mit ganzem Herzen und mit ganzer Seele dient, [14]dann gebe
ich eurem Land seinen Regen zur rechten Zeit, den Regen im Herbst und den Regen im Früh-
jahr, und du kannst Korn, Most und Öl ernten; [15]dann gebe ich deinem Vieh sein Gras auf dem
Feld und du kannst essen und satt werden. [16]Aber nehmt euch in Acht! Lasst euer Herz nicht
verführen, weicht nicht vom Weg ab, dient nicht anderen Göttern und werft euch nicht vor
ihnen nieder! [17]Sonst wird der Zorn des Herrn gegen euch entbrennen; er wird den Himmel
zuschließen, es wird kein Regen fallen, der Acker wird keinen Ertrag bringen und ihr werdet
unverzüglich aus dem prächtigen Land getilgt sein, das der Herr euch geben will.
[18]Diese meine Worte sollt ihr auf euer Herz und auf eure Seele schreiben. Ihr sollt sie als Zei-
chen um das Handgelenk binden. Sie sollen zum Schmuck auf eurer Stirn werden. [19]Ihr sollt
sie eure Söhne lehren, indem ihr von ihnen redet, wenn du zu Hause sitzt und wenn du auf
der Straße gehst, wenn du dich schlafen legst und wenn du aufstehst. [20]Du sollst sie auf die
Türpfosten deines Hauses und in deine Stadttore schreiben. [21]So sollen die Tage, die ihr und
eure Söhne in dem Land lebt, von dem ihr wisst: der Herr hat euren Vätern geschworen, es
ihnen zu geben, so zahlreich werden wie die Tage, die der Himmel sich über der Erde wölbt.
Dtn 11,13–21

1. *Lest einander die Texte vor: Jeder liest abwechselnd einen Vers.*
2. *Markiert die Textabschnitte, mit denen die bis heute andauernde Praxis des Anlegens von Tallit und Tefillin begründet wird.*
3. *Diskutiert mit euren Banknachbarn, warum und wozu diese Gebote erlassen worden sind.*

Arbeitsblatt 2 JUDENTUM: Hauptgebete

Das Sch'ma Israel (»Glaubensbekenntnis«)

Höre, Israel! Jahwe, unser Gott, Jahwe ist einzig.
Darum sollst du den Herrn, deinen Gott, lieben mit ganzem Herzen, mit ganzer Seele und mit ganzer Kraft.
Diese Worte, auf die ich dich heute verpflichte, sollen auf deinem Herzen geschrieben stehen.
Du sollst sie deinen Söhnen wiederholen. Du sollst von ihnen reden, wenn du zu Hause sitzt und wenn du auf der Straße gehst, wenn du dich schlafen legst und wenn du aufstehst.
Du sollst sie als Zeichen um das Handgelenk binden. Sie sollen zum Schmuck auf deiner Stirn werden.
Du sollst sie auf die Türpfosten deines Hauses und in deine Stadttore schreiben.

Dtn 6,4–9

Das Achtzehngebet

1. Gelobt seist du, Ewiger, unser Gott und Gott unserer Väter, Gott Abrahams, Gott Isaaks und Gott Jakobs, großer, mächtiger und ehrfurchtgebietender Gott; höchster Gott, Vollbringer von Wohltaten und Schöpfer von allem, der du der Frömmigkeit der Väter gedenkst und ihren Enkeln einen Erlöser bringst um deines Namens willen in Liebe. Retter und Schutzschild!
   Gelobt seist du, Ewiger, Schutzschild Abrahams.

2. Du bist ein Starker in Ewigkeit, Ewiger, Beleber der Toten. Du ernährst die Lebenden mit Gnade, belebst die Toten in großem Erbarmen, stützest die Fallenden, heilst die Kranken, befreist die Gefesselten und erweist deine Treue denen, die im Staube schlafen. Wer ist wie du, Vollbringer mächtiger Taten, und wer gleicht dir, König, der du tötest und belebst und Heil aufsprießen lässt. Und treu bist du, die Toten wieder zu beleben. Gelobt seist du, Ewiger, der du die Toten belebst.

3. Von Generation zu Generation erkennen sie Gott an, denn er allein ist erhaben und heilig. Und das Lob soll niemals in unseren Mündern verstummen. Denn ein großer und heiliger König bist du. Gelobt seist du, Ewiger, heiliger Gott. […]

6. Vergib uns, unser Vater, denn wir haben gegen dich gesündigt. Verzeih uns, unser König, denn wir haben Unrecht getan. Gelobt seist du, Ewiger, der gnädig ist und dessen Geduld zu vergeben unendlich ist.

7. Schaue auf unser Elend, führe unseren Streit und erlöse uns rasch um deines Namens willen, denn du bist ein starker Erlöser. Gelobt seist du, Ewiger, der du Israel erlöst.

8. Heile uns, Ewiger, dann sind wir geheilt von allen unseren Krankheiten. Denn du bist doch ein barmherziger, heilender Gott. Gelobt seist du, Ewiger, der du die Kranken deines Volkes Israel heilst.

9. Segne uns, Ewiger, unser Gott, dieses Jahr und alle Arten seines Ertrages zum Guten. Gib Tau und Regen zum Segen auf den Ackerboden und Wind auf das Angesicht der Erde. Sättige die ganze Welt mit deinen Gütern, fülle unsere Hände mit deinen Segnungen, lass die Gaben deiner Hände reichlich sein. Behüte und beschütze dieses Jahr vor allem Bösen [...]. Gelobt seist du, Ewiger, der du die Jahre segnest. [...]

16. Höre unsere Gebete, Ewiger, unser Gott, schone und erbarme dich über uns. Nimm unser Gebet in Barmherzigkeit und mit Wohlwollen an. Denn du bist doch ein Gott, der seit jeher unser Gebet und unsere Bitten hört. Lass uns nicht leer von dir zurückkehren, denn ein Vater voller Erbarmen bist du. Gelobt seist du, Ewiger, der du das Gebet erhörst. [...]

18. Wir danken dir, denn du bist der Ewige, unser Gott, der Fels, auf dem unser Leben ruht, das Schutzschild unseres Heils von Geschlecht zu Geschlecht. Wir loben dich und erzählen von deinem Ruhm für unser Leben, das in deine Hand gegeben und für unsere Seele, die dir anvertraut ist. Du bist der Gute, denn dein Erbarmen wird niemals aufhören, denn deine Gnade wird niemals versiegen, ja seit jeher hoffen wir auf dich. Für alles sei dein Name gepriesen und gerühmt, unser König, beständig und immer und ewig. Alle Lebenden danken dir – sela – und rühmen deinen Namen in Wahrheit. Gelobt seist du, Ewiger, Allgütiger ist dein Name; schön ist es, dir zu danken.

19. Verleihe Frieden, Glück und Segen, Gunst und Gnade und Erbarmen uns und ganz Israel, deinem Volk. Segne uns alle, unser Vater, im Lichte deines Angesichtes, denn im Lichte deines Angesichtes gabst du uns, Ewiger, unser Gott, die lebensspendende Tora, die Liebe zum Guten, Heil und Segen, Barmherzigkeit, Leben und Frieden. Es gefällt dir, dein Volk Israel zu jeder Zeit und jeder Stunde mit deinem Frieden zu segnen. Gelobt seist du, Ewiger, der du dein Volk Israel mit Frieden s*egnest*.

Zitiert nach: Annette Böckler, Jüdischer Gottesdienst. Wesen und Struktur, Berlin 2002, S. 28f.

1. *Markiert im »Sch'ma Israel« die wichtigsten Textabschnitte.*
2. *Untersucht das Achtzehngebet und schreibt alle Namen heraus, mit denen Gott hier angeredet bzw. betitelt wird, und erläutert diese.*
3. *Sammelt im Achtzehngebet die Themen, die von Bedeutung sind, und ordnet diese in einer Liste.*

2.2 Die Mesusa

Zeugnis des Unterwegsseins

Empfohlene Jahrgangsstufe: 6–10

Mögliche Verknüpfung:
1.1 Das Kreuz Jesu Christi – Zeugnis der Menschwerdung Gottes
1.5 Die Ikone – Zeugnis der Gegenwart Gottes in dieser Welt
2.1 Der Tallit und die Tefillin – Zeugnisse des Erinnerns
4.1 Das Bindi – Zeugnis für Segen und Schutz

Thema der Stunde: Was wird behandelt?
»Das Mahnmal an deiner Tür« – Die Mesusa als Zeugnis göttlichen Schutzes und menschlichen Unterwegsseins

Angestrebte Kompetenzen: Welche Fähigkeiten sollen Schülerinnen und Schüler am Zeugnis zeigen können?
Die Schülerinnen und Schüler entdecken anhand des Zeugnisses »Mesusa« die Bedeutung alltagsbegleitender Symbole im Judentum.

Im Einzelnen: Die Schülerinnen und Schüler
- beschreiben die Mesusa und erklären ihren Gebrauch.
- beziehen das Zeugnis auf entsprechende Texte der jüdischen Bibel.
- kennen die für das Judentum zentrale Bedeutung des *Sch'ma Israel*, des jüdischen Glaubensbekenntnisses.
- setzen die Mesusa in Beziehung zu anderen religiösen Zeugnissen und nichtreligiösen Symbolen mit ähnlichen Funktionen.

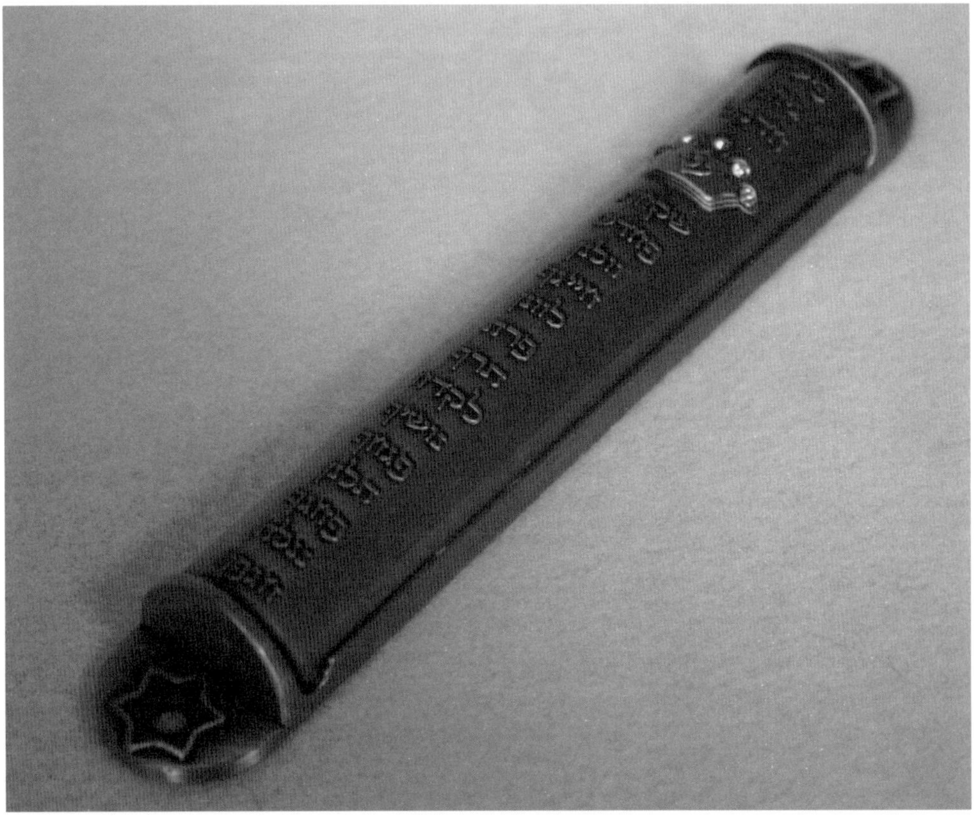

Mesusa

Das Zeugnis: Was muss man als Lehrerin oder Lehrer über die Mesusa wissen?

Als offenkundiges Zeugnis eines rituellen Erinnerns im Judentum ist die Mesusa ein Stück Pergament, auf dem die ersten beiden Abschnitte des *Sch'ma Israel* (= »Höre Israel«) stehen (Dtn 6,4–9; 11,13–21). Das Pergament liegt zusammengerollt in einer kleinen Kapsel, die wiederum am Türpfosten eines jüdischen Hauseingangs befestigt wird, nach traditioneller Vorgabe zur rechten Seite des Eintretenden auf einem Drittel der Türhöhe vom oberen Querbalken entfernt bzw. in Reichweite der Hand. Sie ist immer leicht schräg nach vorn in Richtung des zu betretenden Raumes bzw. Hauses geneigt und ahmt dadurch die Neigung des Oberkörpers beim Eintreten nach.

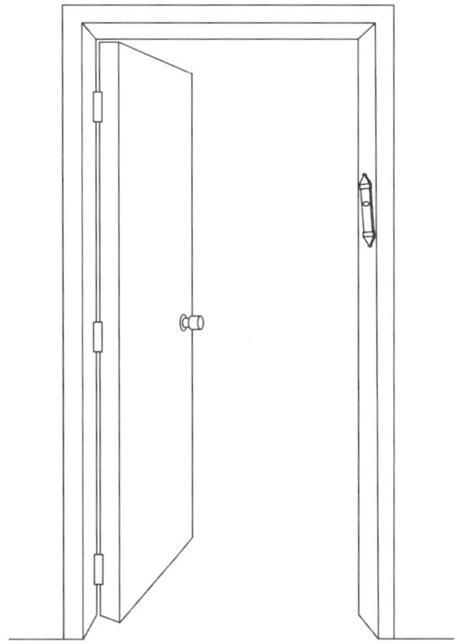

Der Ort der Mesusa am jüdischen Hauseingang

In orthodoxen Häusern findet man die Mesusa sogar an jeder Tür des Hauses (mit Ausnahme der Toiletten und Bäder). Im Vorbeigehen berühren fromme Juden diese kleine Kapsel und werden somit sozusagen nebenbei an ihre Pflichten gegenüber Gott und an dessen Schutz und Nähe zu den Menschen erinnert. Da die Mesusa sichtbar an den Begrenzungen jüdisch-häuslichen Lebens angebracht ist, wird sie zum Ausdruck einer begrenzenden oder »limitischen Symbolik« (Jan Assmann).

Eine Mesusa ist nach traditioneller Bestimmung vom Eigentümer oder Mieter spätestens dreißig Tage nach dem Bezug der Räume (in Israel sogar noch am selben Tag) anzubringen: »*Diese Worte, auf die ich dich heute verpflichte, sollen auf deinem Herzen geschrieben stehen. ... Du sollst sie auf die Türpfosten deines Hauses und in deine Stadttore schreiben*« (Dtn 6,9). Bevor eine Mesusa befestigt wird, ist der folgende Segen zu sprechen: »*Gelobt seist du, Ewiger, unser Gott, König der Welt, der uns geheiligt hat durch seine Gebote und uns befohlen hat, eine Mesusa anzubringen.*«

Das *Sch'ma Israel* wird damit zum ständigen Begleiter im Leben eines gläubigen Juden. Auf der Mesusakapsel findet man oft seinen Anfangsbuchstaben, das hebräische ש (Schin) abgedruckt, ebenso auf den Tefillin, den Gebetskapseln strenggläubiger Juden (vgl. 2.1). Als zentrales Glaubensbekenntnis vereint es verschiedene Elemente des Judentums: Es ist zunächst das Bekenntnis zu JHWH, dem Gott des Exodus und des Dekalogs. Darüber hinaus beinhaltet es gewissermaßen ›katechetische Anweisungen‹: Das Herz, hier verglichen mit einer Schreibtafel, galt früher als Sitz des Gedächtnisses. Das heißt, »diese Worte« (Dtn 6,6) auswendig zu kennen, meint, die gesamte Tora, also das Religionsgesetz mit seinen nach traditioneller Zählung 613 Geboten zu verinnerlichen, gleichsam ins Herz zu schließen. Darüber hinaus sollen die Worte zum elementaren Bestandteil jeder religiösen Erziehung werden, indem sie beständig und überall zu wiederholen sind (vgl. Dtn 6,7).

Die Mesusa ist an der Schwelle des Hauses ein ständiger Begleiter der Menschen und ihrer Wege, in symbolischem Sinne auch ihrer Lebenswege. Wo

Menschen leben und (auch im geistigen Sinne) unterwegs sind, ermahnt sie die Mesusa zur Erinnerung an Gottes Gebote: »*Du sollst von ihnen reden, wenn du zu Hause sitzt und wenn du auf der Straße gehst*« (Dtn 6,7). Zugleich weiß sich der Vorbeigehende in die schützende Gegenwart und Zukunft Gottes hineingestellt.

Der didaktische Rahmen: Wozu eine Mesusa einsetzen?

Eine unterrichtliche Behandlung der Mesusa steht in direkter Nähe zu einer oder mehreren Unterrichtsstunden zu »Tallit und Tefillin« (vgl. 2.1). Das ergibt sich schon mit inhaltlicher Konsequenz aus den biblischen Texten. Darüber hinaus aber greift dieses Thema auch das Motiv des Weges auf, das in den verschiedenen Religionen wie auch in den individuellen Lebensbiografien eine Rolle spielt. Auch im Kontext dieser Thematik wäre eine Auseinandersetzung mit der jüdisch-traditionellen Mesusa denkbar. Außerdem ermöglicht dieses Thema einen plastischen, konkreten Zugang zu den Ritualen des Judentums im Besonderen sowie symboldidaktisch vielfältige Auseinandersetzungsmöglichkeiten zum Themenbereich religiöse Alltagspraxis im Allgemeinen.

Die methodischen Schritte: Wie wird das Zeugnis eingeführt?

Einstieg: Die Phase der inneren Beteiligung

Ähnlich wie bei den Zeugnissen Tallit und Tefillin (2.1) soll hier der Einstieg über Gegenstände erfolgen, die von den Schülerinnen und Schülern selbst eingebracht werden. Und zwar geht es nun um alle Arten persönlicher Glücksbringer oder Schutzamulette, besondere Symbole des eigenen Lebensweges (ein kurzer Text, ein Segensspruch, ein Bild, ein Ring etc.), Ausdrücke des göttlichen Schutzes und Segens (ein Bronzeengel, eine Halskette mit Kreuz, ein Stein mit einem Aufdruck etc.), vielleicht auch ein besonderer Talisman aus einer anderen Kultur. Schülerinnen und Schüler bringen solche kleinen Alltagsbegleiter oft zu Klausuren und Prüfungen mit oder tragen sie sogar ständig bei sich. Zum Einstieg in die Thematik gilt es, zunächst den persönlichen Vorstellungen Raum zu geben und dann in einem folgenden Unterrichtsgespräch erste Differenzierungen zu unternehmen: Wodurch werden diese verschiedenen Gegenstände zu Glücksbringern? Was unterscheidet ein Amulett von einem Talisman? Oder von dem christlichen Symbol des Kreuzes? Wirkt ein Amulett wirklich? Wenn ja, wie? Wann, wo und wie spielt es für den Besitzer eine Rolle?

Erarbeitung I: Die Phase der Entdeckung

Die Lehrerin bzw. der Lehrer präsentiert nun das Zeugnis in mehreren methodischen Schritten. Zunächst werden in einem kurzen Lehrervortrag Bedeutung, Inhalte und Funktion der Mesusa vorgestellt (vgl. dazu die Informationen S. 122f.). Insbesondere wird dabei erläutert, wie eine Mesusa nach traditioneller Bestimmung anzubringen ist, wonach die Schülerinnen und Schüler eine Skizze anfertigen sollen (vgl. die Zeichnung S. 123). Das Ergebnis kann dann an der Tafel präsentiert werden.

Anschließend werden die Texte der Mesusa von Schülerinnen und Schülern laut vorgelesen (Dtn 6,4–9 und Dtn 11,13–21; vgl. dazu die Textblätter S. 118–118). Das sollte mehrmals hintereinander geschehen, damit die Verse aus dem Buch Deuteronomium die ihnen innewohnende Ausdrucksstärke hörbar entfalten können.

In einem letzten performativ angelegten Schritt kann eine Mesusa nun nach den Vorgaben am Türrahmen des Klassenraumes (mit doppelseitigem Klebeband) befestigt werden. Die gesamte Lerngruppe verlässt nun den Klassenraum, und beim Eintreten vollziehen die Schülerinnen und Schüler zumindest in formaler Hinsicht den Ritus (des Berührens und Bedenkens) der Mesusa. Auf diese Weise erreicht das Kennenlernen des Zeugnisses eine praktisch-performative Dimension, die zugleich aber mit hoher Sensibilität in das Unterrichtsgeschehen einzubringen ist. Das heißt, der Lerngruppe sollte zu Beginn der Übung klar sein, dass es sich im Folgenden um ein bestehendes jüdisch-religiöses Ritual handelt, dem mit einer Haltung des Respekts und der Wertschätzung zu begegnen ist.

Erarbeitung II: Die Phase der Kontextualisierung

Die Kontextualisierung des Zeugnisses kann in zwei inhaltlichen Richtungen verlaufen:

1. Zunächst ist es notwendig, die Bezugstexte aus der jüdischen Bibel mit einzubeziehen, d.h. die beiden ersten Abschnitte des *Sch'ma Israel* Dtn 6,4–9 sowie Dtn 11,13–21 (vgl. dazu die Textvorlagen S. 118–119) gemeinsam zu lesen und zu diskutieren. Dabei sind erläuternde Ergänzungen notwendig. Hinsichtlich der Rede von »diesen Worten« in Dtn 6,6 kann exemplarisch auf den Dekalog verwiesen werden. Im Rahmen dieser Auseinandersetzung kann bereits erörtert werden, warum gerade diese Toraabschnitte so große alltagsbegleitende Relevanz im Judentum erlangt haben (Bekenntnis zum einen Gott JHWH, Verpflichtung auf die Weisungen, Erinnerung an die Traditionen des Bundesvolkes Israel etc.).
2. Die Mesusa ermahnt fromme Juden nicht nur zur Befolgung der Gebote, sondern sie erinnert zugleich an den Exodusgott des Volkes Israel, an den »Ich bin da« bzw. »Ich werde da sein, als der ich da sein werde« (vgl. Ex 3,14). Die Mesusa steht symbolisch für den göttlichen Schutz und die göttliche Nähe in der Gegenwart und Zukunft des eigenen Lebensweges. Indem fromme Juden also die Mesusa berühren und sich daran erinnern, wissen sie sich in die gesamte Geschichte Gottes mit seinem Volk gestellt. In diesem Akt wird Gottes Gegenwart zugleich wirksam, indem sie im Leben und Denken des Menschen Gestalt gewinnt. Die Mesusa wird dabei zum Symbol eines menschlichen Lebensweges unter dem Schutz Gottes.
   Dieser Gedanke kann von den Schülerinnen und Schülern selbst erarbeitet werden, indem sie in Partnerarbeit die folgenden Impulse schriftlich bearbeiten:
   a) In Ex 3,14 zeigt sich Gott dem Mose im brennenden Dornbusch und bezeichnet sich selbst als »JWHW«, als der »Ich bin da«. Erklärt, warum gerade die Mesusa an diesen Gott mit diesem Namen erinnert.
   b) Diskutiert, warum man die Mesusa mit den in ihr befindlichen Texten genau an den Türpfosten und Stadttoren, also an den Begrenzungen von Häusern und Städten befestigt! Welche Rolle spielt das im gesamten Leben eines Menschen?

Die Ergebnisse werden anschließend zuerst in Kleingruppen diskutiert, dann in Auswahl im Plenum präsentiert und verglichen.

Vertiefung: Die Phase der Reflexion

Eine abschließende Reflexion verfolgt drei Perspektiven:

1. Um an den Einstieg anzuknüpfen, sollte diskutiert werden, worin Gemeinsamkeiten und Unterschiede, inhaltliche Parallelen oder aber Widersprüche zwischen Glücksbringern und Amuletten einerseits und dem Zeugnis der Mesusa andererseits bestehen. Während dort gewisse magische Vorstellungen und Handlungen eine Rolle spielen, steht hier das Moment des Erinnerns und das Bedenken des eigenen Verhaltens (etwa im Befolgen der religiösen Gebote) im Vordergrund. Gott handelt nicht magisch, sondern wirkt durch das Denken und Tun der Menschen.
2. Auch hier können Parallelen zu anderen Religionen geknüpft werden, etwa zum Bekreuzigen mit Weihwasser beim Betreten und Verlassen einer katholischen Kirche. Auch dieses religiöse Ritual ist Ausdruck von Erinnerung (an die eigene Taufe) und Schutz (unter dem Segen Gottes) zugleich. Sogar in manchen Privathäusern findet man kleine Weihwasserbecken in der Nähe der Türen, ähnlich einer Mesusa.
3. Betrachtet man das Zeugnis der Mesusa losgelöst von seinem traditionell jüdischen Kontext, aber in seiner lebensbegleitenden Funktion, könnte man den Schülerinnen und Schülern die (freiwillige) Aufgabe stellen, sich eine eigene »Mesusa« herzustellen: ein kleines Gefäß mit einem für ihr persönliches Leben relevanten Text oder Bild, das sie an einem besonderen Ort platzieren, damit es ihnen tagtäglich in Erinnerung gerufen wird. Zumindest in formaler Hinsicht könnten damit Funktion und Bedeutung der Mesusa vertieft werden.

Weiterführende Literatur

Marc-Alain Ouaknin/Laziz Hamani, Symbole des Judentums. Übersetzt von Daniel Krochmalnik, Wien 1995, 26–31.

2.3 Der Torafinger Jad

Zeugnis der Heiligkeit

Empfohlene Jahrgangsstufe: 5–7

Mögliche Verknüpfung:
3.1 Der Koran – Offenbarung und Zeugnis des Segens

Thema der Stunde: Was wird behandelt?
»*Mattan Tora:* die Gabe der Tora« – Der Torafinger als Zeugnis der Heiligkeit der Schrift

Angestrebte Kompetenzen: Welche Fähigkeiten sollen Schülerinnen und Schüler am Zeugnis zeigen können?
Die Schülerinnen und Schüler entdecken anhand des Zeugnisses »Jad« die Bedeutung liturgischer Symbole im Judentum.

Im Einzelnen: Die Schülerinnen und Schüler

- beschreiben den Torafinger Jad und erklären seinen Gebrauch.
- erläutern die Bedeutung der Tora als Heilige Schrift des Judentums.
- kennen die Relevanz der Toralesung im Rahmen des jüdischen Synagogengottesdienstes.
- vergleichen die Funktion des Jad sowie die Toralesungen mit dem Ablauf der Schriftlesungen in christlichen Gottesdiensten.

Der Torafinger oder Torazeiger, Jad genannt

הפטרת בא בירמיה סי׳ מ״ו

Das Zeugnis: Was muss man als Lehrerin oder Lehrer über Jad und Tora wissen?

Die Tora gilt im Judentum als göttliche »Einladung zum Lernen« (Abraham J. Heschel). Das heißt, es gilt zwar einerseits, dass die Tora eine Bundesverpflichtung zwischen Gott und seinem auserwählten Volk ist, aber andererseits herrscht ebenso das klare Bewusstsein, dass die Tora mit ihren Gesetzen und Geboten »nicht eine Last, sondern eine Auszeichnung Israels ist, ein Geschenk Gottes, für das man nicht genug danken kann« (Stemberger 1999, 86). Dieses Moment einer religiösen Verehrung der von Gott geschenkten Tora bringt der Torafinger bzw. Torazeiger Jad offenkundig zum Ausdruck. Die metallene, auch silberne Spitze dieses Zeigestabes hat meist die Form einer kleinen Hand (hebräisch *jad*). Mit dem Jad fährt der Vorleser während der synagogalen Schriftlesung über die Textzeilen. Einerseits ist der Jad ein besonderes Zeugnis der Ehrfurcht vor dem göttlichen Gesetz der Tora, die so heilig ist, dass sie nicht mit bloßen Händen berührt werden darf. Andererseits dient er aber auch in ganz praktischer Hinsicht als orientierende Lesehilfe.

Der Torazeiger Jad verkörpert also sowohl die hohe Relevanz der Tora als Identitätsstiftung des Volkes Israel bzw. des Judentums als auch deren Verehrung als göttliche Gnadengabe, als Offenbarungsurkunde JHWHs. Über den Jad hinaus wird die Heiligkeit der Schrift sowohl durch weiteren Toraschmuck bezeugt (wie dem Toramantel über der auf zwei Stäben aufgewickelten Torarolle, dem Toraschrein, die Torakrone u.a.) als auch in der Zeremonie des Hochhebens und Vorzeigens (hebräisch *hgbaha* = Erhöhung) bei der synagogalen Lesung.

»Tora« meint in wörtlichem Sinne die göttliche »Lehre« bzw. »Weisung«, die das biblische Volk Israel vermittelt durch Mose am Sinai empfangen hat (vgl. Ex 19ff.). Dieser Akt heißt im Hebräischen *mattan tora,* das bedeutet wörtlich: Gabe bzw. Geschenk der Tora. Tora im engeren Sinne meint die fünf Bücher Mose, auch Pentateuch genannt. Darüberhinaus bezeichnet Tora aber auch die ganze jüdische Bibel. Im weiteren Sinne wird nun diese »schriftliche Tora« ergänzt und vervollständigt durch die »mündliche Tora«: die gesamte autoritative Auslegungstradition seit dem rabbinischen Judentum, wodurch die biblischen Gesetze und Weisungen erst ihre Anwendung in der Praxis finden. Traditionell werden 613 Gebote gezählt, eine eher symbolisch zu lesende Zahl nach einer Rechnung von Rabbi Simlai (3. Jh. n.Chr.): »613 Gesetze wurden Mose am Berg Sinai offenbart, wobei 365 Verbote der Zahl der Sonnentage [des Jahres] und 248 Gebote der Zahl der Teile des menschlichen Körpers entsprechen« (vgl. den Talmud, Traktat Makot 23b).

Insgesamt greift das Judentum auf einen breiten Schatz religiöser Traditionsliteratur zurück: zunächst die *Tora* im engeren Sinne, die fünf Bücher Mose; dann die *Mischna* als die große religionsgesetzliche Synthese der Rabbinen zu Beginn des 3. Jh.; der *(babylonische) Talmud,* ein Kommentarwerk zur Mischna aus dem 7. Jh.; die *Midraschim,* eine Vielzahl bedeutender rabbinischer Bibelkommentare. Hierbei rangiert der Midrasch, also die jeweils aktualisierende Auslegung der von Gott geschenkten Tora als »das ›Gedächtnis der Zukunft‹. Ein Gedächtnis, das uns daran erinnert, was wir sein sollen, und dass wir die reine Passivität der Tradition nicht hinnehmen können« (Ouaknin/Hamani 1995, 9).

Die Heiligkeit der Tora für das Judentum zeigt sich auch darin, dass sie in dem eigenen Jahresfest *Simchat Tora,* dem Fest der Torafreude eigens verehrt wird. An Simchat Tora endet der alte Lesezyklus, und der neue beginnt (vgl. *Christkönig* als letztes Fest im katholischen Kirchenjahr, an dem das alte Lesejahr durch das neue abgelöst wird bzw. den *Ewigkeitssonntag* als letzten Sonntag des evangelischen Kirchenjahres). Die gesamte Tora wird nach dem »babylonischen Zyklus« im Laufe eines Jahres gelesen, meist traditionell im hebräischen Original oder in reformierten Kreisen begleitet von einer Übersetzung in der jeweiligen Landessprache. In bestimmten Schabbat- und Festgottesdiensten folgen weitere Lesungen aus den Prophetenbüchern und den Schriften. An Simchat Tora werden sämtliche Torarollen an diesem Tag in einem festlichen Umzug unter Hymnengesang durch die Synagoge getragen. Der diesem (erst im 10. Jh. n.Chr. belegten) Fest zugrunde liegende Gedanke ist wiederum das bereits genannte, elementare Motiv des nachbiblischen Judentums insgesamt, nämlich die Verehrung der Tora als göttlicher Gabe.

Darüber hinaus scheint die Bedeutung von Tora und Toralesung in einem weiteren Fest auf, zu dem der jüdische Junge mit 13 Jahren bzw. in reformierten Kreisen auch das jüdische Mädchen mit 12 Jahren zum ersten Mal in der Synagoge aus der Tora lesen darf. An *Bar Mizwa* (= »Sohn des Gebotes«) bzw. *Bat Mizwa* (= »Tochter des Gebotes«) beginnt damit die religiöse Mündigkeit.

Der didaktische Rahmen: Wozu den Torafinger Jad einsetzen?

Jede der großen Weltreligionen hat ihre eigenen heiligen Schriften. Insofern steht der Jad in didaktischer Hinsicht als exemplarisches Zeugnis des Judentums zugleich stellvertretend für dieses interreligiös relevante Phänomen. Identität und Ethos einer Religion konstituieren sich nicht zuletzt aus diesen überlieferten Texten und schriftlichen Traditionen. Besonders gilt dies für eine so intensiv am Buch, am Lesen und Lernen orientierte Religion wie das Judentum. Damit kann der Jad sowohl hinsichtlich einer interreligiös angelegten Auseinandersetzung über heilige Schriften eingesetzt werden als auch innerhalb einer eigenständigen Unterrichtsreihe zum Judentum und zur jüdischen Liturgie.

Die methodischen Schritte: Wie wird das Zeugnis eingeführt?

Einstieg: Die Phase der inneren Beteiligung

»Was ist mir heilig?« – Diese Frage steht am Beginn einer Unterrichtseinheit zum Zeugnis des Torafingers Jad. Jenseits von objektiv religiösen Vorstellungen und Phänomenen der Heiligkeitsverehrung sollen die Schülerinnen und Schüler ihre subjektiven, lebensrelevanten und alltagsbegleitenden Erfahrungen dessen artikulieren, was ihnen persönlich »heilig« ist. Ist es eine besondere Freundschaft, ihre Familie, ihr Haustier oder ein Fußballtrikot ihres Lieblingsvereins, das Autogramm eines Popstars? Methodisch kann dies in einer »Kreidestaffel« geschehen: In die Mitte der Tafel wird die Einstiegsfrage »Was ist mir heilig?« platziert. Die Schülerinnen und Schüler schreiben nacheinander ihre spontanen Assoziationen um die Frage und reichen dabei im Sinne eines Staffelstabes das Kreidestück weiter. So erfolgt der Tafelanschrieb nicht gleichzeitig und mit mehr Konzentration. Eine kurze Auswertung, in der die Assoziationen kategorisiert werden können, wird mit ergänzenden Fragen noch weiter vertieft: Warum ist etwas für uns heilig? Wie bringen wir die Heiligkeit einer Sache zum Ausdruck? Was macht uns eigentlich heil? Wie erreichen wir unser Heil?

Erarbeitung I: Die Phase der Entdeckung

Das Zeugnis »Jad« wird nun als Gegenstand präsentiert und die Schülerinnen und Schüler werden aufgefordert, die Einstiegsfrage »Was ist mir heilig?« mithilfe der Abbildung (vgl. Abb. S. 129) auf das vorliegende Zeugnis anzuwenden: Inwiefern ist der Torazeiger Jad Ausdruck einer Heiligkeitsverehrung? In einem folgenden Unterrichtsgespräch kann der Frage nachgegangen werden, was die biblischen Texte zu heiligen Texten macht und wo der Torazeiger zum Einsatz kommt. Denkbar ist in dieser Phase auch, anschließend einen oder mehrere Schülerinnen und Schüler unter Verwendung des Torazeigers einige Textpassagen aus der Bibel laut vortragen zu lassen. Dadurch wird die Verwendung des Jads unmittelbar offenkundig.

Erarbeitung II: Die Phase der Kontextualisierung

In dieser Phase soll die Erarbeitung von biblischen Texten, die exemplarisch für das Judentum als Religion des Buches und lesenden Lernens stehen, mit einem Lehrervortrag über die oben erwähnten Inhalte kombiniert werden.

Traditionell werden am Festtag der Torafreude (Simchat Tora) der Segen des Mose (Dtn 33–34) und das Schöpfungslied aus Gen 1 verlesen. Es wäre also gut eine Arbeit mit diesen Texten denkbar. Die hier vorgeschlagene Textvorlage (Arbeitsblatt 3 zum Judentum: Freude über die Tora, S. 135f.) greift einerseits auf traditionell-rabbinisches Liedgut zu diesem Fest zurück und andererseits auf Psalm 119, auch Torapsalm genannt, weil er ein Lobgesang auf Gottes Weisung, die Tora, ist. Da der Psalm sehr lang ist, ist hier eine Auswahl getroffen worden.

Vertiefung: Die Phase der Reflexion

In dieser letzten Phase kann ein Vergleich zwischen den Religionen und ihren jeweiligen heiligen Schriften hergestellt werden (vgl. 3.1), indem die verschiedenen heiligen Schriften benannt werden und darüber hinaus gemeinsam mit den Schülerinnen und Schülern nach Formen gesucht wird, wie jeweils die Heiligkeit dieser Schriften zum Ausdruck gebracht wird. Denkbar ist auch, diese Phase arbeitsteilig in Kleingruppen durchzuführen, sodass je ein oder zwei Gruppen die Recherchearbeit zu einer der Religionen leisten (in schuleigenen Medienräumen mithilfe des Internets oder auch als Hausaufgabe zur nächsten Stunde). Naheliegend scheint hier ein Blick auf den christlichen Umgang mit der Bibel, insbesondere mit dem Neuen Testament bei der Lesung des Evangeliums in der gottesdienstlichen Feier. Wie wird hier der Charakter einer heiligen Schrift zum Ausdruck gebracht, im Verhalten des Priesters, in der Zeremonie an Festtagen etc. (z.B. Prozession zum Ambo, Segen, Emporheben, Kuss)?

Weiterführende Literatur

Christoph Dohmen/Günter Stemberger, Hermeneutik der Jüdischen Bibel und des Alten Testaments, Stuttgart/Berlin/Köln 1996.

Moshe Zemer, Jüdisches Religionsgesetz heute. Progressive Halacha, Neukirchen-Vluyn 1999.

Marc-Alain Ouaknin/Laziz Hamani, Symbole des Judentums. Übersetzt von Daniel Krochmalnik, Wien 1995.

Arbeitsblatt 3 JUDENTUM: Freude über die Tora

Ps 119 – Ein Torapsalm

1 Wohl denen, deren Weg ohne Tadel ist, die leben nach der Weisung des Herrn.
2 Wohl denen, die seine Vorschriften befolgen und ihn suchen von ganzem Herzen,
3 die kein Unrecht tun und auf seinen Wegen gehen.
4 Du hast deine Befehle gegeben, damit man sie genau beachtet.
5 Wären doch meine Schritte fest darauf gerichtet, deinen Gesetzen zu folgen!
6 Dann werde ich niemals scheitern, wenn ich auf all deine Gebote schaue.
7 Mit lauterem Herzen will ich dir danken, wenn ich deine gerechten Urteile lerne.
8 Deinen Gesetzen will ich immer folgen. Lass mich doch niemals im Stich!

[...]

97 Wie lieb ist mir deine Weisung; ich sinne über sie nach den ganzen Tag.
98 Dein Gebot macht mich weiser als all meine Feinde; denn immer ist es mir nahe.
99 Ich wurde klüger als all meine Lehrer; denn über deine Vorschriften sinne ich nach.
100 Mehr Einsicht habe ich als die Alten; denn ich beachte deine Befehle.
101 Von jedem bösen Weg halte ich meinen Fuß zurück; denn ich will dein Wort befolgen.
102 Ich weiche nicht ab von deinen Entscheiden, du hast mich ja selbst unterwiesen.
103 Wie köstlich ist für meinen Gaumen deine Verheißung, süßer als Honig für meinen Mund.
104 Aus deinen Befehlen gewinne ich Einsicht, darum hasse ich alle Pfade der Lüge.

[...]

129 Deine Vorschriften sind der Bewunderung wert; darum bewahrt sie mein Herz.
130 Die Erklärung deiner Worte bringt Erleuchtung, den Unerfahrenen schenkt sie Einsicht.
131 Weit öffne ich meinen Mund und lechze nach deinen Geboten; denn nach ihnen habe ich Verlangen.
132 Wende dich mir zu, sei mir gnädig, wie es denen gebührt, die deinen Namen lieben.
133 Festige meine Schritte, wie du es verheißen hast. Lass kein Unrecht über mich herrschen!
134 Erlöse mich aus der Gewalt der Menschen; dann will ich deine Befehle halten.
135 Lass dein Angesicht leuchten über deinem Knecht und lehre mich deine Gesetze!

Ein Lied zum Fest der Freude über die Tora (Simchat Tora)

Jauchzen wir und freuen wir uns mit dieser Tora,
Denn sie ist uns Kraft und Licht!
Ein Baum des Lebens ist die Tora,
Leben für alle, denn in dir ist die Quelle des Lebens! ...
O Herr, hilf! O Herr, lass wohlgelingen!
O Herr, erhör uns, wenn wir rufen!
Gott allen Geistes, hilf! Erforscher der Herzen, lass wohlgelingen!
Gewaltiger Erlöser, erhör uns, wenn wir rufen!

- *Beschreibe die Stimmung, die der Beter in Psalm und Lied zum Ausdruck bringt.*
- *Notiere alle Metaphern, mit denen die göttliche Tora beschrieben wird.*
- *Womit begründet der Beter seine Verehrung der Tora? Sammle Argumente.*

2.4 Die Kippa

Zeugnis der Gottesfurcht

Empfohlene Jahrgangsstufe: 5–7

Mögliche Verknüpfung:
2.1 Der Tallit und die Tefillin – Zeugnisse des Erinnerns
3.3 Das Kopftuch – Zeugnis der Ehrfurcht vor Gott
4.1 Das Bindi – Zeugnis für Segen und Schutz

Thema der Stunde: Was wird behandelt?
»Gedenke, Mensch, dass du klein bist« – Die Kippa als Zeugnis der Ehrfurcht vor der Größe Gottes

Angestrebte Kompetenzen: Welche Fähigkeiten sollen Schülerinnen und Schüler am Zeugnis zeigen können?
Die Schülerinnen und Schüler entdecken anhand des Zeugnisses der Kippa die Bedeutung religiös motivierter Kleidung in der Öffentlichkeit.

Im Einzelnen: Die Schülerinnen und Schüler
- beschreiben die Kippa und erläutern ihre Bedeutung.
- erörtern das menschliche Bewusstsein von Begrenztheit und Endlichkeit gegenüber der Unbegreiflichkeit Gottes.
- erkennen Ausdrucksformen jüdischen Lebens in der Gesellschaft.
- vergleichen den inhaltlichen Grund des Tragens einer Kippa mit anderen Haltungen der Demut bzw. Gottesfurcht.

Kippa

Das Zeugnis: Was muss man als Lehrerin oder Lehrer über die Kippa wissen?

Die nächsten beiden hier vorgestellten religiösen Zeugnisse des Judentums, Kippa und Menora (2.5), machen zugleich auf die öffentliche Präsenz jüdischen Lebens in Politik und Gesellschaft aufmerksam, denn sie tragen indirekt Hinweischarakter auf die einleitend bereits erwähnte Vielfalt von religiösen Strömungen innerhalb des Judentums sowie die Unterscheidung von Religion und Nation.

Das Scheitelkäppchen, die *Kippa* (hebräisch) oder *Jarmulke* (jiddisch), wird etwa seit dem 18. Jahrhundert getragen. Aschkenasische (europäische) Juden haben zunächst begonnen, es beim Gebet aufzusetzen. Die Kippa hat sich zwar als Teil der rituellen Kleidung durchaus etabliert und auch religiösen Pflichtcharakter angenommen, wird aber in der Bibel selbst noch nicht erwähnt. Im Laufe der Zeit entwickelte sich die Kopfbedeckung zu einem Zeichen der Ehrfurcht männlicher Juden angesichts der Allgegenwärtigkeit Gottes. Der Mensch setzt dabei eine symbolische Grenze auf sein Haupt als Hinweis auf seine Endlichkeit. Fromme Juden bedecken ihren Kopf beispielsweise beim Betreten der Synagoge, beim Lesen aus der Tora oder beim Essen, weil das Essen mit den Gebeten davor und danach als religiöse Handlung gilt. Die ehrfürchtige Bedeckung des Hauptes, wenn man vor Gott tritt, war eine schon in der Antike, besonders im Orient weit verbreitete Gepflogenheit. Eine andere Sichtweise datiert den Brauch bis in das 12. Jahrhundert zurück und sieht ihn als eine Unterscheidung von der Pflicht christlicher Männer, denen das Gebet nur mit entblößtem Haupt gestattet ist (vgl. Cohn-Sherbok 2000, 118).

Während die Kippa von streng orthodoxen Juden zu jeder Zeit (auch nachts!) getragen wird, benutzen sie liberal ausgerichtete Juden nur zum Gebet. Abgesehen von den auffälligen schwarzen Hüten, den langen Bärten und Schläfenlocken der Orthodoxen (vgl. Lev 19,27) bzw. vom osteuropäischen *Schtreimel* (jiddisch) chassidischer Juden, einem Samthut mit breitem Pelzrand, ist die Kippa *das* Unterscheidungsmerkmal religiös bewusst lebender Juden und zugleich sichtbare Präsenz jüdischen Lebens in der Öffentlichkeit. Insgesamt kommt dem Tragen einer Kippa ein deutlicher Bekenntnischarakter zu, denn sie entreißt die Religion dem Bezirk einer falschen Innerlichkeit, indem sie den Alltag und das gesamte Leben sichtbar durchdringt.

Während liberale Jüdinnen als Zeichen der Gleichberechtigung wenn auch seltener, aber durchaus freiwillig zur Kippa greifen, besteht für die orthodoxe Frau ebenfalls eine Pflicht der Kopfbedeckung: Nach jüdischem Gesetz ist es verheirateten Frauen nicht gestattet, ihr Haar offen zu zeigen, da es eine sexuelle Ausstrahlung besitze. Orthodoxe Jüdinnen setzen daher vor dem Verlassen des Hauses eine Perücke oder ein Kopftuch auf.

Den Schülerinnen und Schülern mag während der Unterrichtseinheit die Ähnlichkeit der jüdischen Kippa zur Scheitelkappe auffallen, die vor allem Papst, Kardinäle und Bischöfe tragen. Diese Kappe, der *Pileolus* (= Käppchen) hat nichts mit der jüdischen Kippa zu tun. Ursprünglich handelte es sich um eine Mütze, die man zum Schutz gegen Kälte aufsetzte; im Mittelalter bedeckte sie den Hinterkopf und die Ohren. Der Pileolus ist ein liturgisches Kleidungsstück und gehört noch heute zur Chorkleidung der Kardinäle und Bischöfe. Das deutschsprachige »Zeremoniale für die Bischöfe« (1998) legt fest, dass der Bischof vor dem Beginn des Eucharistischen Hochgebets den Pileolus abnimmt und ihn erst nach der Kommunion wieder aufsetzt. »Soli Deo« wird die Kappe auch genannt, denn »allein vor Gott« wird sie abgenommen.

Der didaktische Rahmen: Wozu eine Kippa einsetzen?

Neben ihrem angestammten Platz in einer Unterrichtsreihe zum Judentum (möglicherweise auch als Einstiegsstunde unter der Thematik »Jüdisches Leben in der Gegenwart«) steht das Zeugnis der Kippa auch exemplarisch für die Präsenz religiösen Lebens in der gesellschaftlichen Öffentlichkeit: Wo und wie nehme ich heute Religion wahr? Mit welchen Formen oder besonderen Kleidungen bringen Menschen ihre Religiosität, ihr religiöses Bekenntnis zum Ausdruck? Auch wenn das Tragen einer Kippa hierzulande eher selten wahrzunehmen ist, gehört sie dennoch wieder zum Bild unserer Gesellschaft.

Die methodischen Schritte: Wie wird das Zeugnis eingeführt?

Einstieg: Die Phase der inneren Beteiligung

Zwei Fragerichtungen können zum Einstieg im Zentrum der Auseinandersetzung stehen:

1. Wann habe ich Erfahrungen von Begrenztheit und Endlichkeit gemacht und wie sahen diese aus? In welchen Situationen fühle ich mich klein?
2. Was verstehe ich unter »Ehrfurcht«? Wie bringe ich meine Ehrfurcht vor einer Sache, vor einem Menschen, vor einer großartigen Leistung zum Ausdruck?

Die erste Frage kann in Form einer Stillarbeit bearbeitet werden, indem die Schülerinnen und Schüler je nach Altersstufe zur persönlichen Beantwortung entweder ein Bild bzw. eine Zeichnung anfertigen oder einen narrativen Text verfassen. Die Auseinandersetzung mit der zweiten Frage kann in einem »Schreibgespräch« stattfinden: Dazu wird der Begriff »Ehrfurcht« auf einen großen Bogen Papier geschrieben und in Kleingruppen schreibend (und dabei schweigend) von den Schülerinnen und Schülern diskutiert. In einer Auswertungsrunde können auffällige Antworten diskutiert und mithilfe obiger Fragen noch weiter vertieft werden.

Erarbeitung I: Die Phase der Entdeckung

Als Ausdruck der Erfahrung der Endlichkeit und Begrenztheit einerseits und der Gottesfurcht andererseits wird das Zeugnis im Original vorgestellt, in seiner Funktion kurz erläutert und am besten in mehreren Beispielen präsentiert (vgl. dazu auch zahlreiche Fotos im Internet). Wichtig ist hier die Begegnung der Schülerinnen und Schüler mit der breiten Formenvielfalt der jüdischen Kippa (oder in der osteuropäischer Ausprägung des Schtreimel). Hier sollte vorher, z.B. auf Folie, eine Auswahl entstehen, die ein großes Spektrum abbildet von kunstvoll bestickten über orthodox geprägte bis hin zu politisch motivierten Exemplaren (etwa in den Farben des Staates Israel).

Erarbeitung II: Die Phase der Kontextualisierung

1. Um gemeinsam den Hintergrund der Praxis des Tragens einer Kippa zu erarbeiten, werden an der Tafel in zwei Spalten jeweils Stichworte und Beispiele gesammelt:
   - Situationen bzw. Erfahrungen, in denen der Mensch seine Endlichkeit und Begrenztheit gegenüber Gott erfährt;
   - Menschliche Formen der Gottesfurcht und Verehrung der Unbegreiflichkeit Gottes.

So kann das Zeugnis der jüdischen Kippa und dessen religiöse Motivation in einen weiteren Erfahrungs- und Begründungszusammenhang gestellt werden.

2. In einer Phase (interreligiöser) Kontextualisierung kann der Vergleich der jüdischen Kippa mit dem christlichen Pileolus in der klerikalen Gewandung von Bischöfen und Kardinälen provoziert werden (etwa durch zwei gegenübergestellte Fotos). Dabei sollte die Lehrkraft ergänzend die Praxis des Pileolus in der katholischen Kirche erläutern. In Parallelität dazu ist hier auch der christliche Brauch anzusprechen, nach dem Männer beim Betreten einer Kirche jegliche Kopfbedeckung abzunehmen haben. Die Schülerinnen und Schüler können aufgefordert werden, in den folgenden Paulusworten diesen Brauch zu entdecken und seine Begründung zu erläutern: »*Wenn ein Mann betet oder prophetisch redet und dabei sein Haupt bedeckt hat, entehrt er sein Haupt ... Der Mann darf sein Haupt nicht verhüllen, weil er Abbild und Abglanz Gottes ist*« (1 Kor 11,4.7). Gemeinsam mit den Schülerinnen und Schülern ist weiterhin zu klären, inwiefern diese christliche Praxis der jüdischen Praxis fast diametral entgegensteht und doch beides Zeugnisse der Ehrfurcht des Menschen vor Gott sind.
3. Schließlich kann die Lehrerin bzw. der Lehrer im Rahmen einer weiteren Kontextualisierung auch versuchen, die unter Jugendlichen weit verbreitete Praxis des Tragens von Baseballkappen in diese Auseinandersetzung zu integrieren: Welche Bedeutung hat die Kappe für ihren Träger? Hat sie überhaupt eine? Wie wirkt sie auf seine Umwelt? Gibt es Situationen, in denen es eher unangebracht zu sein scheint, diese zu tragen? Kann man hier Vergleiche zum religiös motivierten Tragen einer Kippa ziehen? Würde man eine Synagoge auch mit Baseballkappe betreten oder eher nicht?

Vertiefung: Die Phase der Reflexion

Zunächst ist hier zu erwähnen, dass es im Judentum, zumal in seiner orthodoxen Ausprägung, eine ganze Reihe von Kleidervorschriften gibt. Hier sind Tallit und Tefillin (vgl. 2.1) ebenso zu nennen wie die Pflicht der Kopfbedeckung für Frauen oder Ausprägungen in der strengen Orthodoxie wie schwarze Hüte oder die auffälligen Schläfenlocken. Möglicherweise bietet sich diese Ausweitung in Form eines Schülerreferats an. Bezieht man hier mittelalterliche Darstellungen von Juden mit ein, fallen oftmals die spitzen »Judenhüte« auf (vgl. Tworuschka 2008, 92). Sie basieren auf einer Zwangsvorschrift, nach der die Juden verpflichtet waren, beim Verlassen des Ghettos diese Hüte zu tragen. Die Auseinandersetzung mit Kleidervorschriften im Judentum bleibt also ambivalent: zwischen innerjüdischen religiösen Riten und Bräuchen einerseits und diskriminierenden antijudaistischen Zwangsmaßnahmen der nichtjüdischen, meist christlichen Umwelt andererseits – bis hin zum Tragen eines gelben »Judensterns« im Nationalsozialismus.

Eine eindrückliche Wirkung des Zeugnisses der Kippa wird durch den Besuch einer nahe gelegenen Synagoge oder eines jüdischen Friedhofs erzielt. Denn an diesen »heiligen Orten« des Judentums ist für alle, auch nichtjüdische Männer und Jugendliche, das Tragen eines Scheitelkäppchens oder einer anderen Kopfbedeckung unbedingte Pflicht.

Weiterführende Literatur

Monika und Udo Tworuschka, Die Welt der Religionen. Das Judentum, Gütersloh/München 2008, 92–95.

2.5 Die Menora

Zeugnis zwischen Religion und Politik

Empfohlene Jahrgangsstufe: 9–11

Mögliche Verknüpfung:
1.1 Das Kreuz Jesu Christi – Zeugnis der Menschwerdung Gottes
1.2 Die Osterkerze – Zeugnis der Hoffnung für diese Welt

Thema der Stunde: Was wird behandelt?
»Gott ist Licht« – Göttliche Gegenwart und politische Präsenz: Die Menora als Zeugnis zwischen Religion und Politik

Angestrebte Kompetenzen: Welche Fähigkeiten sollen Schülerinnen und Schüler am Zeugnis zeigen können?
Die Schülerinnen und Schüler entdecken anhand des Zeugnisses »Menora« die Bedeutung eines ursprünglich religiösen Symbols für die moderne israelische Gesellschaft.

Im Einzelnen: Die Schülerinnen und Schüler

- erörtern die Relevanz einer religiösen Lichtmetaphorik.
- erläutern den Ursprung des siebenarmigen Leuchters (Menora) und den Zusammenhang mit dem achtarmigen Chanukkaleuchter.
- kennen diesbezüglich wichtige Ereignisse in der Geschichte Israels bzw. des Judentums (Exodus, Makkabäeraufstand).
- ordnen darin die Bedeutung des jüdischen Chanukkafestes ein.
- unterscheiden zwischen der Menora als religiösem Symbol einerseits und politischem Symbol andererseits.

Der siebenarmige Leuchter, die Menora

Das Zeugnis: Was muss man als Lehrerin oder Lehrer über die Menora wissen?

Während des Exodus erhielt Mose auf dem Sinai den göttlichen Auftrag, ein Heiligtum zu errichten, das sogenannte Stiftszelt (vgl. Ex 25ff.). Es galt als Wohnstätte Gottes unter dem wandernden Volk, eine Art tragbarer Tempel. Zugleich befahl JHWH die Herstellung verschiedener Kultgegenstände, u.a. auch die der Menora, eines siebenarmigen Leuchters, eine Art Baum des ewigen Lichts und Zeugnis der Anwesenheit Gottes in seinem Volk. Die Menora wurde schließlich in den Ersten Jerusalemer Tempel integriert. Bis heute brennt in den Synagogen vor dem Toraschrein ein ewiges Licht.

Als nach der Zerstörung des salomonischen Tempels durch Nebukadnezzar im 6. Jahrhundert v.Chr. ein neuer Tempel gebaut wurde, wurde auch wieder eine Menora dafür gefertigt. Im Laufe der Geschichte hat dieser Leuchter im jüdischen Bewusstsein eine besondere Bedeutung erlangt: Während der seleukidischen Fremdherrschaft im 2. Jahrhundert v.Chr. kam es zu massiven Unterdrückungen des jüdischen Volkes, zur Zerstörung jüdischer Kultgegenstände und zum Verbot der Religionsausübung. Der Widerstandsbewegung der Makkabäer unter ihrem Anführer Judas Makkabäus gelang es schließlich, Jerusalem zu befreien, den Jerusalemer Tempel von Götzenbildern zu reinigen und ihn im Jahr 165 v.Chr. wieder neu einzuweihen (vgl. 1 Makk 4,36–59). Auf diesem historischen Datum gründet das Fest der Tempelweihe, *Chanukka.* Als die Juden zur Tempelweihe die Menora wieder entzünden wollten, fanden sie nur ein einziges Fläschchen reinen Öls, gerade einmal ausreichend für einen Tag. Die Herstellung neuen kultisch reinen Öls hätte acht Tage in Anspruch genommen. Aber wie durch ein Wunder brannte der Leuchter acht ganze Tage lang – das ganze Fest hindurch, bis wieder neues Öl verfügbar war. Von dieser Legende her rührt das acht Tage dauernde Lichtanzünden an Chanukka, dem im Wintermonat gefeierten Lichtfest (ähnlich zum christlichen Weihnachtsfest), in dessen Zentrum der achtarmige Chanukkaleuchter steht.

Bei der Zerstörung des Zweiten Tempels im Jahr 70 n.Chr. wurde die Menora durch Titus von den Römern geraubt; auf dem Titusbogen, dem römischen Triumphbogen zur Erinnerung an den Beutezug, ist eine Abbildung dieses Leuchters zu finden.

Darstellung der Tempelplünderung auf dem römischen Titusbogen

Die Menora steht somit für den geistigen und politischen Sieg der Juden über die Fremdherrschaft und hat sich tief in das kollektive Bewusstsein des Judentums eingeprägt. Sie wurde zu einem der wichtigsten religiösen Symbole. Bei der Staatsgründung Israels wurde die Menora in das Staatswappen aufgenommen. Die Menora ist also heute auch israelisches Staatssymbol und damit zum Identitätsmerkmal eines säkularen bzw. politischen Staates geworden, trotz (oder gerade wegen) seines religiösen Ursprungs als Symbol der Gegenwart Gottes im Stiftszelt.

In Ergänzung dazu ist der Davidsstern, der *Magen David* (Schutzschild Davids), seit 1897 zum offiziellen Symbol der zionistischen Bewegung geworden, die sich die Gründung eines jüdischen Staates zum Ziel gesetzt hat. Bis heute ist auch der Davidsstern politisches Symbol geblieben, wenn auch mit bleibender Ambivalenz, ist doch im 20. Jahrhundert der »gelbe Stern« zum Zeichen nationalsozialistischer Unterdrückung und Vernichtung geworden.

Der didaktische Rahmen: Wozu eine Menora einsetzen?

Die Menora gilt als eines der wichtigsten Symbole des Judentums und muss von daher Bestandteil einer umfassenden Unterrichtsreihe zum Thema Judentum sein, zumal mittels dieses Zeugnisses zentrale Ereignisse in der Geschichte des Judentums thematisiert werden können. Darüber hinaus kann das Zeugnis Menora auch in einer symboldidaktisch orientierten Auseinandersetzung mit dem Symbol »Licht« im Allgemeinen eine besondere Rolle spielen, in Parallelität zu anderen Lichtmetaphern für die göttliche Gegenwart (Gott ist Licht, Christus als der Morgenstern, als das Licht der Welt, das ewige Licht, der Pfad der Erleuchtung etc.).

Die methodischen Schritte: Wie wird das Zeugnis eingeführt?

Einstieg: Die Phase der inneren Beteiligung

Am Beginn einer Auseinandersetzung mit dem Zeugnis der Menora steht ihre Funktion als Leuchter oder »Lichtgeber« und damit das Phänomen, die Metapher »Licht« im Allgemeinen im Vordergrund. Welche Rolle spielt Licht für uns Menschen? Wie erleben wir Situationen ohne Licht? Gibt es einen Menschen, der für mich »Licht« ist? Man kann mit den Schülerinnen und Schülern diese Fragen bedenken oder auch Assoziationen, Begriffe, Redewendungen sammeln, in denen das Wort »Licht« vorkommt und diese diskutieren und kategorisieren.

Erarbeitung I: Die Phase der Entdeckung

Zur Entdeckung des Zeugnisses fertigen die Schülerinnen und Schüler eine Skizze/Zeichnung nach Ex 25,31–40 an, ohne vorher eine Menora im Original oder auf einem Foto zu sehen. Die Ergebnisse werden in Form eines »Museumsgangs« im Klassenraum präsentiert und verglichen. Anschließend präsentiert die Lehrkraft eine Menora und gibt kurze Erläuterungen zum Kontext der Bibelstelle.

Erarbeitung II: Die Phase der Kontextualisierung

Eine weitere Kontextualisierung kann in zwei Richtungen erfolgen:

1. Im Anschluss an die erste Phase kann hier der religiösen Metapher Licht als »Entdeckungsraum des Göttlichen« (Gottfried Bitter) nachgegangen werden. Die Schülerinnen und Schüler vergleichen die folgenden Textstellen aus der Bibel und interpretieren jeweils die Verwendung von Licht bzw. lichtaffinen Aussagen in ihnen: Gen 1,3; Ps 104; Ex 3,1–6; Ex 34,29; Jes 42,6; Jes 60,1–5; Ps 27,1. Ergänzend kann hier nach ebensolchen Textstellen im Neuen Testament gesucht werden (evtl. mithilfe einer Konkordanz).
2. In direktem Zusammenhang und in inhaltlicher Kontinuität zur siebenarmigen Menora steht der achtarmige Chanukkaleuchter. In einem kurzen Lehrervortrag oder Schülerreferat wird der geschichtliche Kontext der Tempelweihe erläutert und anschließend ein Blick in die textlichen Traditionen des Chanukkafestes geworfen (vgl. das Arbeitsblatt 4 zum Judentum, S. 151f.). Das Gebet und der Psalm bringen die Freude über die Tempelweihe und damit über die Gegenwart Gottes zum Ausdruck. Die Frage, wie der Beter in den Texten von Gottes Gegenwart spricht, sollte hier erörtert werden. Lohnenswert ist vielleicht auch ein Vergleich des Chanukkagebets mit dem Mesusasegen (vgl. 2.2) bzw. dem Achtzehngebet (vgl. 2.1), um die stets wiederkehrende parallele Struktur jüdischer Benediktionen zu erkennen.

Vertiefung: Die Phase der Reflexion

In einer Reflexion wird der Blick vom religiösen Symbol zum politischen Symbol ausgeweitet. Das geschieht durch paralleles Präsentieren von zwei Bildern (auf Folie), in denen einerseits eine festlich gestaltete Menora und andererseits eine Abbildung des israelischen Staatswappens gegenübergestellt sind.

Das Staatswappen Israels

In einem Unterrichtsgespräch wird erörtert, warum der politische Staat Israel erstens überhaupt ein ursprünglich religiöses Symbol im Staatswappen führt und warum dieses zweitens gerade die Menora ist (z.B. Kontext der Entstehung Israels als offizieller Staat des jüdischen Volkes, die Menora als Symbol des politischen und geistigen Sieges des Judentums über Fremdherrschaft).

Weiterführende Literatur

Gottfried Bitter, »Gott ist Licht« (1 Joh 1,5). Zur theophanischen und soteriologischen Qualität des Lichts in jüdisch-christlichen Traditionen, in: Erwin Sedlmayr (Hg.), Schlüsselworte der Genesis. Bd. 1: Licht, Chaos und Struktur, Berlin 1995, 13–44.

Die Menora. Ein Gang durch die Geschichte Israels, hg. v. Erev-Rav (Verein für biblische und politische Bildung), Medien und Materialmappe zu bestellen unter: www.menora.de

Marc-Alain Ouaknin/Laziz Hamani, Symbole des Judentums. Übersetzt von Daniel Krochmalnik, Wien 1995, 76–79.

Jens Voß, Die Menora. Gestalt und Funktion des Leuchters im Tempel zu Jerusalem, Göttingen 1993.

Arbeitsblatt 4 JUDENTUM: Der Leuchter

Ein Leuchter für das Heiligtum

25 1 Der Herr sprach zu Mose: ... 31 Verfertige auch einen Leuchter aus purem Gold! Der
Leuchter, sein Gestell, sein Schaft, seine Kelche, Knospen und Blüten sollen aus einem
Stück getrieben sein. 32 Von seinen Seiten sollen sechs Arme ausgehen, drei Leuchter-
arme auf der einen Seite und drei auf der anderen Seite. 33 Der erste Arm soll drei man-
delblütenförmige Kelche mit je einer Knospe und einer Blüte aufweisen und der zweite
Arm soll drei mandelblütenförmige Kelche mit je einer Knospe und einer Blüte aufwei-
sen; so alle sechs Arme, die von dem Leuchter ausgehen. 34 Auf dem Schaft des Leuch-
ters sollen vier mandelblütenförmige Kelche, Knospen und Blüten sein, 35 je eine Knos-
pe unten zwischen zwei Armen, entsprechend den sechs Armen, die vom Leuchter
ausgehen. 36 Seine Knospen und die Arme sollen ein Ganzes mit dem Schaft bilden;
das Ganze soll ein Stück aus getriebenem purem Gold sein. 37 Dann mach für den
Leuchter sieben Lampen und setze seine Lampen so auf, dass sie das Licht nach vorn
fallen lassen; 38 dazu Dochtscheren und Pfannen aus purem Gold. 39 Aus einem Talent
puren Goldes soll man den Leuchter und alle diese Geräte machen. 40 Sieh zu, dass du
ihn nach dem Muster ausführst, das du auf dem Berg gesehen hast.

Ex 25,1.31–40

Gebet zum Anzünden der Lichter des Chanukkaleuchters

Gepriesen seist du, Herr, unser Gott, König der Welt, der uns geheiligt hat durch seine Gebote und uns geboten hat, ein Licht der Einweihung anzuzünden. Gepriesen seist du, Herr, unser Gott, König der Welt, der Wunder getan hat unseren Vätern in jenen Tagen um diese Zeit.

Ein Psalm zur Tempelweihe

30 [2] Ich will dich rühmen, Herr, denn du hast mich aus der Tiefe gezogen und lässt meine Feinde nicht über mich triumphieren.
[3] Herr, mein Gott, ich habe zu dir geschrien und du hast mich geheilt.
[4] Herr, du hast mich herausgeholt aus dem Reich des Todes, aus der Schar der Todgeweihten mich zum Leben gerufen.
[5] Singt und spielt dem Herrn, ihr seine Frommen, preist seinen heiligen Namen!
[6] Denn sein Zorn dauert nur einen Augenblick, doch seine Güte ein Leben lang. Wenn man am Abend auch weint, am Morgen herrscht wieder Jubel.
[7] Im sicheren Glück dachte ich einst: Ich werde niemals wanken.
[8] Herr, in deiner Güte stelltest du mich auf den schützenden Berg. Doch dann hast du dein Gesicht verborgen. Da bin ich erschrocken.
[9] Zu dir, Herr, rief ich um Hilfe, ich flehte meinen Herrn um Gnade an:
[10] Was nützt dir mein Blut, wenn ich begraben bin? Kann der Staub dich preisen, deine Treue verkünden?
[11] Höre mich, Herr, sei mir gnädig! Herr, sei du mein Helfer!
[12] Da hast du mein Klagen in Tanzen verwandelt, hast mir das Trauergewand ausgezogen und mich mit Freude umgürtet.
[13] Darum singt dir mein Herz und will nicht verstummen. Herr, mein Gott, ich will dir danken in Ewigkeit.

Ps 30,2–13

3. ISLAM

Barbara Huber-Rudolf

Basisinformationen

Der Islam definiert sich mit dieser Selbstbezeichnung als die Religion der Hingabe an und die Ergebung in den Willen Gottes. Da die arabische Sprache viele Kombinationsmöglichkeiten von Vor- und Nachsilben bzw. Vokalisierungen, Doppelungen und Längungen kennt, wird mit der gleichen Wurzel *s-l-m* auch eine Bandbreite von Wörtern, die von »Friede« (arabisch *salaam*) bis »Unterwerfung« (arabisch *istislaam*) reicht, gebildet.

Drei Bereiche lassen sich in der Systematik des Islams unterscheiden: die Glaubenssätze, die Regeln des Wohlverhaltens und die rechtlichen Normen.

- Die *sechs Glaubenssätze* des Islams bekennen (1) den Glauben an den einen Gott, (2) den Glauben an die geoffenbarten Bücher, (3) den Glauben an die Engel, (4) den Glauben an die Propheten, (5) den Glauben an das Jüngste Gericht und (6) den Glauben an die von Gott vorherbestimmte Unterscheidung von Gut und Böse.
- Die wichtigsten *Sätze des Wohlverhaltens* lassen sich aus den Hadithen, den Spruchweisheiten Muhammads, ableiten und werden oft auch in die jeweilige islamische Mentalität inkulturiert. So bewegen sich viele Einstellungen zur Frauenfrage, um nur ein Beispiel zu nennen, in diesem Bereich. Auch die Aufforderung zur Gastfreundschaft – ein weit weniger umstrittenes Beispiel – gehört in den Bereich des Wohlverhaltens.
- Die *Normen des Islams* werden mit den sogenannten Fünf Säulen beschrieben: (1) dem Bekennen des Eingottglaubens, (2) dem rituellen Gebet, (3) dem Fasten im Ramadan, (4) der religiösen Steuer und (5) der Wallfahrt. Allerdings gehören zum islamischen Recht, der Scharia, auch jene Normen, die das politische und wirtschaftliche Leben regeln wollen. In den meisten Ländern mit überwiegend muslimischer Bevölkerung haben nationale Verfassungen und bürgerliche Gesetzbücher die Scharia ganz oder teilweise ersetzt.

Der Islam versteht sich als die gottgewollte Lebenseinstellung des Menschen. Deshalb unterscheiden Muslime zwischen der Religion Islam als geschaffene Anlage im Menschen (arabisch *fitra* = natürliche Religion) und dem Islam als einem bewussten Bekenntnis und einer entschiedenen Lebensführung. Menschheitsgeschichtlich mythologisch war schon Adam Muslim, ein Gottergebener, historisch wird die islamische Gemeinschaft fassbar mit der Übermittlung des Korans an Muhammad. Alle religiösen Entwicklungen auf dem Weg durch die Geschichte sind in der Interpretation des Islams teil des pädagogischen Prozesses der Offenbarung, des vollständigen Wortes Gottes – ein Prozess zwischen Erkenntnis und Irrweg, der schließlich in der islamischen Gemeinschaft seinen Höhepunkt erreicht hat. Deshalb vertritt der Islam in Theorie und Praxis den Anspruch auf Absolutheit und Universalität unter Tolerierung der Vorgängerreligionen.

Unmittelbar nach dem Tod Muhammads im Jahr 632 n.Chr. begann sich die islamische Gemeinschaft in Meinungsverschiedenheiten über die Regeln der Nachfolge zu spalten. Sunniten und Schiiten trennten sich allerdings erst mit gewisser Endgültigkeit nach dem Ende des 4. Kalifats, das Ali, der Schwiegersohn Muhammads, innehatte. Im Laufe der Zeit teilte sich auch die Schia in Untergruppen auf, die sich wegen des Erbes und der damit verbundenen Verwandtschaft mit dem Propheten des Islams zerstritten. Die Sunna verblieb in größerer Einheitlichkeit, da die sich entwickelnden Bewegungen meist geistlich-mystischer Natur waren.

Durch den Islam bestimmte kulturgeschichtliche Perioden haben große künstlerische und wissenschaftliche Leistungen erbracht. Der Kulturaustausch zwischen Orient und Okzident ist keinesfalls eine Einbahnstraße, wie es seit der Kolonialzeit manchmal den Anschein hat.

Der Islam ist die Religion, über die heutzutage das meiste Halbwissen verbreitet wird. Auch diese Einführung ist nicht davor gefeit. Das liegt daran, dass Außenstehende oft die inneren Zusammenhänge aus ihrer eigenen Perspektive und mit ihrer eigenen Nähe oder Distanz zu religiösen Fragen im Allgemeinen und zum Islam im Besonderen deuten. Deshalb ist es angebracht, als Lehrende klarzustellen, wie man sich selbst positioniert.

Die folgenden Beiträge zum interreligiösen Lernen basieren auf der Aufforderung des Zweiten Vatikanischen Konzils, die gläubige Haltung der Muslime mit Wertschätzung zu betrachten. Diese Einstellung setzt nicht voraus, dass der Betrachter der im Folgenden in ihrem Vollzug darzustellenden Gegenstände aus dem islamischen Glaubensleben diese in die eigene Glaubenspraxis integrieren sollte. Den Wert für den Anderen schätzen zu lernen setzt die Übung christlicher Tugenden voraus; dazu gehört die Achtung vor individuellem Personsein, den Respekt vor Gewissensentscheidungen und Einfühlung.

Diese Beiträge profitieren von der Dynamik, die die Islamwissenschaften in den letzten drei Jahrzehnten ergriffen hat. Die kritischen Fragen von Orientalisten, Politik- und Sozialwissenschaftlern fanden ein Echo in der islamischen Welt und führten in vieler Hinsicht zu einem fruchtbaren Dialog. So verstehen sich die Hinweise, die Bemühungen um eine tiefere Auseinandersetzung mit den Objekten und die Übungen dazu als Vorbereitung für den Dialog der Gläubigen. Aus diesem Grund lehnt sich die Auswahl der Objekte und auch der Aufbau der begleitenden Texte – sofern möglich – an die Zeugnisse aus dem Christentum an.

Ritus und Rituale

Unverzichtbar für das Verständnis der Auswahl der »heiligen Gegenstände« des Islams ist die rechte Einschätzung dessen, was Muslimen heilig ist. Im engen Sinne des Wortes ist nur Gott heilig. So lautet einer der 99 Schönen Namen Gottes »der Heilige«. Nicht einmal der Koran, das Wort Gottes, wird im Arabischen als heilig, sondern als *al-kariim*, d.i. edel, achtbar, wertvoll, bezeichnet (vgl. 3.1). Die strikte Unterscheidung zwischen Schöpfer und Geschaffenem macht es Muslimen schwer, die Transzendenz Gottes in die Diesseitigkeit einzubinden, weil sie dabei die Gefahr sehen, sich Gott verfügbar zu machen. Konsequenterweise verstehen Muslime nicht aus Unwillen, sondern wegen ihres Gottesbegriffes nicht, wie Christen Inkarnation denken. Und Christen verstehen aus dem gleichen Grund nicht, wie Offenbarung erfolgen kann, wenn der Graben zwischen Gott und Welt nicht überbrückt wird. Die hier vorgestellten »heiligen« Gegenstände sind deshalb in der Wahrnehmung von Muslimen nicht heilig. Kein Gebetsteppich (vgl. 3.2), der sogar durch eine Zeitung ersetzt werden könnte, kein Kopftuch (vgl. 3.3), das von manchen Musliminnen gar als unislamisch vehement abgelehnt wird, auch keine Gebetskette (vgl. 3.4), die nicht einmal die ausdrückliche Zustimmung Muhammads erfahren hat, und natürlich auch nicht ein Hilfsmittel der Dentalhygiene wie der Miswak (vgl. 3.5), erfüllt den Anspruch der Heiligkeit. Dennoch werden sie hier im Rahmen dieses speziellen religionspädagogischen Ansatzes vorgestellt. Es muss den Schülerinnen und Schülern deutlich werden, dass sich in der Hülle dieser Gegenstände kollektive Erinnerungen verbergen, die den Gläubigen im Islam von Menschen und Erfahrungen erzählen, in denen sich Gott als der Heilige offenbart. Unter dieser Voraussetzung können wir im Respekt vor dem Glauben, in Anerkennung des Spezifischen des Islams religionspädagogische Methoden anwenden. Die Gegenstände sind auch mit Bedacht so ausgewählt, dass sie nahezu bei jedem gutsortierten Händler im Umfeld größerer und kleinerer Moscheen erworben und im Unterricht zur Anschauung gebracht werden können.

Literatur zum Islam

Nasir Hamid Abu-Zaid, Ein Leben mit dem Islam, Freiburg 2001.
Nasir Hamid Abu-Zaid, Mohammed und die Zeichen Gottes, Freiburg 2008.
Reza Aslan, Kein Gott außer Gott, München 2006.
Peter Heine, Islam zur Einführung, Hamburg ^{2}2005.
Annemarie Schimmel, Die Religion des Islam, Stuttgart 2006.

3.1 Der Koran

Offenbarung und Zeugnis des Segens

Empfohlene Jahrgangsstufe: 9–11

Mögliche Verknüpfung:
1.5 Die Ikone – Zeugnis der Gegenwart Gottes in dieser Welt
2.3 Der Torafinger Jad – Zeugnis der Heiligkeit
4.1 Das Bindi – Zeugnis für Segen und Schutz

Thema der Stunde: Was wird behandelt?
Der Koran – Offenbarungsschrift des Islams, Zeugnis des Glaubens und Grundlage des islamischen Rechts

Angestrebte Kompetenzen: Welche Fähigkeiten sollen Schülerinnen und Schüler am Zeugnis zeigen können?
Die Schülerinnen und Schüler zeigen die breite Bedeutung des Korans für das Glaubensleben und für die Rechtsauffassung der Muslime auf.

Im Einzelnen: die Schülerinnen und Schüler
- erfassen die Schwierigkeiten der Lektüre des Korans als Gottes Wort.
- skizzieren die elaborierte Koranexegese, die für die Rechtsprechung nötig ist, in ihren Grundzügen.
- erläutern den Koran als geistlichen Gehalt der Feiern im Ramadan.
- erklären die volksfrommen Praktiken, die sich um den Koran ranken.
- setzen andere Schutz- und Segensmittler zu den bekannten in Bezug.

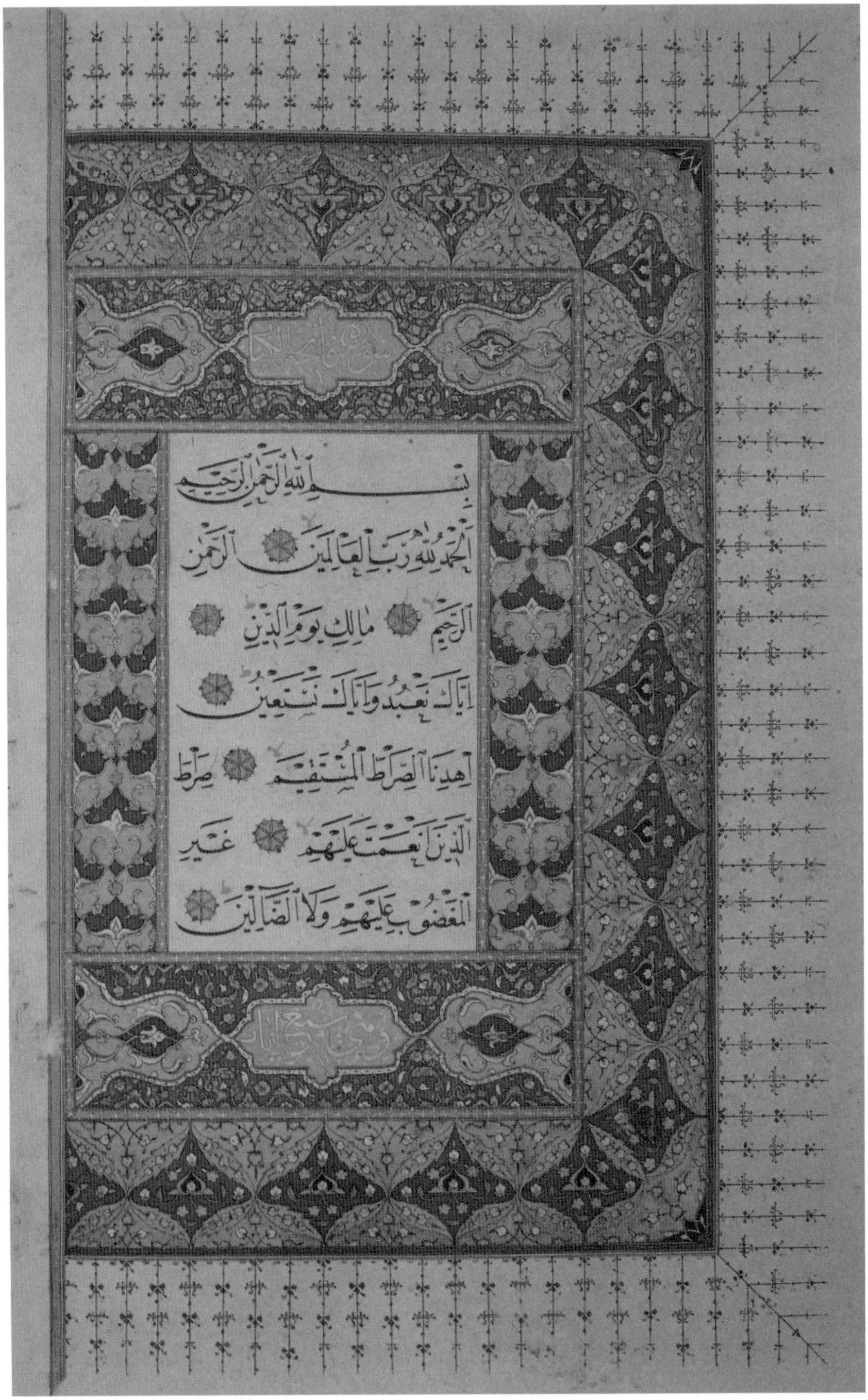
سورة فاتحة الكتاب

بسم الله الرحمن الرحيم
الحمد لله رب العالمين الرحمن
الرحيم مالك يوم الدين
اياك نعبد واياك نستعين
اهدنا الصراط المستقيم صراط
الذين انعمت عليهم غير
المغضوب عليهم ولا الضالين

Das Zeugnis: Was muss man als Lehrerin oder Lehrer über den Koran wissen?

Die arabische Wurzel *qara'a* bedeutet »rezitieren«. Der Koran wird also als die Rezitation des ewigen Wortes Gottes durch die Propheten, insbesondere durch Muhammad verehrt. Das ewige Wort Gottes, so die muslimische Überzeugung, war im Laufe der Religionsgeschichte in Teilen, d.i. die Tora, der Psalter, das Evangelium und schließlich der Koran, durch die Propheten bekannt gemacht worden. Die jeweiligen Völker, an die das Wort Gottes gerichtet war, verfälschten es aber, bis es nach Muhammad verschriftlicht tradiert werden konnte.

Die Zeit der Offenbarung durch Muhammad erstreckt sich von 610 bis 632 n.Chr. In diesem Zeitraum erinnerten Vorfälle, die der Klärung bedurften, das Medium Muhammad an die ihm in der Nacht der Bestimmung im Ramadan übermittelten Verse. Erst nach Muhammads Tod redigierte der dritte Kalif die Sammlung und ordnete die Kapitel nach ihrer Länge (die längsten Suren zuerst, dann immer kürzer werdend).

Die Verschriftlichung erfolgte ohne diakritische Zeichen und ohne Vokale. Gerade den Vokalen kommt allerdings die entscheidende grammatikalische Funktion zu. Arabische Schriftzeichen ohne diakritische Punkte haben ohnehin nur den Wert der Gedächtnisstütze für jemanden, der den Text bereits kennt. So müssen wir uns auch die Überlieferung als eine enorme Gedächtnisleistung, zu der die orale Gesellschaft Arabiens im 7. Jahrhundert sicher fähig war, vorstellen.

Im Koran sind die beiden Offenbarungsperioden in Mekka und Medina in Wortwahl, Syntax und Themen gut zu unterscheiden. Andere Kriterien der zeitlichen Einordnung lieferten die sogenannten Spruchweisheiten (arabisch *Hadithe*) Muhammads, die die Verse des Korans in einen Kontext stellen, der oft im Nachhinein datiert werden konnte. Deshalb ist die Hadithwissenschaft eine unverzichtbare Hilfswissenschaft der Koranexegese.

Muslime verstehen den Koran als das Bestätigungswunder Muhammads, der sich als Prophet mit der unnachahmlichen Schönheit der Sprache auswies, wie andere Propheten mit Heilungswundern o.Ä.

Koranseite mit der 1. Sure, aus der Feder des osmanischen Kalligrafen Mahmud Ibu Abd Allah, 1578 n.Chr.

Wenn sich die Verse des Korans widersprechen, setzen die Juristen den Grundsatz vom Abrogierenden und Abrogierten ein. Das bedeutet, dass früher geoffenbarte Verse von später geoffenbarten außer Kraft gesetzt werden.

Im Koran sind die Gebote, die wir als die Fünf Säulen des Islams kennen, enthalten und als göttliche Gebote grundsätzlich für Männer und Frauen gleichermaßen verpflichtend, wenn auch etwas modifiziert.

Der Koran, aus der Perspektive der Überlieferung betrachtet,

- ist in der Sicht der Muslime die Offenbarung des *einen* Gottes.
- enthält die Zeichen der Schöpfungsordnung, wie die Natur sie ebenfalls aufweist.
- setzt die früheren Schriften der Juden und Christen, die Tora und das Evangelium in arabischer Sprache fort und korrigiert sie wenn nötig.
- ist abschließend durch Muhammad offenbart worden. Weitere Propheten werden nicht mehr anerkannt, weil sie keine neue, zusätzliche Wahrheit verkünden.
- nennt sich selbst ewig, die Erinnerung, die Weisheit und die Unterscheidung zwischen Gut und Böse, zwischen Richtig und Falsch.

Der Koran ist Offenbarung in einer bestimmten historischen Situation:

- er bezieht sich auf die Vorgängerreligionen.
- die Lebensumstände des Vortragenden fließen ein.

Die neueren Entwicklungen beschäftigen sich kritisch mit der Überlieferung. Wir stehen hier in einem sich deutlich abzeichnenden Diskussionsprozess um die Grenzen der Koranexegese unter muslimischen Theologen und nichtmuslimischen Islamwissenschaftlern gleichermaßen.

Im Folgenden sollen nur die wichtigsten Korankommentatoren vorgestellt werden. Einerseits, um auf die Methodenvielfalt der Koranexegese hinzuweisen und dem Vorurteil, es gebe ja gar keine Auslegungsgeschichte des Korans entgegenzuwirken und um zum anderen die Namen bekannt zu machen.

Abu Dschafar Muhammad Dscharir Tabari († 923) führt den Beinamen nach der Herkunftsgegend Tabaristan. Er ist mit seinem Korankommentar mindestens so bekannt wie mit seiner Weltgeschichte »über die Propheten und die Könige«. Sein Kommentar wurde 1954 in 12 Bänden in Kairo ediert. Tabaris Methode basiert auf den Hadith-Sammlungen. Für jede Textpassage gibt er aufgrund der Spruchweisheiten Muhammads verschiedene Interpretationen und leitet dann mit den Worten »Es sagte Abu Dschafar« sein Urteil über die Bedeutung eines Verses ein.

Abu l-Qasim Mahmud b. Umar Zamahschari († 1144) aus Zamahschar im heutigen Usbekistan hat einen Kommentar verfasst, der 1953 in vier Bänden in Kairo ediert wurde. Seine Methode stützt sich auf philologische Untersuchungen und Deutungen der grammatikalischen Strukturen. Der Kommentar wird trotz der leicht häretischen (weil mu´tazilitischen, freidenkerischen) Tendenzen hoch geschätzt.

Fahr al-Din al-Razi († 1209) stammt aus Persien. Er ist Philosoph und Theologe der islamischen Hauptrichtung. Sein Kommentar ist als »der Große« (arabisch *Al-kabir*) bekannt und umfasst in der Ausgabe von 1933, die in Kairo erschienen ist, 16 Bände. Seiner Methode ist schwer zu folgen, da er die Kommentare in philosophische Fragen und Unterfragen aufteilt und schließlich einen »Baum« von Antworten zur Auflösung der Fragen präsentiert. Dazwischen schiebt er Exkurse zu Sachfragen theologischer Natur ein.

Nasr al-Din Baydawi († 1286) aus der Region von Fars in Persien war Qadi (Richter). Sein einbändiger Kommentar wurde nicht kritisch ediert. Seiner Methode werden später unzählige Kommentatoren folgen. Sie besteht einfach nur darin, Vorgänger zu resümieren. Vielleicht wird er gerade deshalb als Kompendium gern benutzt und häufig zitiert.

Schihab al-Din Alusi († 1854) ist erwähnenswert, weil er an die Zusammenfassungen der früheren Kommentare speziell in Bezug auf das Christentum seine eigene Meinung, die er in Polemik verpackt, anhängt. In der Tat sind Kommentare, die auf Kenntnisse aus den Vorgängerschriften aufbauen, eine eigene Kategorie. Sie wollen Licht in das Dunkel der Verse bringen, die weder Personennamen nennen noch Angaben zu Zeit und Ort machen. Das Ungefähre und Unspezifische des Korans verfolgt den Sinn, den Anspruch der Überzeitlichkeit des Korans zu wahren. Zur Ergänzung der Daten ziehen Exegeten wie Alusi die jüdische Bibel, die Evangelien und die apokryphe Literatur heran.

Muhammad Abduh († 1905) und *Raschid Rida* († 1935) publizierten den *Tafsir al-manar,* d.h. die »Auslegung« des Korans in der Zeitschrift namens *al-manar.* Die Redaktion unter Raschid Rida legte dem Kommentar die Vorlesungen von Muhammad Abduh zugrunde und ergänzte diese in dessem Sinne. Die Methode folgt der Bewegung, die die beiden Autoren mit Dschamal al-Din Afghani gegründet hatten, der *nahda*, was gewöhnlich mit »islamischer Renaissance« übersetzt wird. Abduh wandte sich unter Einsatz der vernunftgemäßen Argumentation massiv gegen die bloße Imitation der Altvorderen und propagierte die Methode des *idschtihad*, der eigenständigen Rechtsfindung. Leider bearbeitet der Kommentar trotz eines Umfangs von 12 Bänden nur die ersten 12 Suren.

Die *Tafsir al-Dschalalayn* genannte Auslegung (die beiden Autoren, zwei Männer namens *Dschalal,* starben 1459 und 1505) soll in einer Nacht geschrieben worden sein. Dieser Kommentar liest sich auch so und wird deshalb in der islamischen Welt überall am Kiosk verkauft.

Der didaktische Rahmen: Wozu den Koran einsetzen?

Das Thema »Koran« bietet sich als Erweiterung zur Einheit über die Bibel und heilige Schriften im Allgemeinen an. Nachdem hier mit Originaltexten gearbeitet werden soll, ist es ratsam, das Thema in der Oberstufe zu behandlen. Die Beschäftigung mit dem Koran spitzt die Unterscheidung zwischen dem Anspruch einer Offenbarungsschrift und einer inspirierten Schrift zu. Die Relevanz der Auslegung einer Heiligen Schrift für die Lebensführung und die jenseitige Vergeltung fügt sich in die Begründung von ethischen Grundsätzen (positives Recht).

Die methodischen Schritte: Wie wird das Zeugnis eingeführt?

Einstieg: Die Phase der inneren Beteiligung

Auch für Schülerinnen und Schüler ist auffällig, wie kunstvoll und sorgfältig auch die einfachste Taschenbuchausgabe des Korans gestaltet ist, während gerade kartonierte Bibelausgaben eher schlicht gehalten sind. Um diesen Kontrast, der auch mit dem unterschiedlichen theologischen Statuts der beiden Schriften zusammenhängt, Schülerinnen und Schülern pointiert deutlich zu machen, ist es hilfreich, eine zerfledderte und (oft) bemalte Bibelausgabe zusammen mit einer schönen Koranausgabe in den Unterricht mitzubringen und zu diskutieren, warum Christen und Muslime so unterschiedlich mit ihren Heiligen Schriften umgehen. Neben Themen wie Säkularisierung und Posttraditionaliät im Christentum werden dann sicherlich auch die große Ehrfurcht der Muslime und die Bedeutung des Korans als Offenbarung Allahs zu Sprache kommen.

Erarbeitung I: Die Phase der Entdeckung

In jeder Schulstufe ist es lohnenswert, aus der Biografie von Ibn Ishaq die Herabsendung des Korans auf Muhammad zu lesen oder auch Sure 96,1–5 (siehe dazu Arbeitsblatt 1 zum Islam, S. 165f.).

Folgende Aufgaben können mit den Schülerinnen und Schülern dazu bearbeitet werden:

- Erläutern Sie das Spezifikum der koranischen Aufforderung zum Lesen (Sure 96,1–5) im Gegenüber zur Feststellung, der Glaube komme vom Hören (Röm 10,17).
- Klären Sie die Bedeutung der für das Wort Gottes empfangsbereiten Orte: das Ohr des inspirierten Evangelisten, das Herz Muhammads, der Schoß Mariens, der Kopf des Wissenschaftlers, Hand und Zunge, auf die der Leib Christi bei der Kommunion gelegt wird ...

Die Lehrerin bzw. der Lehrer hört im Anschluss mit den Schülerinnen und Schülern eine Koranrezitation (z.B. auf youtube.com; dort sind einige Aufnahmen mit klassischen Rezitatoren zu finden, die jedoch in ihrer Andersartigkeit auch abschreckend wirken können. In dieser Phase soll es aber darum gehen, die ästhetische Qualität des Korans zu erfassen).

Erarbeitung II: Die Phase der Kontextualisierung

Im Kontext der muslimischen Mitschülerinnen und -schüler nimmt der Koran die Rolle einer Anleitung zum richtigen Leben ein. Deshalb sollten die Nichtmuslime entweder über den persönlichen Kontakt oder mithilfe von Konkordanzen und Sachregistern zum Koran Themen wie Gebet, Gewalt, Paradies, Sexualität u.Ä. nachschlagen und seine Regeln auf die Umsetzbarkeit im 21. Jahrhundert befragen. Im Anhang der meisten deutschsprachigen Übersetzungen finden sich entsprechende Sachregister.

Im Kontext der nichtmuslimischen Schülerinnen und Schüler dient es der Förderung des interreligiösen Gesprächs, wenn sie sich aus der hebräischen Bibel bekannte Personen in ihrer Charakterisierung durch den Koran vergegenwärtigen. Es eignen sich Noah (Sure 71,1–28), Abraham (z.B. Sure 37,83–113), Josef von Ägypten (Sure 12), Johannes der Täufer (z.B. Sure 3,38–41), Maria und Jesus (z.B. Sure 19,16–32).

Vertiefung: Die Phase der Reflexion

In der Reflexionsphase sollte die erste Kontextualisierung dazu genutzt werden, die Antworten des Korans mit den Antworten der Bibel und der Kirche zu vergleichen. Ähnlich kann auch für den alternativen Kontextualisierungsversuch der Textvergleich mit der Bibel unternommen werden. Dabei sollte die Leitfrage nicht zur Wertung führen, sondern zur Bestimmung des Charakteristischen.

Weiterführende Literatur

Koranauslegung

Helmut Gätje, Koran und Koranexegese, Zürich/Stuttgart 1971 [mit Texten in Übersetzung].

Ignaz Goldziher, Die Richtungen der islamischen Koranauslegung, Leiden 1920.

Koranübersetzungen

Der Koran. Übersetzung von Rudi Paret, Stuttgart 1966 u.ö.

Der Koran. Übersetzung von Adel Khoury. Unter Mitwirkung von Muhammad Salim Abdullah, Gütersloh ²1992 u.ö.

Der Koran. Arabisch-Deutsch. Übersetzung und wissenschaftlicher Kommentar von Adel Khoury, 12 Bde., Gütersloh 1990ff.

Der Koran. Das heilige Buch des Islam. Übersetzt von Max Henning und Murad W. Hofmann, München 1999.

Der Koran. Übersetzt und eingeleitet von Hans Zirker, Darmstadt 2003.

Der Koran. Übersetzt von Ahmad Milad Karimi. Hg. von Bernhard Uhde, Freiburg i.Br. 2009.

Einführungen

Michael Cook, Der Koran. Eine kurze Einführung, Stuttgart 2002.

Bernhard Maier, Koran-Lexikon, Stuttgart 2001.

Hartmut Bobzin, Der Koran. Eine Einführung, München 1999.

Tilman Nagel, Der Koran. Einführung, Texte, Erläuterungen, München ³1998.

Rudi Paret, Mohammed und der Koran, Stuttgart ⁵1980.

Themenheft »Koran lesen«, Katechetische Blätter 5/2004.

Arbeitsblatt 1 ISLAM: Herabsendung des Korans

Sure 96,1–5

Im Namen des barmherzigen und gütigen Gottes.
Trag vor im Namen deines Herrn, der erschaffen hat, den Menschen aus einem Embryo erschaffen hat!
Trag vor! Dein Herr ist edelmütig wie niemand auf der Welt, er, der den Gebrauch des Schreibrohrs gelehrt hat, den Menschen gelehrt hat, was er zuvor nicht wusste.

Aus: Der Koran, übersetzt von Rudi Paret, Stuttgart 1966

Die Sendung des Propheten (nach Ibn Ishak, 8. Jahrhundert n.Chr.)

Jedes Jahr zog sich der Prophet im Monat Ramadan in die Einsamkeit zurück, um zu beten und die Armen zu speisen, die zu ihm kamen. Immer wenn er am Ende des Monats nach Mekka zurückkehrte, begab er sich zuerst zur Kaaba und umschritt sie sieben oder mehr Male. Erst dann ging er nach Hause. Auch in jenem Ramadan, in dem Gott ihn ehren wollte, in jenem Jahr, in dem Er ihn sandte, zog Mohammed wieder mit seiner Familie nach Berg Hira, um sich in der Einsamkeit dem Gebet zu widmen. Und in jener Nacht, in der Gott ihn durch die Sendung auszeichnete und sich damit der Menschen erbarmte, kam Gabriel zu ihm.
Als ich schlief, so erzählte der Prophet später, trat der Engel Gabriel zu mir mit einem Tuch aus Brokat, worauf geschrieben stand, und sprach:
»Lies!«
»Ich kann nicht lesen«, erwiderte ich.
Da presste er das Tuch auf mich, so dass ich dachte, es wäre mein Tod. Dann ließ er mich los und sagte wieder:
»Lies!«
»Ich kann nicht lesen«, antwortete ich.
Und wieder würgte er mich mit dem Tuch, dass ich dachte, ich müsste sterben. Und als er mich freigab, befahl er erneut:
»Lies!«

Und zum dritten Male antwortete ich: »Ich kann nicht lesen.«
Als er mich dann nochmals fast zu Tode gewürgt und mir wieder zu lesen befahl, fragte ich aus Angst, er könnte es nochmals tun:
»Was soll ich lesen?«
Da sprach er:
»Im Namen des barmherzigen und gütigen Gottes.
Trag vor im Namen deines Herrn, der erschaffen hat, den Menschen aus einem Embryo erschaffen hat!
Trag vor! Dein Herr ist edelmütig wie niemand auf der Welt, er, der den Gebrauch des Schreibrohrs gelehrt hat, den Menschen gelehrt hat, was er zuvor nicht wusste.«
Ich wiederholte die Worte, und als ich geendet hatte, entfernte er sich von mir. Ich aber erwachte, und es war mir, als wären mir die Worte ins Herz geschrieben.

Aus: Ibn Ishaq: Das Leben des Propheten, Stuttgart 1982, S. 43f.

- *Muhammad, der Kaufmann, war wohl kein Analphabet. Was kann »nicht lesen können« hier bedeuten?*
- *Wo hätten Sie den Koran im Propheten vermutet? Im Kopf – auf der Zunge – auch im Herzen?*
- *Vergleichen Sie die Sendung des Propheten Muhammad mit der Berufung des Propheten Jesaja (Jes 6,1–8).*

3.2 Der Gebetsteppich

Zeugnis für Ritus und Ritual

Empfohlene Jahrgangsstufe: 3–4 und 5–10

Mögliche Verknüpfung:
1.4 Der Rosenkranz – Zeugnis der Marienverehrung
2.4 Die Kippa – Zeugnis der Gottesfurcht
4.2 Die heilige Silbe OHM – Zeugnis der Meditation
5.4 Die Gebetsmühle – Zeugnis der rechten Versenkung

Thema der Stunde: Was wird behandelt?
Der Gebetsteppich als Ort des Vollzugs des Pflichtgebets – Freiwillige Rituale ohne Pflichtcharakter

Angestrebte Kompetenzen: Welche Fähigkeiten sollen Schülerinnen und Schüler am Zeugnis zeigen können?
Die Schülerinnen und Schüler unterscheiden zwischen Pflicht- und freiwilligen Ritualen und skizzieren das Pflichtgebet in seinen Vollzügen.

Im Einzelnen: Die Schülerinnen und Schüler
- erklären die äußerlichen Bewegungen des Gebetes als innere Einstellung.
- kennen die Sure *al-Fatiha* als Grundgebet des Islams.
- ordnen den Freitag als Arbeitstag in das Weltbild des Islams ein.
- spüren einem Gottesbild, das Pflichtrituale einfordert, nach.

Das Zeugnis: Was muss man als Lehrerin oder Lehrer über den Gebetsteppich wissen?

Der Gebetsteppich und das Ausziehen der Schuhe beim Gebet gehen auf die Aufforderung an Mose (arabisch *Musa*) bei der Gottesbegegnung am brennenden Dornbusch zurück, den heiligen Ort zu ehren. So wollen die Betenden ihre Pflicht an einem Ort verrichten, den sie durch Reinheit und Umgrenzung würdigen.

Die Gläubigen besitzen ihre eigenen, einfachen Teppiche, finden aber in der Moschee, dem Ort der Versammlung zum Freitagsgebet, Teppiche vor. Diese sind so in Reihen gelegt und ausgerichtet, dass die Betenden die Gebetsrichtung zur *Kaaba* finden. Die Kaaba, der würfelförmige Bau im Hof der Großen Moschee von Mekka, wurde nach den Mythen des Islams schon von Abraham als Opferaltar grundgelegt, später zu Lebzeiten Muhammads renoviert und von Muhammad von den Götterstatuen, die ihm als Götzen zuwider waren, befreit. Wegen dieser herausragenden Bedeutung ist die Kaaba Ziel der Pilgerfahrt, die zu den Fünf Säulen des Islams gehört, und *Qibla*, Richtung für das Gebet. In den Moscheen zeigt diese Richtung eine Nische in der Wand (arabisch *Mihrab*) an, nach der sich die Gebetsreihen ausrichten.

Der Gebetsrufer (arabisch *Muezzin*) ruft die Gläubigen fünfmal täglich zu astronomisch errechneten Zeiten zum Gebet auf: in der Morgendämmerung, zur Mittagszeit, am Nachmittag, bei Sonnenuntergang und am Abend. Die einzelnen Rechtsschulen geben zur Berechnung exakte Anweisungen. Die Gläubigen sind gehalten, bis zur folgenden Gebetszeit das anstehende Gebet zu verrichten. Jeder Gläubige wiederholt deshalb den allgemeinen Gebetsruf leise für sich, wenn er mit dem Gebet beginnt.

Vor dem Gebet müssen die Gläubigen bestimmte Körperteile waschen, um in den Zustand ritueller Reinheit zu gelangen. Dabei wird zwischen der großen und der kleinen Waschung unterschieden. Die große Waschung ist u.a. nach Geschlechtsverkehr notwendig. Auch die Monatsblutung und der Wochenfluss machen die Frauen unrein, sodass die große Waschung erforderlich wird. Wo kein fließendes Wasser zur Verfügung steht, ist die Reinigung an den Armen und im Gesicht mit Sand erlaubt. Auch ist eine – gesprochene oder gedachte – Absichtserklärung *(niyya)* nötig, damit das folgende Gebet gültig ist.

Gebetsteppich mit Gebetskompass

Das Gebet kann gemeinsam mit anderen Gläubigen in einer Moschee oder aber auch allein im Haus oder unter freiem Himmel verrichtet werden. In diesem Fall wird die kultische Reinheit durch eine entsprechende Vorbereitung des Bodens – z.B. durch Bedecken mit einem Teppich – gewährleistet. Die Gebetsrichtung ist gen Mekka orientiert. Besondere Bedeutung genießt das Freitagsgebet, bei dem sich die gesamte Gemeinde in der Moschee versammelt und zusätzlich noch eine Predigt des *Chatib* (= Prediger) hört.

Die Gebete bestehen aus Gebetseinheiten, deren Zahl pro Gebet variiert. Insgesamt kommen so über den Tag verteilt 17 Gebetseinheiten zusammen. Die Gebetseinheiten selbst unterscheiden sich nicht. Jede Gebetseinheit enthält folgende Elemente: selbstbewusstes Stehen vor Gott, persönlicher Gebetsruf, Rezitation der Eröffnungssure *al-Fatiha*, Verbeugung vor dem »König des Gerichtstages« und Anrufung, Rückkehr in die aufrechte Position, Prostration (von lateinisch *prostare* = sich niederwerfen), Rückkehr in die sitzende Position. Am Ende der für das jeweilige Gebet vorgeschriebenen Einheiten wird der Kopf zum Friedenswunsch gedreht.

Zum Freitagsgebet erwähnt der Exeget *Tabari,* dass es in Medina von den ersten zugewanderten Muslimen stammt, auf deren Initiative hin ein öffentliches Gebet begonnen wurde. Der Traditionarier *Buhari* erzählt, dass sich später Muhammad auf einen erhöhten Stuhl setzte und Fragen beantwortete. Muhammad legte das öffentliche Gebet schließlich auf den Freitag fest, an dem die Nomaden zum Markt nach Medina kamen und die Juden ihre Einkäufe für den Sabbat tätigten. Da die Leute also ohnehin versammelt waren, konnten sie sich mittags, zur größten Hitze, zum Gebet treffen. Das Gebet wurde somit auch zur Demonstration des Bekenntnisses.

Über das rituelle Gebet hinaus kennen Muslime freie Gebete, Stoßseufzer und meditative Formen wie die Rezitation der 99 Schönen Namen Gottes anhand der Gebetskette.

Der didaktische Rahmen: Wozu einen Gebetsteppich einsetzen?

Der Gegenstand »Teppich« eignet sich zunächst für die Fragestellung nach der Unterscheidung zwischen Pflichtgebeten und freien Gebeten. Daran schließt sich zur Vertiefung die Entwicklung vom Opfer für Gott zum Lobpreis Gottes an, die schließlich in der Idee, dass das rituelle Gebet, sich am Sonnenstand messend, mit der Sonne um die Erde zieht, kulminiert.

Die methodischen Schritte: Wie wird das Zeugnis eingeführt?

Einstieg: Die Phase der inneren Beteiligung

Es ist authentischer und natürlich für nichtmuslimische Unterrichtende einfacher, die einzelnen Bestandteile des rituellen Gebets zusammen mit Muslimen kennenzulernen. Das kann gemeinsam mit muslimischen Mitschülerinnen und Mitschülern geschehen oder auch am Gebetsort, in einer nahegelegenen Moschee. Aber die dortigen Imame, die Vorbeter, sind meist dazu bereit, auch in die Schule zu kommen.

Es kann je nach Lerngruppe sinnvoll sein, die Gesten und Haltungen mitzuvollziehen. Dabei ist auf den Unterschied bei Schülerinnen und Schülern oder Gläubigen in der Absicht zu achten. Da vor jedem Gebet die *niyya*, die Absichtserklärung, erfolgt, ist Muslimen der Hinweis durchaus vertraut, im schulischen Kontext werde das Gebet vorgeführt, aber nicht durchgeführt.

Erarbeitung I: Die Phase der Entdeckung

Die Schülerinnen und Schüler sollen sich selbst in die verschiedenen Gebetshaltungen der Muslime begeben und die Haltungen nachspüren. Dabei kann mithilfe von Schülerinnen und Schülern, die analoge Gebetshaltungen im christlichen (katholischen) Gottesdienst kennen, ein erster Vergleich und eine Interpretation der tiefen Bedeutung der Zeichen und Gesten unternommen werden. Dazu einige Gedanken:

Stehen
Das Stehen ist die Urgebärde des menschlichen Betens und in allen Kulturen und Religionen verbreitet. Im Stehen loben christliche Beter Gott. Sie bekennen mit Psalm 40: »Er stellte meine Füße auf den Fels, machte fest meine Schritte.« Das Beten im Stehen wird oft auch mit dem Bild des Baumes gedeutet. Die Füße und Beine spüren das Gewicht und halten das Gleichgewicht. So

sind die Betenden gut geerdet und verwurzelt. Der Kopf streckt sich dem Himmel entgegen wie die Baumkrone. Wir stehen Gott gegenüber. Er schaut uns in die Augen.

Im Unterschied zum selbstbewussten und wachen Stehen vor Gott gibt es auch das unsichere, wacklige und ängstliche Stehen. Das erleben wir, wenn die Füße eng zusammen stehen, oft sind dabei die Schultern hochgezogen. So steht der Mensch nicht zu sich und schaut auch nicht auf Gott. Im wachen Stehen können wir uns von Gott anschauen lassen und aufmerksam auf ihn hören. Deshalb stehen katholische Christen zu Beginn der Messfeier, um den Herrn im Kyrie zu begrüßen und ihn im Gloria zu loben. Sie beten stehend das Tagesgebet und hören später stehend das Evangelium. Auch bei den Fürbitten stehen die Gläubigen selbstbewusst vor Gott. So nehmen sie am Ende des Gottesdienstes seinen Segen entgegen und lassen sich in die Welt schicken.

Sitzen

Das Sitzen ist eine Gebärde der Meditation, z.B. im hinduistischen Yoga oder im buddhistischen Zen, aber auch bei den frühen christlichen Mönchen, die sich z.B. auf Säulen setzten oder einfach nur in ihrer Zelle dem Bewegungsdrang standhielten. Man meditiert sitzend, in sich gesammelt, vor Gott nach innen horchend, in die Stille lauschend.

In der Bibel ist das Sitzen ein Zeichen von friedlichem Miteinander. Aber manchmal sitzt ein Prophet, wie Elija, enttäuscht und entmutigt da. Andere Stellen beschreiben das Sitzen als Thronen. Gott bzw. Christus sitzen als Richter immer auf einem Thron, ein Zeichen der Vollmacht.

Für Christen ist das Sitzen eine Haltung des Nachdenkens und des Lauschens auf Gott. Der Evangelist Lukas erzählt von Maria von Bethanien, dass sie sich Christus zu Füßen setzte und seinen Worten zuhörte.

Wir sitzen im Gottesdienst während der Lesungen und der Predigt, damit uns das Wort Gottes treffen kann. Das Sitzen ist aber auch die Haltung während der Gabenbereitung, wenn der Altar vorbereitet wird und das Opfer der Gläubigen eingesammelt wird.

Knien

Im Knien machen sich die Betenden klein. Diese Haltung drückt die Demut und Ehrfurcht vor Gott aus. Es ist eine Haltung der Anbetung des Geheimnisses Gottes.

Im Knien lassen wir uns von der Gegenwart Gottes erfassen. Die Betenden vertrauen im Knien darauf, dass Gott sie als seine Kinder annimmt. Auch Jesus ist auf die Knie gesunken, als er am Ölberg inständig zu Gott betete. Er brachte damit seine Angst vor dem Leiden zum Ausdruck, aber auch seine Ergebenheit in den Willen des Vaters. Im Knien erahnen wir, was es heißt, sich selbst zu vergessen: Nicht mehr um sich selbst zu kreisen, nicht auf die Umgebung zu achten – einfach nur vor Gott niederzuknien und ihn anzubeten.

In der Eucharistiefeier ist es üblich, dass die Gläubigen sich beim Hochgebet und während der Wandlungsworte niederknien, ebenso bei der Verehrung des Lammes Gottes unmittelbar vor der Kommunion. Die meisten Betenden versenken sich auch nach dem Empfang des Leibes Christi im Knien in seine Gegenwart.

Erarbeitung II: Die Phase der Kontextualisierung

Unser gesellschaftspolitischer Kontext fordert zur Erörterung der Moscheebaukonflikte auf. Die Schülerinnen und Schüler sollten in der Phase der Entdeckung die Bedeutung des Gebetes und daraus folgernd eines Ortes für das gemeinsame rituelle Gebet schon erfasst haben.

Die Lokalpresse breitet die Moscheebaukonflikte üblicherweise aus. Auch im Internet können die Debatten verfolgt werden, vgl. u.a.: www.religion-online.info/islam/themen/moschee-konflikt.html (Informationsplattform, die vom Religionswissenschaftlichen Medien- und Informationsdienst REMID, Marburg, verantwortet wird).

Die Schülerinnen und Schüler sollen sich damit auseinandersetzen, welche Argumente nachvollziehbar sind und deshalb berücksichtigt werden müssen, und welche zwar nachvollziehbar sind, aber als diskriminierend bzw. Vorurteile spiegelnd zurückgewiesen werden müssen. Sie sollen versuchen, eine eigene Positionierung zu begründen.

Vertiefung: Die Phase der Reflexion

Das rituelle Freitagsgebet führt dazu, über die Bedeutung eines Feier- und Ruhetages nachzudenken. Der Freitag war in der islamischen Gesellschaft ursprünglich kein Feiertag, sondern der Markttag vor dem Sabbat. Auch der Koran gibt keinen Anlass, einen Ruhetag einzuhalten:

»Und wir haben doch Himmel und Erde, und alles was dazwischen ist, in sechs Tagen geschaffen, ohne dass uns Ermüdung überkommen hätte«, heißt es in Sure 50,38. Was Gott am siebten Tag getan hat, erfahren wir nicht, aber er war nach eigenem Bekunden in den koranischen Worten nicht müde und musste nicht ruhen. Heißt das, dass die Schöpfung nicht still steht? Sie dauert alle Zeiten. Sie dauert und überzieht das Nichts, wie sich die floralen und geometrischen Ornamente der Teppiche unendlich aneinandergereiht über jede Fläche hinweg ausbreiten können (unendlicher Rapport).

Es soll in dieser Phase der Leitfrage nachgegangen werden, was es für Muslime bedeuten kann, dass Gott nicht ruht. (Er ist den menschlichen Schwächen nicht ausgeliefert. Gott ist Schöpfer, wie könnte er also sein und dennoch ruhen? Ruhe ist ein zeitlicher Begriff, der in der Ewigkeit und Unendlichkeit Gottes keine Bedeutung hat. Usw.)

Im biblischen Schöpfungslied in Gen 1 heißt es dagegen, dass Gott am siebten Schöpfungstag ruhte. Daraus leiten sich die Sabbat- bzw. die Sonntagsruhe ab. Der Gottesdienst, der an diesem Tag gefeiert wird, ist deshalb auch als Menschendienst zu verstehen. Die Schülerinnen und Schüler sollen die verschiedenen Gottesbilder vergleichen und die aus ihnen abgeleiteten Riten in den Kontext des Alltags und der Religion einbetten.

Dass Gott ruht, deuten Christen auch als das Ruhen in sich. Und führen in Analogie weiter, dass auch der Mensch in Gott ruhen darf. Nach dem Wort des heiligen Augustinus formuliert der indische Christ Sundar Singh: »Wie das Wasser nicht ruht, bis es die Ebene erreicht hat, so hat die Seele keinen Frieden, bis sie in Gott ruht.«

Weiterführende Literatur

Adel Theodor Khoury, Die Weisheit des Islams. Gebete und koranische Texte, Freiburg i.Br., 2006.

Muhammad Rassoul, As-Salah. Das Gebet im Islam, Köln, [7]1999.

Annemarie Schimmel, Dein Wille geschehe. Die schönsten islamischen Gebete, Kandern 2004.

Arbeitsblatt 2 ISLAM: Das Pflichtgebet

1. Der Gebetsruf (Adhan)

Gott ist größer (4)
Ich bezeuge, dass es keinen Gott außer Gott gibt (2 ×)
Ich bezeuge, dass Muhammad der Gesandte Gottes ist (2 ×)
Kommt her zum Gebet (2 ×)
**Kommt her zum Heil (2 ×)*
Gott ist größer (2 ×)
Es gibt keinen Gott außer Gott.

* An dieser Stelle wird im Adhan zum Morgengebet eingefügt: Gebet ist besser als Schlaf (2 ×)

– *Überlegen Sie, mit welcher Intention der Gebetsruf sowohl allgemein vom Minarett als auch persönlich zu Beginn des rituellen Gebetes rezitiert wird.*

2. Das Grundgebet

Die Eröffnungssure des Korans, die Sure Al-Fatiha, ist das Grundgebet des Islams schlechthin. Sie wird bei jedem Gebet rezitiert:

Im Namen Gottes, des Allerbarmers, des Barmherzigen, aller Lobpreis
gebührt Gott, dem Herrn der Welten, dem Allerbarmer, dem Barmherzigen,
dem Herrscher am Tage des Gerichts.
Dir allein dienen wir und Dich allein flehen wir um Hilfe an.
Leite uns den rechten Pfad, den Pfad derer,
denen Du gnädig bist, nicht derer, denen Du zürnst
und nicht derer, die in die Irre gehen.

3. Bedingungen für ein gültiges Gebet

- rituelle Reinheit (Waschung)
- ausreichende Bekleidung
- Sauberkeit des Ortes
- Absichtserklärung
- bestimmte Gebetszeit
- Ausrichtung in Richtung Mekka

3.3 Das Kopftuch

Zeugnis der Ehrfurcht vor Gott

Empfohlene Jahrgangsstufe: 7–10

Mögliche Verknüpfung:
2.4 Die Kippa – Zeugnis der Gottesfurcht
4.1 Das Bindi – Zeugnis für Segen und Schutz

Thema der Stunde: Was wird behandelt?
Das Kopftuch – Gegenstand islamischer Gewohnheiten, kultureller Einflüsse und politischer Interessen

Angestrebte Kompetenzen: Welche Fähigkeiten sollen Schülerinnen und Schüler am Zeugnis zeigen können?
Die Schülerinnen und Schüler benennen die aus dem Koran abgeleiteten Gebote und erklären deren individuell verpflichtenden Charakter für den jeweiligen Muslim (insbesondere hier für die jeweilige Muslima).

Im Einzelnen: die Schülerinnen und Schüler

- erklären die einschlägigen Koranstellen und deren Interpretationsmöglichkeiten.
- beschreiben den Wert der verschiedenen islamischen Bekleidungsvorschriften für Frauen und Männer.
- setzen das Kopftuch in Verbindung zu religiösen Kleidungsvorschriften im Judentum (z.B. Kippa) und Christentum (z.B. Kopftuch, Ordenstracht, Abnehmen der Kopfbedeckung für Männer in der Kirche).
- erörtern die Problematik des Kopftuchs mit Blick auf seine gesellschafts- und integrationspolitische Wirkung.

Verschiedene Kopftücher

Das Zeugnis: Was muss man als Lehrerin oder Lehrer über das Kopftuch wissen?

Es ist an dieser Stelle in Erinnerung zu rufen, dass sich die islamische Systematik in Theologie, Recht und Wohlverhalten einteilt. Unter diesen drei Aspekten kann das Kopftuch betrachtet werden:

- Was sagt die Haltung zum Kopftuch über die Gottesvorstellung aus?
- Wie wurde das islamische Recht auf die Bedürfnisse der konkreten Situation der betroffenen Frauen angewendet?
- In welchem kulturellen und politischen Kontext kann das Tragen des Kopftuches akzeptiert werden oder inakzeptabel sein?

Die einschlägigen Koranstellen finden sich in Sure 24,31 und Sure 33,59. Die Exegese muss verschiedene Aspekte einbeziehen. Tatsächlich setzt die Debatte schon bei der Wortbedeutung der arabischen Begriffe bei diesen und auch bei anderen Koranstellen ein. Von Brusttuch über Gesichtsschleier bis Vorhang (des Beduinenzeltes) reichen die Varianten in unserem Fall. Es muss außerdem geklärt werden, ob sich andere Verse, die im Bezug zu den genannten Referenzstellen stehen, im Koran finden lassen und wie sie zeitlich in die Offenbarungsphasen einzuordnen sind. Wurden sie von Muhammad in einer früheren Phase übermittelt als die Referenzstelle, gelten sie damit juridisch als abrogiert, d.h. außer Kraft gesetzt? Umgekehrt können andere Stellen, wenn sie später liegen, die Aussagekraft der Referenzstelle schwächen. Im nächsten Schritt muss überprüft werden, in welchen Kontext die Koranstelle gesprochen wurde. Es geht um den Sitz im Leben. Das lässt sich mit der Spruchweisheitenliteratur (arabisch *Hadithe*) klären. Daraus werden die Adressaten und der Offenbarungsanlass, d.i. meist die Aussageabsicht einschließlich der Offenbarungskonditionen, deutlich. Beispielsweise könnte sich Sure 33,59 tatsächlich nur an die Frauen Muhammads richten, was aber mit dem Anspruch des Korans als ewiges Wort Gottes nicht verträglich erscheint. Schließlich müssen in der wissenschaftlich betriebenen Exegese die Spruchweisheiten auf ihre Überlieferer überprüft werden, um argumentativ schwache Hadithe auszusortieren.

Das Kopftuch wird im Westen zwar oft als Symbol des Rückschritts, konservativer Engstirnigkeit oder mangelnden Integrationswillens gedeutet – aber das ist ein Klischee, das der Rolle des *Hijab* (= Kopftuch), das sich im Laufe der Zeit immer wieder stark gewandelt hat, nicht gerecht wird (vgl. Enderwitz). Kopftuch und Schleier in ihrer heutigen Form sind in der Tat ein Phänomen der Moderne und auch sehr unterschiedlich bewertbar, ein Zeichen der Repression ebenso wie des Selbstbewusstseins.

Das Kopftuch in den Medien und sein instrumentalisierter Symbolcharakter, das Kopftuch in Ägypten, dem die Zurschaustellung einer aufgesetzten Religiosität vorgehalten wird, die Klarstellung, dass man auch Glauben ohne Kopftuch im Herzen haben könne, wie sie Emel Abidin-Algan, die Tochter des Gründers der islamischen Vereinigung Milli Görüs, ausspricht und die Vermutung, das Kopftuch werde in einen Ersatzdiskurs verwickelt, der nur davon ablenkt, dass die deutsche Gesellschaft nicht bereit ist für die Integration der Muslime – all das sind Themen im Dossier der Plattform *Qantara.de,* einem Internetportal der Deutschen Welle, das sich als Digitalplattform versteht und die Kopftuchdebatte in einen intellektuellen Diskurs bringt. Dadurch ist eine wesentliche Voraussetzung für die Versachlichung der aufgeheizten Auseinandersetzungen gegeben.

Der didaktische Rahmen: Wozu ein Kopftuch einsetzen?

Die Kopftuchthematik ist der ideale Anlass dafür, auch unter sozialethischer Perspektive die gesellschafts- und integrationspolitischen Veränderungen und Maßnahmen zu diskutieren, die die Präsenz von Muslimen in Deutschland erfordert. In der Erziehung zur verantwortlichen Sexualität in der Mittelstufe kann das Beispiel des Islams dazu dienen, die Intimität erfordernden Bereiche von den öffentlich relevanten zu unterscheiden.

Die Kopftuchfrage eignet sich zur exemplarischen Anwendung der Regeln der Koranexegese und Hadithwissenschaften in der islamischen Rechtsfindung (arabisch *Fiqh*).

Die methodischen Schritte: Wie wird das Zeugnis eingeführt?

Einstieg: Die Phase der inneren Beteiligung

Zu Beginn der Stunde eröffnet die Lehrerin bzw. der Lehrer eine Diskussion mit der folgenden Frage: Warum beschäftigen wir uns in der deutschen Gesellschaft mit dem Kopftuch? Dies soll dazu dienen, dass sich die Schülerinnen und Schüler ihrer eigenen Meinung und ihrer Vorurteile bewusst werden.

Die Lehrerin bzw. der Lehrer gibt folgende Antwortoptionen, zu denen die Schülerinnen und Schüler Stellung beziehen sollen:

- Weil uns die Tücher ästhetisch abstoßen und wir nicht gewöhnt sind, dass sich jemand in dieser Weise unansehnlich kleidet.
- Weil das Kopftuch in Deutschland ein Zeichen für Fremde geworden ist und wir »fremd« und »befremdlich« oder sogar »fremd« und »feindlich« nicht wirklich auseinanderhalten.
- Weil das Kopftuchverbot an öffentlichen Schulen auch Kreuz und Ordenskleidung zu betreffen scheint.
- Weil das Menschenrecht der Religionsfreiheit tangiert ist, wenn eine Muslima als Beamtin Kopftuch trägt, obwohl es ihr zu tragen verboten wird.
- Weil sich das Miteinander von Staat und Religionsgemeinschaften angesichts der Präsenz von Muslimen neu ordnet.

- Weil wir als Nichtmuslime beobachten, dass Frauen in der islamischen Welt das Kopftuch ablegen, sobald äußerer Druck nachlässt, wie z.B. in Afghanistan oder im Iran.
- Weil wir als Christen mühsam lernen müssen, uns erlöst zu wissen, ohne dass wir Bedingungen auf dem Niveau von Bekleidungsvorschriften erfüllen müssen. Deshalb bringt das Beispiel des Islams unsere Entwicklung zum Stocken.

Die Lehrerin bzw. der Lehrer stellt eine weitere Frage, die dazu dient, dass sich die Schülerinnen und Schüler in muslimische Frauen hineinversetzen: Warum könnten muslimische Frauen das Kopftuch tragen wollen?

- Weil sie aus dem Koran und dessen Auslegung eine religiöse Verpflichtung erkennen.
- Weil sie eine bewusste Entscheidung für den Islam nach außen zeigen wollen gegen die Unentschiedenen, gegen die permissive Gesellschaft und gegen das eigene, vergangene Leben als Nichtmuslima, für die Bekräftigung der Konversion.

Erarbeitung I: Die Phase der Entdeckung

Die Schülerinnen und Schüler sollen die Texte des Korans, in denen er sich zur Kopfbedeckung der Frau äußert (Sure 24,30f. und Sure 33,53.59: vgl. Arbeitsblatt 3 zum Islam, S. 183), lesen und zuerst selbst versuchen, sie mit den oben genannten Leitfragen der Exegese zu verstehen. Das wird sich als schwierig, weil unergiebig erweisen. Dabei entdecken die Schülerinnen und Schüler schon beim Einstieg, dass der Koran keine fertigen Antworten geben kann.

Erarbeitung II: Die Phase der Kontextualisierung

Die Kontextualisierung lässt sich in zwei Schritten vornehmen. Vorrangig muss der Kontext der koranischen Aussage beachtet werden. Dazu dient das folgende Hadith zu Sure 33,53:

Anas ibn Malik hat gesagt: Der Prophet hatte Zainab bint Jahsch geheiratet. Er hatte mich beauftragt, die Leute zum Hochzeitsmahl einzuladen ... Sie aßen, dann gingen sie wieder ... Kurz darauf sagte der Prophet: Brecht das Mahl ab. Zainab saß in einer Ecke des Zimmers. Sie war eine Frau von großer Schönheit. Alle Gäste waren gegangen bis auf drei, die von dem Aufbruch nichts mitbekommen hatten. Sie befanden sich noch immer in dem Zimmer und diskutierten. Ärgerlich verließ der Prophet den Raum. ... Er ging durch die Wohnungen seiner Ehefrauen ... Schließlich machte er kehrt und ging in das Zimmer Zainabs zurück. Er sah, dass die drei Gäste noch immer nicht gegangen waren. Sie waren immer noch am Plaudern. Der Prophet war ein äußerst höflicher und zurückhaltender Mann ... Als er in das Brautgemach zurückkam, hatte er einen Fuß in das Zimmer gesetzt und einen draußen gelassen und in dieser Stellung zog er einen Vorhang zwischen sich und mich und in diesem Moment kam der Hijab-Vers herab.

Nach Fatema Mernissi: Der politische Harem. Mohammed und die Frauen, Freiburg 1992, 114f.

Folgende Leitfrage sollte im Laufe der Sequenz bearbeitet werden: Welche Elemente der Situationsbeschreibung sind unverzichtbar zur Einordnung der Sure 33,53? Dazu gehören:

- Das Hadith ist an eine große Öffentlichkeit gerichtet. Ganz Medina ist versammelt.
- Der Prophet Muhammad feiert seine Hochzeit.
- Die Gesellschaft hat sich aufgelöst, nur drei unaufmerksame Besucher sind verblieben.
- Muhammad wartet in den anderen Räumen, bis die Nachzügler aufbrechen.
- In der Situation des Eintretens erinnert sich Muhammad des Verses, der den Vorhang/Hijab befiehlt.

Im zweiten Schritt ist die Einbeziehung des Erfahrungskontextes der Schülerinnen und Schüler wichtig, die die Diskussion um das Tragen des Kopftuches in der Schule oder auch am Arbeitsplatz ihrer Eltern direkt erleben. Als Beispiel bietet sich hier der Gang Fereshta Ludins durch die juristischen Instanzen an. Die Debatte um das Kopftuch in seinen verschiedenen Dimensionen – politisch, juristisch, feministisch, religiös – ist in seinen unterschiedlichen Positionen auf der Homepage der Bundeszentrale für politische Bildung aufgearbeitet: http://www.bpb.de/themen/NNAABC,0,0,Konfliktstoff_Kopftuch.html.

Vertiefung: Die Phase der Reflexion

In dieser letzten Phase sollen folgende Fragen das kritische Nachdenken der Schülerinnen und Schüler anregen:

- Ist es Unwille der Mehrheitsgesellschaft, die Musliminnen zu tolerieren? (Zu bedenken ist dabei, dass die Akzeptanz im demokratischen Meinungsbildungsprozess nicht durch Gesetz und richterliches Urteil hergestellt wird.)
- Wie viel gilt die Religionsfreiheit, wenn sie zur Prävention von Konflikten eingeschränkt wird? (Wichtig ist hier: Forderung nach Unteilbarkeit der Menschenrechte erlaubt Einschränkungen nur im tatsächlichen Normenkonflikt.)

Um zu weiteren Themen über das Kopftuch hinaus zu gelangen, bietet es sich an,

- die Bedeutung der Übertragung des Vorhangs vor dem Brautgemach auf eine Kopfbedeckung vor allen fremden Männern zu ermessen und in den Zusammenhang der Sexualisierung des Umgangs der Geschlechter zu stellen.
- über Intimität im Orient und Okzident nachzudenken.

Weiterführende Literatur

Jochen Bauer, Konfliktstoff Kopftuch. Eine thematische Einführung in den Islam, Mülheim 2001.

Sabine Enderwitz, »Kopftuch ist nicht gleich Kopftuch!« (unter http://de.qantara.de/webcom/show_article.php/_c-548/_nr-17/_p-1/i.html)

Muhammad Rassoul, Handbuch der muslimischen Frau, Köln 1996.

Michael Bochow/Rainer Marbach (Hgg.), Homosexualität und Islam, Hamburg 2003.

Das Portal qantara.de bietet ein ausführliches Dossier zur »Kopftuchfrage« unter: http://de.qantara.de/webcom/show_article.php/_c-548/i.html.

Arbeitsblatt 3 ISLAM: Was sagt der Koran zur Kopfbedeckung der Frau

Aus Sure 24 – Das Licht (al-Nur)

24 30 Sprich zu den gläubigen Männern, sie sollen ihre Blicke senken und ihre Scham bewahren. Das ist lauterer für sie. Gott hat Kenntnis, was sie machen.
31 Und sprich zu den gläubigen Frauen, sie sollen ihre Blicke senken und ihre Scham bewahren, ihren Schmuck (d.h. die Körperteile an denen sie Schmuck tragen) nicht offen zeigen, mit Ausnahme dessen, was sonst sichtbar ist. Sie sollen ihren Schleier auf den Kleiderausschnitt schlagen und ihren Schmuck nicht offen zeigen, es sei denn ihren Ehegatten, ihren Vätern, den Vätern ihrer Ehegatten, ihren Söhnen, den Söhnen ihrer Ehegatten, ihren Brüdern, den Söhnen ihrer Brüder und den Söhnen ihrer Schwestern, ihren Frauen, denen, die ihre rechte Hand besitzt, den männlichen Gefolgsleuten, die keinen Trieb mehr haben, den Kindern, die die Blöße der Frauen nicht beachten. Sie sollen ihre Füße nicht aneinanderschlagen, damit man gewahr wird, was für einen Schmuck sie verborgen tragen. Bekehrt euch allesamt zu Gott, ihr Gläubigen, auf dass es euch wohl ergehe.

Aus Sure 33 – Die Parteien (al-Ahzab)

33 53 (...) Und wenn ihr die Frauen des Propheten um einen Gegenstand bittet, so bittet sie von hinter einem Vorhang. Das ist reiner für eure Herzen und ihre Herzen. (...)

59 O Prophet, sag deinen Gattinnen und deinen Töchtern und den Frauen der Gläubigen, sie sollen etwas von ihrem Überwurf über sich herunterziehen. So ist am ehesten gewährleistet, dass sie erkannt und nicht belästigt werden.

Islamische Auslegungsweisheit

Am 31. Dezember 2003 war es in Kairo zu einem Treffen des französischen Innenministers und Scheich Al-Azhar Dr. Tantawi gekommen, um die Problematik des Kopftuchtragens in Frankreich zu erörtern. In diesem Zusammenhang sprach Tantawi vom Prinzip der »Position der Gezwungenen« = *Hukm Al-Mudtarra*, d.h. auch unter der Voraussetzung, das Kopftuch wäre eine islamische Pflicht, hätten die Musliminnen in Frankreich nach diesem Lehrsatz ihr Kopftuch gerechtfertigt ablegen können. Dieses Prinzip ist eine wesentliche islamische Weisheit. Sie lautet: Der Glaube soll das Leben erleichtern und nicht erschweren – *al-Din yusr wa laisa usr.*

3.4 Die Gebetskette

Zeugnis der Einheit und Vielfalt

Empfohlene Jahrgangsstufe: 5–7

Mögliche Verknüpfung:
1.4 Der Rosenkranz – Zeugnis der Marienverehrung
2.1 Der Tallit und die Tefillin – Zeugnisse des Erinnerns
5.4 Die Gebetsmühle – Zeugnis der rechten Versenkung

Thema der Stunde: Was wird behandelt?
»Die 99 Schönen Namen Gottes «– Gottes Einheit in seinen vielfältigen Eigenschaften

Angestrebte Kompetenzen: Welche Fähigkeiten sollen Schülerinnen und Schüler am Zeugnis zeigen können?
Die Schülerinnen und Schüler deuten die Gebetskette als ein Hilfsmittel für religiöse Übungen der Muslime.

Im Einzelnen: Die Schülerinnen und Schüler
- lernen drei arabische religiöse Lobpreisformeln kennen.
- skizzieren das Gottesbild des Islams als radikal monotheistisch.
- beschreiben die Allmacht Gottes in der islamischen Systematik über seine nach menschlichen Kategorien negativen und widersprüchlichen Eigenschaften.
- beschreiben andere Frömmigkeitsübungen der muslimischen Mystiker.
- setzen die Gebetskette in Bezug zum Rosenkranz.

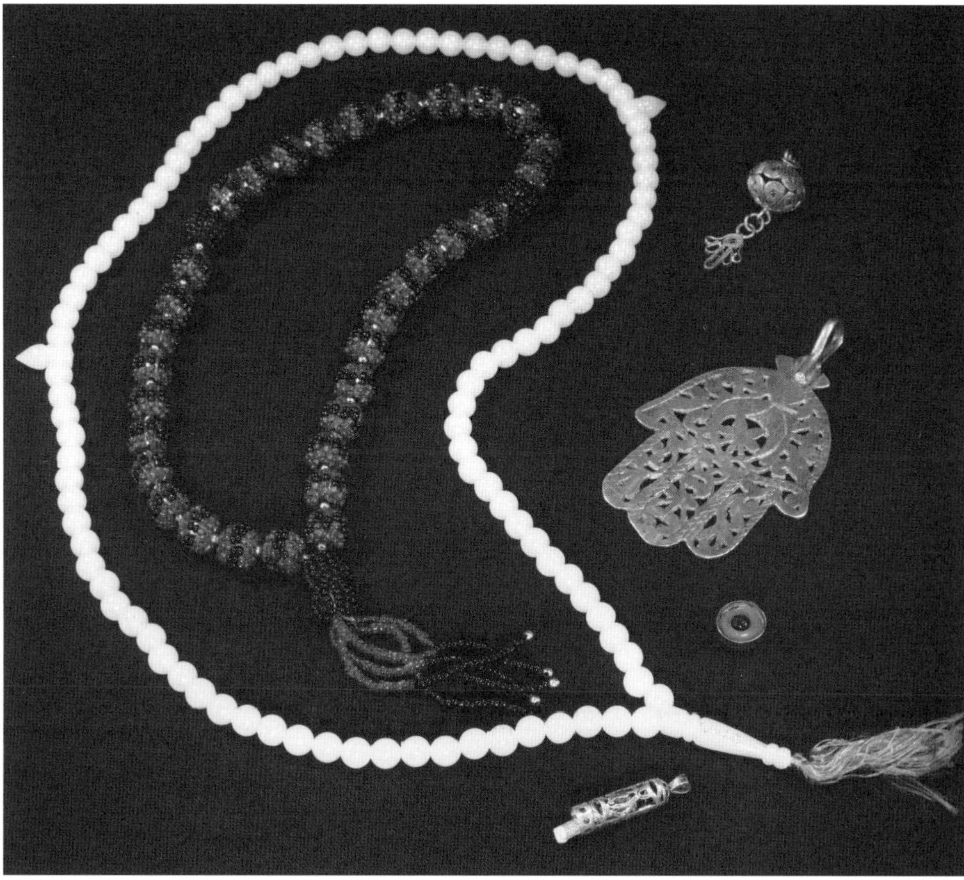

Gebetsketten zum Beten der 99 Schönen Namen Gottes und weitere Gegenstände der Volksfrömmigkeit: die Hand der Fatima, das Blaue Auge und oben und unten ein kleines Schutzamulett, das ein mit Koranversen beschriebenes Papierröllchen enthält.

Das Zeugnis: Was muss man als Lehrerin oder Lehrer über die Gebetskette wissen?

Unter Muslimen wird die Erzählung weitergegeben, dass eine alte Frau sich zum Beten der 99 Schönen Namen Gottes (arabisch *Al-asma'al-husna*) als Hilfsmittel Dattelkerne bereitgelegt habe. Der Prophet des Islams, Muhammad, soll das Geschehen beobachtet haben und der alten Frau ihren Trick weder verboten noch besonders empfohlen haben. Daraus wurde geschlossen, dass die Gebetskette (arabisch *Subha* oder *Tasbih*) mit ihren 99 Perlen schon auf die Lebenszeit Muhammads zurückgeht und dass Muhammad nichts dagegen einzuwenden hatte.

Die Aufzählung der 99 Schönen Namen Gottes geht auf den Koran zurück. Das Geheimnis Gottes erschließt sich dem Menschen nicht. Deshalb weisen die meisten Gebetsketten mit ihren 33 oder 99 Perlen eine große, das Band zur Kette schließende Perle auf, doch ist die hundertste Perle weder aus dem Koran abzuleiten noch einem Menschen bekannt. Die Verehrung für Muhammad will, dass er das Geheimnis gekannt habe, es jedoch den Menschen nicht anvertrauen wollte. Um es dennoch nicht für sich zu behalten, soll er den 100. Namen seinem Kamel ins Ohr geflüstert haben, das sich seither bekannt hochnäsig gibt.

Der Islam versteht sich selbst als die Religion der Einheit. Der Religionswissenschaftler Thomas Mooren bezeichnet den Islam als »radikalen« Monotheismus.

Der islamische Theologe Fazlur Rahman Ansari fasst diese Überzeugung in folgende Thesen (vgl http://www.nfie.com/ansari.html):

- Der Islam ist die Religion der Einheit, weil er Gott keine anderen Götter beigesellt.
- Der Islam ist die Religion der Einheit, weil er Gott als den einen Schöpfer des Universums bekennt und deshalb in der Schöpfung (s)ein einziges Gesetz erkennt.
- Der Islam ist die Religion der Einheit, weil er darauf baut, dass Gott eine einzige Menschheit erschaffen hat, die in ihrer Vielfalt keine Rangunterschiede behauptet.
- Der Islam ist die Religion der Einheit, weil das göttliche Wort alle Propheten einheitlich leitet.
- Der Islam ist die Religion der Einheit, weil er trotz der unterschiedlichen Funktionen der Geschlechter deren Gleichheit vor Gott anerkennt.
- Der Islam ist die Religion der Einheit, weil er Klassenunterschiede durch Maßnahmen des Wohlfahrtsstaates ausgleichen will.
- Der Islam ist die Religion der Einheit, weil er die Unterscheidung zwischen säkular und religiös, zwischen Diesseitigkeit und Jenseitigkeit aufhebt und das islamische Leben in allen Bereichen regelt.

Arbeitsblatt 4 ISLAM: Die 99 Schönen Namen Gottes

Die Tradition der 99 schönen Namen Gottes geht auf den Koran selbst zurück. Dort heißt es in Sure 7,180: »Gott gehören die schönsten Namen. So ruft ihn damit an und lasst die stehen, die über seinen Namen abwegig denken.«
Auf diese Weise regt der Koran an, Gott mit diesen Namen, die auch im Koran zu finden sind, anzurufen.

1	Ar-Rahmân	Der Gnädige, der Wohltätige, der Mitleidsvolle
2	Ar-Rahîm	Der Gnadenreiche
3	Al-Malik	Der König, der souveräne Herr
4	Al-Quddûs	Der Heilige
5	As-Salâm	Der Friede
6	Al-Mu'min	Der Bewahrer des Glaubens, der Getreue
7	Al-Muhaymin	Der Beschützer, der Hüter
8	Al'Azîz	Der Mächtige
9	Al-Jabbâr	Der Zwingende
10	Al-Mutakabbir	Der Erhabene, der Großartige
11	Al-Khâliq	Der Schöpfer
12	Al-Bari'	Der, der aus dem Nichts erschafft
13	Al-Musawwir	Der Gestalter
14	Al-Ghaffâr	Der Vergebende
15	Al-Qahhâr	Der Unterwerfer, der Allmächtige, der Besieger
16	Al-Wahhâb	Der Verleiher
17	Ar-Razzâq	Der Geber, der Erhalter
18	Al-Fattâh	Der Öffner, der Befreier, der Richter
19	Al-'Alîm	Der Allwissende, der Wisser
20	Al-Qâbid	Der Zügler, der Verweigerer
21	Al-Bâsit	Der Gewährer, der Mehrer, der Verbreiter
22	Al-Khâfid	Der Herabsetzer
23	Ar-Râfi'	Der Erheber
24	Al-Mu'izz	Der Ehrende, der Stärkende
25	Al-Mudhill	Der Entehrende, der Demütigende
26	As-Sami'	Der Allhörende, der Hörer
27	Al-Basîr	Der Allsehende, der Wahrnehmende
28	Al-Hakam	Der Richter
29	Al-'Adl	Der Gerechte, der Ausgleichende
30	Al-Latîf	Der Edle, der Anmutige
31	Al-Khabîr	Der Bewusste
32	Al-Halîm	Der Zurückhaltende, der Milde
33	Al-'Azîm	Der Großartige, der Ungeheure

34	Al-Ghafûr	Der Vergebende
35	Ash-Shakûr	Der Dankbare, der Vergelter des Guten
36	Al’Ali’	Der Hohe, der Erhabene
37	Al-Kabîr	Der Große
38	Al-Hafîz	Der Erhalter, der Beschützer, der Hüter
39	Al-Muqît	Der Ernährer, der Erhalter, der Stärkende
40	Al-Hasîb	Der Abrechner
41	Al-Jalîl	Der Majestätische
42	Al-Karîm	Der Gütige, der Großzügige
43	Al-Raqîb	Der Beobachtende, der Beobachter
44	Al-Mujîb	Der Verantwortliche, der Zuhörende (beim Gebet)
45	Al-Wasi’	Der Weite und Raum gibt, der Allumfassende, der Universelle
46	Al-Hakîm	Der Weise
47	Al-Wadûd	Der Liebende
48	Al-Majîd	Der Ruhmreiche
49	Al-Ba’ith	Der Erwecker (von den Toten)
50	Ash-Shahîd	Der Zeuge
51	Al-Haqq	Die Wahrheit
52	Al-Wakîl	Der Bevollmächtigte, der Anwalt, der Stellvertreter
53	Al-Qawî	Der Starke
54	Al-Matîn	Der Feste, der Stetige
55	Al-Walî	Der beschützende Freund, der Patron
56	Al-Hamîd	Der Lobenswerte
57	Al-Muhsî	Der Buchführer, der Rechnende
58	Al-Mubdi’	Der Hervorbringer, der Erzeuger
59	Al-Mu’îd	Der Wiederinstandsetzer, der Wiederhersteller
60	Al-Muhyî	Der Beschleuniger
61	Al-Mumît	Der Verursacher des Todes, der Zerstörer
62	Al-Hayy	Der ewig Lebende, der Lebendige
63	Al-Qayyum	Der Ewige, der sich selbst Erhaltende
64	Al-Wâjid	Der Glanzvolle, der Edle
65	Al-Mâjid	Der Ruhmreiche
66	Al-Wâhid	Der Einzigartige

Die 99 Schönen Namen Gottes in arabischer Kalligrafie

67	Al-Ahad	Der Eine
68	As-Samad	Die ewige Hilfe für die Schöpfung
69	Al-Qâdir	Der Fähige, der Begabte
70	Al-Muqtadir	Der Vorherrschende, der Mächtige
71	Al-Muqaddim	Der Beförderer, der Vorwärtsbringer
72	Al-Mu'akhkhir	Der Verzögerer, der Hinderer, der Verschiebende
73	Al-Awwal	Der Erste
74	Al-Âkhir	Der Letzte
75	Az-Zâhir	Der Manifeste, der Äussere
76	Al-Bâtin	Der Verborgene, der Innere
77	Al-Wâlî	Der Regent
78	Al-Muta'âli	Der Hohe Erhabene
79	Al-Barr	Der Rechtschaffene
80	At-Tawwâb	Der, der die Reue entgegennimmt, der Mildernde
81	Al-Muntaqim	Der Rächer
82	Al-'Afû	Der Vergeber, der Entgegenkommende, der Milde
83	Ar-Ra'ûf	Der Mitleidsvolle
84	Mâlik Al-Mulk	Der Inhaber der Souveränität
85	Dhul-Jalâli Wal-Ikrâm	Der Herr der Majestät und der Güte
86	Al-Muqsit	Der für Gerechtigkeit Sorgende
87	Al-Jâmi'	Der Sammler, der Versammler
88	Al-Ghanî	Der, der sich selbst genug ist, der Reiche, der Unabhängige
89	Al-Mughni	Der Bereicherer
90	Al-Mâni'	Der Zurückhalter, der Verhinderer
91	Ad-Dâr	Der Erzeuger der Not
92	An-Nâfi'	Der Hilfreiche, der Begünstigende
93	An-Nûr	Das Licht
94	Al-Hâdî	Der Führer
95	Al-Badî'	Der Schöpfer, der Erfinder, der Unvergleichliche
96	Al-Bâqî	Der ewig Währende, der Dauernde
97	Al-Wârith	Der Erbe
98	Ar-Rashîd	Der Führer zum rechten Weg, der Leiter
99	As-Sabûr	Der Geduldige

Die lange Liste der 99 Namen muss nicht jede/r Fromme auswendig lernen. Es genügt auch, Formeln des Lobpreises andächtig und konzentriert zu beten. Die Formeln lauten: »Lobpreis sei Gott« (arabisch *Subhan-Allah*), »Dank sei Gott« (arabisch *Al-hamdu li-llah*) oder »Gott ist größer« (arabisch *Allahu akbar*).

Der didaktische Rahmen: Wozu eine Gebetskette einsetzen?

Diese Einheit kann die Einführung in das Rosenkranzgebet (vgl 1.4) ergänzen und weiterführen. Außerdem kann im Oberstufenunterricht die Thematik von Monotheismus, trinitarischem Monotheismus und Polytheismus anschaulich gemacht werden. Bei der Vorstellung verschiedener Praktiken zur Vertiefung geistlicher Begegnung ist diese Einheit unbedingt zu empfehlen. In einer Unterrichtseinheit über den Islam hat diese Stunde die Funktion, den Eindruck von der Scharia-Religion, also einer über Gesetze strikt und in spirituellem Mangel rein äußerlich vollzogenen Religion, aufzubrechen.

Die methodischen Schritte: Wie wird das Zeugnis eingeführt?

Einstieg: Die Phase der inneren Beteiligung

Die Lehrerin bzw. der Lehrer geht mit der Gebetskette durch die Klasse und zeigt diese den Schülerinnen und Schülern. Es sind vielfältige Reaktionen zu erwarten, etwa: »Damit spielen die Türken immer! Das hängt bei den Muslimen am Autospiegel!« usw. Auch könnten die Schülerinnen und Schüler schnell die phänomenologische Ähnlichkeit zum Rosenkranz herstellen. An manchen Schulen sind die modernen Armbänder mit den »Perlen des Glaubens« eingeführt, auch sie sind eine Form des angeleiteten Betens.

Erarbeitung I: Die Phase der Entdeckung

Eine erste Erarbeitung erfolgt über die koranischen Quellen. Hierbei dienen folgende Leitfragen der Strukturierung: Wer ist Gott? Was heißt »Namen Gottes«? Die unten angeführten Koranverse werden laut gelesen. Mithilfe der Methode des Schriftgesprächs sollen die Schülerinnen und Schüler über die Namen Gottes ins Gespräch kommen. In der Klasse werden Plakate mit den unten aufgeführten Koranversen ausgebreitet, auf denen sie schweigend ihre Assoziationen notieren und auf andere Antworten schriftlich Bezug oder dazu Stellung nehmen. Folgende Verse werden in der Mitte der Plakate notiert:

Sure 112,1–4: *Sag: Er ist Gott, ein Einziger; Gott, ein Untrennbarer. Er hat nicht gezeugt und ist nicht gezeugt worden und keiner ist ihm gleich.*
Sure 59,22–24: *Er ist Gott, außer dem es keinen Gott gibt. Er ist es, der ...*

Anschließend stellt die Lehrerin bzw. der Lehrer folgende weiterführende Frage: An welche Adressaten richten sich vermutlich diese beide Aussagen im Koran? Theologen, Theoretiker, Christen, Neugierige, Gottsucher, Beter ...

Erarbeitung II: Die Phase der Kontextualisierung

Die Schülerinnen und Schüler erhalten in Kleingruppen eine Liste der 99 Namen – z.B. aufgeteilt in die im Islam übliche Einteilung in 3 × 33 Namen (vgl. Arbeitsblatt 4 zum Islam, S. 187–189). Sie sollen in einem ersten Schritt versuchen, die passende Überschrift bzw. Kategorie der Namen zu finden und sich die Kategorien gegenseitig nennen. Im zweiten Schritt können die Schülerinnen und Schüler auffällige, für sie verwunderliche, aber auch fehlende Namen (Eigenschaften) Gottes im Islam markieren. So fällt den Schülerinnen und Schülern in der Regel bald auf, dass Gott nicht »Vater« genannt wird. Hier bedarf es des Hinweises durch die Lehrerin bzw. den Lehrer, dass Muslime eine solche biologisch-verwandtschaftliche Bezeichnung mit der Allmacht Gottes für unvereinbar halten.

Schließlich versuchen die Schülerinnen und Schüler, die am Ende auf dem Arbeitsblatt 4 genannten drei Kurzformeln des Lobpreises auszusprechen, sich gegenseitig vorzusagen und als Ausdruck der angemessenen Haltung des Geschöpfes gegenüber seinem Schöpfer zu verstehen: Ich bin Gott unterworfen – das bedeutet das Wort »Islam« – und kann nichts anderes, als ihn dafür loben.

Vertiefung: Die Phase der Reflexion

In dieser letzten Phase soll herausgestellt werden, dass Frömmigkeitsübungen der Gotteserkenntnis dienen. Gläubige üben sich in *Dhikr* (= Gottesgedenken), in die Begegnung mit Gott ein. Der Islam kennt geistliche Übungen in Form des Fastens, der Koranmeditation und besonderer körperlicher Übungen. Die tanzenden Derwische sind ein mittlerweile auch touristisch vermarktetes und kulturell bekanntes Zeugnis. Die Symbolik des Derwisch-Tanzes ist überaus reich:

- Der schwarze Mantel symbolisiert das menschliche Leben, das uns von Gott trennt.
- Der dunkle Hut in Form eines osmanischen Grabsteins zeigt, dass wir der Vergänglichkeit unterworfen sind, die uns von Gott unterscheidet.
- Das weiße Gewand unter dem Mantel schwingt wie die reine Seele.
- Der Tanz um die eigene Achse ist das Mühen um das Bei-sich-sein.
- Der Tanz im Kreis mit den anderen drückt die Gemeinschaft aus.
- Die Musik unterstützt die Bewegung und die Meditation.
- Der Meister gibt die Worte und frommen Formeln zur Meditation auf den Weg.

Die Schülerinnen und Schüler erschließen diese Symbole, die mit Ausnahme des osmanischen Grabsteins, der dem Hut die Form gab, kulturübergreifend verständlich sind.

Das Foto S. 185 zeigt weitere Gegenstände der frommen Übungen und der Bemühungen um den Schutz Gottes. Die Hand der Fatima, die das Unheil abwehren soll, das Blaue Auge, das vor dem bösen Blick schützt und eine kleine Ampulle, die um den Hals getragen wird und den Koran in Miniaturschrift enthält. Diese Gegenstände der Volksfrömmigkeit widersprechen keineswegs dem Glauben an den einen Gott, sondern generieren in guter Verwendung den Glauben an ihn.

Weiterführende Literatur

Jürgen Frembgen, Derwische. Gelebter Sufismus, Köln 1993.

Abbas Maroufi, Die Gebetskette, Bamberg 1997.

Gabriele Mandel, Gott hat 99 Namen. Die spirituelle Botschaft des Korans, Augsburg 1997.

Annemarie Schimmel, Mystische Dimensionen des Islam. Die Geschichte des Sufismus, Köln 1985.

3.5 Der Miswak

Zeugnis der Reinheit

Empfohlene Jahrgangsstufe: 9–11

Mögliche Verknüpfung:
4.5 Die Lotusblüte – Zeugnis der Reinheit und Erleuchtung
5.5 Die Almosenschale – Zeugnis der rechten Erkenntnis

Thema der Stunde: Was wird behandelt?
»Ein Zahnhölzchen« – Rituelle Reinigung im Islam. Eine Unterrichtsstunde zur Bedeutung des Vorbilds Muhammads (sunna) anhand des Miswak

Angestrebte Kompetenzen: Welche Fähigkeiten sollen Schülerinnen und Schüler am Zeugnis zeigen können?
Die Schülerinnen und Schüler erklären die Bedeutung Muhammads als Vorbild für gläubige Muslime und erläutern, warum Muslime sensibel auf Äußerungen über ihren Propheten reagieren. Die Schülerinnen und Schüler erkennen im Ritual mit dem Miswak die Dimensionen der körperlichen und der geistlichen Reinigung.

Im Einzelnen: Die Schülerinnen und Schüler

- ordnen Muhammad als historische Figur nach Christus ein und skizzieren die wichtigsten Daten seiner Biografie.
- geben die Vielfalt der Spruchweisheiten, die den Tagesablauf gläubiger Muslime individuell regeln, wieder.
- beschreiben die verschiedenen Stufen der Reinigungsrituale, Ganzkörperwaschung und kleine Waschung.
- erläutern den kollektiven Protest gegen eine, wenn auch nur vermeintliche, Beleidigung des Propheten des Islams (z.B. durch Salman Rushdie oder durch die Karikaturen in der dänischen Presse), und beziehen zu diesen Ereignissen Stellung.

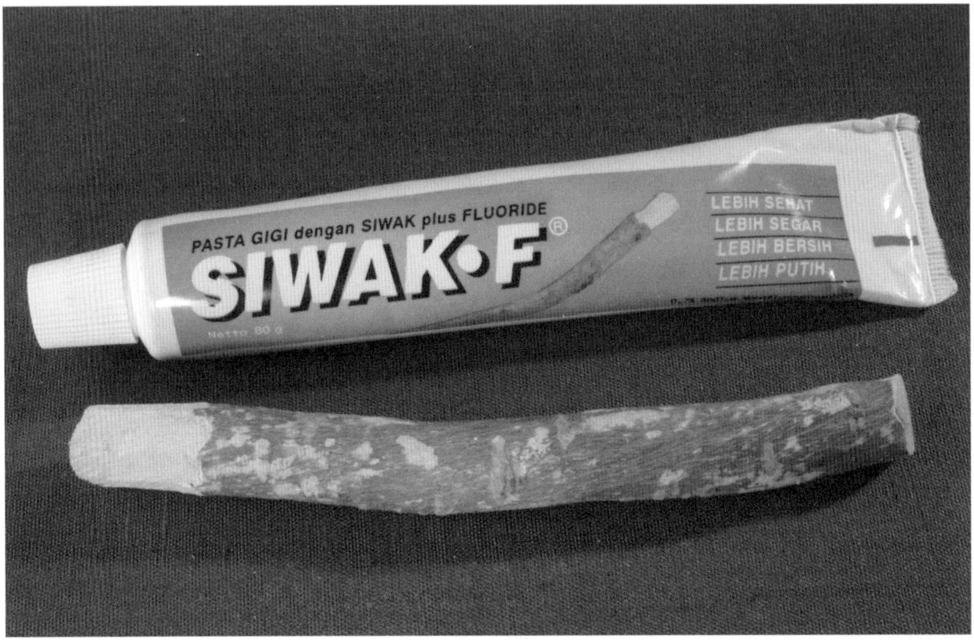

Miswak, ein Holzstäbchen zur Zahnreinigung, und Zahnpasta, die aus dem »Zahnbürstenbaum« hergestellt wird

Das Zeugnis: Was muss man als Lehrerin oder Lehrer über das Vorbild Muhammad und die rituelle Reinigung mit dem Miswak wissen?

»Wie kann man nur den Miswak in die heiligen Gegenstände des Islams aufnehmen? Wenn es erst einmal benutzt wurde, sieht es auch noch unappetitlich aus!« Soll hier der Islam wieder einmal als eine kulturell nachrangige Religion verunglimpft werden? – Diese Gedanken und möglichen (Selbst-)Vorwürfe basieren auf einer Weltsicht, die aus meiner Kenntnis Muslime nicht ungeteilt übernehmen. In Übertragung des islamischen Credos, das den Glauben an den einen Gott und seinen Propheten Muhammad formuliert, dürfen wir unterstellen, dass das Nachahmen des Vorbildes Muhammads nach dem Glauben an Gott den höchsten Stellenwert einnimmt. Meines Wissens hat Annemarie Schimmel den Begriff von der *imitatio muhammadi*, die in Pakistan, der zweiten Heimat der Orientalistin, zu den üblichen Formen individualauthentischer Frömmigkeitsübungen zählt, in die deutsche Fachliteratur eingeführt, übrigens deutlich von der *imitatio Christi* unterschieden, und dabei sogar gewagt, die Nachahmung als »heilige Handlung« zu charakterisieren. Insofern verhandeln wir hier das Zahnhölzchen nicht als heilig, sondern erweisen Muhammad die Ehre, die ihm das islamische Selbstverständnis zubilligt, und zollen dem Gebrauch des Miswak im Glauben der Muslime unseren Respekt.

Auf diese Weise soll das Zeugnis des Miswaks in diesem Baustein helfen, einen Einblick in die Biografie Muhammads zu geben und die wichtigsten Reinigungsrituale im Islam, die sich daraus ableiten, kennen und verstehen zu lernen.

Wichtige Daten aus Muhammads Biografie

570 n.Chr.: Die Daten über die Kindheit und Jugend Muhammads sind nicht ergiebig. Ibn Ishaq, ältester und erster Biograf Muhammads im 8. Jahrhundert, berichtet, schon vor der Geburt Muhammads sei der Vater verstorben, die Mutter wenige Jahre danach. So ist es wahrscheinlich, dass das Kind zu einer Amme aufs Land kam, um dort aufzuwachsen, später muss wohl der Großvater Abd al-Muttalib Verantwortung übernommen haben.

In die Zeit auf dem Land fallen für die Bestätigung des Prophetentums wichtige durch Legenden ausgeschmückte Ereignisse. Man (und Ibn Ishaq) sagt, Muhammad habe in seiner Kindheit die Aufgabe eines Hirten wahrgenommen, ähnlich wie der Übermittler einer der Vorgängerschriften, David, dem die Psalmen zugeschrieben werden. Außerdem sei ihm, so ebenfalls von Ibn Ishaq überliefert, von zwei »Engeln« die Brust geöffnet, das Herz entnommen und in fließendem Wasser gereinigt, dann wieder eingesetzt und die Brust verschlossen worden. Diese Aktion soll – im Bild gesprochen – das reine Herz bewirkt haben, in das der Engel bei der Verkündigungsszene den Koran gedrückt habe. Für unser Unterrichtsstundenziel, den islamischen Begriff der Reinheit zu erfassen, ist diese Legende überaus relevant.

Nachdem Muhammad seinem Onkel Abu Talib (Sure 93,6–8) anvertraut worden ist, erlernt er dessen Beruf des Kaufmanns und begleitete die Karawanen. Auf diese Weise wird er wohl auch die Religionen, auf die er sich später beziehen wird, besser kennengelernt haben, als es ihm in Mekka hätte gelingen können. Auf einer dieser Reisen ereignet sich die Begegnung mit dem Mönch Bahira, der aufgrund seines Studiums heiliger Texte an Muhammad die Kennzeichen des Prophetentums feststellen will.

595 n.Chr.: Chadidscha, die Witwe eines Karawanen-Fuhrunternehmers, macht Muhammad schließlich einen Heiratsantrag, den der etwa 25-Jährige trotz des höheren Alters der Braut annimmt. Aus der Ehe gehen vier Töchter, auch Fatima, spätere Ehefrau des Rechtgeleiteten Kalifen Ali, hervor. Nun kann sich Muhammad in der mekkanischen Gesellschaft etablieren, wichtige Voraussetzung für seine spätere Rolle als Mahner und Warner. Die Ernsthaftigkeit der Religiosität wird durch die gesellschaftliche Anerkennung befördert. Die wirtschaftliche Absicherung ermöglicht es Muhammad nach dem Vorbild der Mönche Zeiten der Meditation und des Rückzugs aus dem Alltag wahrzunehmen.

610 n.Chr.: Muhammads Berufung zum Propheten geht eine Zeit des persönlichen, aber auch gesellschaftlichen Umbruchs voraus. Geistliche Unruhe und geistige Unzufriedenheit mit der Vielgötterei, die in Mekka an der Kaaba praktiziert wird, gehen einher mit Veränderungen wie der für das Wirtschaftsleben einschneidenden Umstellung vom Tausch- auf den Geldhandel. Entsprechend der Gewohnheit, sich im Monat Ramadan in die Einsamkeit zurückzuziehen, erfährt Muhammad die erste Vision am Berg Hira in der später so genannten »Nacht der Bestimmung« (Sure 96,1–5). An diese Szene und manche Anspielungen des Korans, wie auch in Sure 12,3, knüpft die fromme Vorstellung an, Muhammad sei Analphabet gewesen. Es wäre für einen Dichter und Kaufmann, der Muhammad bekanntermaßen war, unwahrscheinlich, des Lesens unkundig zu sein. Die koranische Aussage will wohl als Hinweis auf den Offenbarungscharakter verstanden werden.

Muhammad soll wohl unsicher auf den Anruf Gottes reagiert haben und zuerst in der Familie für die Reform der Religion geworben haben. Seine erste Anhängerin wird seine Frau Chadidscha. Die Predigt vom Glauben an den einen Gott und die Androhung des Gerichts, die Muhammads öffentliches Auftreten prägen, finden in Mekka wenig Anklang. Zu gut gehen die Geschäfte mit den Kaufleuten, die auf der Handelsroute in den Jemen in Mekka Station machen und den vielen Göttern, die dort an der Kaaba verehrt werden, ihr Opfer bringen. (Die Parallele zu Paulus, der in Ephesus den Silberschmieden das Devotionaliengeschäft zu ruinieren drohte, drängt sich auf.) Zudem hatten die Mekkaner keinen Grund, von den Göttern der Väter abzufallen, sie schienen damit zufrieden.

615 n.Chr.: Doch Muhammad predigt auch die Gleichheit aller Menschen vor Gott, die durch nichts aufgebrochen werden könnte als die Unterschiede in der Frömmigkeit. Die Sorge um soziale Verwerfungen fördert den Widerstand der gehobenen Schichten. Muhammad muss seine ersten Anhänger in Sicherheit bringen und organisiert die Auswanderung einer kleinen Gruppe nach Abessinien.

619 n.Chr.: Im sogenannten »Jahr der Trauer«, 619, sterben Chadidscha und Abu Talib, die beide ihre schützende Hand über Muhammad gehalten hatten. Die Situation wird hoffnungslos. Muhammad versucht an diesem Tiefpunkt der Erfüllung seiner Vision vom Prophetentum nach Ta´if auszuweichen, scheitert jedoch. Über ein Jahr vor der Auswanderung Muhammads nach Yathrib (heute: Medina) verortet die Sira-Literatur die Nachtreise nach Jerusalem und den Aufstieg in den Himmel. Da die beiden Ereignisse im Laufe der Zeit aneinandergereiht wurden, ist für den Aufstieg in den Himmel oft der Felsendom in Jerusalem genannt worden. Die Bedeutung dieser Reisen, so betont es als Erste die Lieblingsfrau Muhammads, Aischa, sei rein geistlicher Natur. Der Blick auf die Schrecken der Hölle, die Begegnungen mit den Propheten der Vorgängerreligionen und schließlich die Gottesschau haben den Sinn, Muhammad als Propheten zu bestätigen. Ähnlich drückt es Abu Bakr, später Muhammads Schwiegervater und erster Kalif aus: »Ich habe ihm geglaubt, als er behauptete, die Offenbarung sei in der Nacht vom Himmel auf ihn herabgestiegen. Das ist viel größer als das, worüber ihr euch jetzt wundert.« Diese als Nachtreise (Isra und Miradsch) berühmt gewordene Erzählung lieferte den Stoff für zahlreiche Allegorien des mystischen Islam (Sufismus) und soll auch Dantes »Göttliche Komödie« beeinflusst haben.

Dass Muhammad von Jerusalem in den Himmel aufgestiegen sei, deuten Muslime normalerweise als Hinweis darauf, dass das Prophetentum von Isaak, dem Sohn Abrahams, auf dessen älteren Sohn Ismael übergegangen sei (vgl. Sure 17,1–4). Muhammad wird die Deutung später unterstreichen, wenn er nach der Auswanderung die ursprüngliche Gebetsrichtung in die nördliche Richtung nach Jerusalem schließlich in die südliche Richtung nach Mekka dreht.

622 n.Chr.: Muhammad erhält von den Bewohnern der Oase Yathrib das Angebot, ihn aufzunehmen, wenn es ihm gelingt, die zerstrittenen Stämme, zu denen auch jüdische gehören, zu befrieden. Ergebnis der Verhandlungen ist das allgemein als »Verfassung von Medina« bekannte Dokument (ebenfalls bei Ibn Ishaq übermittelt). Die Verfassung regelt auch das Zusammenleben mit den ausgewanderten Muslimen. Nun kann auch Muhammad selbst Mekka verlassen. Mit dem Jahr 622 und der sogenannten Hidschra, der Übersiedlung Muhammads nach Yathrib, beginnt die islamische Zeitrechnung. Da diese sich jedoch am Mondjahr orientiert, das 10 bzw. 11 Tage kürzer ist als die am Sonnenjahr ausgerichtete »christliche Zeitrechnung«, ist für die Umrechnung der beiden Zeitsysteme in die jeweils andere eine eigene mathematische Formel nötig.

Muhammad war ab 622 n.Chr. nicht mehr nur Prophet, Warner und Mahner. Er war durch eine Verfassung anerkanntes Oberhaupt der Umma, der islamischen Gemeinschaft, die durch ihn geleitet wurde und die seinen Anweisungen Folge leistete. Diese Erfahrung, die Konzeption der Gemeinschaft nach dem Vorbild der »Stadt des Propheten« – *madinatu-l-nabi*, wie Yathrib nun genannt wurde, sollte die islamische Staatsphilosophie künftig prägen. Die Scheidung der Lebensbereiche in »weltlich« und »geistlich« ist dem fremd. Die Anordnungen Muhammads erhalten Unterstützung durch die Autorität des Wortes Gottes. Und die Suren aus jener Zeit machen deutlich, dass alle Bereiche des menschlichen Lebens in die göttlichen Weisungen einbezogen sind.

In den Jahren nach der Hidschra nahm der muslimische Anteil der Gemeinschaft, der ursprünglich auch Heiden und Juden angehörten, immer weiter zu. Dabei ist jedoch davon auszugehen, dass ein Großteil der Konvertiten nicht unbedingt aus religiöser Überzeugung zum Islam übertrat, sondern vielmehr die Verfassungsvorteile genießen wollte; die Überlieferung spricht hier von *Munafiqun* (= Heuchler).

624 n.Chr.: Einer der Gründe für Muhammads religiöse Erfolge liegt auf militärischem Gebiet. Die Überfälle auf die Karawanen der Mekkaner gipfelten 624 n.Chr. in einem bedeutenden Sieg über deren gewaltige Streitmacht bei Badr, während ihre Angriffe auf Medina in den Schlachten von Uhud (625) und Ditch (627) zurückgeschlagen werden konnten. Diese Erlebnisse führten in der Folge zu der Vorstellung vom kleinen *Dschihad,* nach dem islamische Regierungen auch mit gewaltsamen Mitteln durchgreifen dürfen.

Muhammads wachsender Ruhm trug dazu bei, dass immer häufiger Abkommen mit den benachbarten Stämmen geschlossen wurden, die den Islam anerkannten. 628 kam es schließlich zum Abkommen von Al-Hudaybiyya mit den Mekkanern, das zur Gleichstellung der Gemeinschaft Muhammads mit der Mekkas führte. Bis 630 gelang es dann, Mekka praktisch widerstandslos einzunehmen, wodurch die Kaaba, die sich bereits zum zentralen Heiligtum des Islams entwickelt hatte, den Muslimen zugänglich wurde.

Nach der Eroberung Mekkas wurde Muhammad zum Führer fast der gesamten Arabischen Halbinsel, und die muslimischen Streitkräfte drangen bis in den Süden Syriens vor. Im Jahr 629 unternimmt Muhammad eine Wallfahrt nach Mekka, und ein Jahr später zieht er mit 10.000 Mann in die Stadt ein. Mekka wird nun zur »heiligen Stadt« des Islams erklärt, und die Kaaba, der Schwarze Stein, zum wichtigsten Heiligtum. 631 unternimmt Muhammad mit 90.000 Gläubigen seine »Abschieds-Wallfahrt« nach Mekka. Er starb am 8. Juni 632 in Medina und wurde in seinem Haus beigesetzt. Um sein Grab entstand die zweitwichtigste Moschee des Islams. Muhammad hinterließ einen Harem von neun Frauen und drei Konkubinen.

Muhammads politisches Wirken hat auch nach seinem Tod seine Spuren hinterlassen. Unter seinen Nachfolgern, den Kalifen, wurden weitere große Teile für den Islam gewonnen, und die Herrscher der Umayyaden-Dynastie in Damaskus sowie der Abbassiden-Dynastie in Bagdad errichteten ein Weltreich mit hoher Kultur und starker Ausstrahlung.

Allgemein werden die überlieferten Berichte zu Muhammads Leben innerhalb des Islams akzeptiert, bezüglich bestimmter Unstimmigkeiten und Schilderungen von Wundertätigkeit allerdings unter Vorbehalt. Im Bestreben, sein Auftreten als Prophet und seine Erfolge mit den Ergebnissen der historischen, wirtschaftlichen, politischen, sozialen und psychologischen Forschung in Einklang zu bringen, verweisen nichtmuslimische Gelehrte insbesondere auf die Bedeutung der Handelswege im westlichen Arabien, welche die sozialen Voraussetzungen für das Aufkommen einer neuen Religion schufen. Andere Gelehrte betrachteten diese Nachweise als unzureichend für eine Rekonstruktion der Ereignisse und ihrer Voraussetzungen im westlichen Arabien des 7. Jahrhunderts.

Wichtige Informationen zur rituellen Reinigung

Die Bedeutung der rituellen Waschungen erläutert Muhammad Rassoul so: »*Allah hat den Menschen mit Körper, Geist und Seele erschaffen. Der Islam trägt auch dem Körper, nicht nur dem Geist und der Seele, Rechnung und weist ihm beim Gottesdienst eine aktive Rolle zu. So ist die geistige Reinigung vor dem Gebet durch Konzentration der Gedanken auf Allah und Vermeidung aller Gedanken, die weltliche Dinge betreffen, untrennbar mit der körperlichen Reinigung verbunden. So wie der Mensch nicht als Geist allein, ohne Körper, vorstellbar ist, so kann auch die rituelle Reinheit zum Gebet nicht durch geistige Reinheit allein erzielt werden*« (Rassoul 1999, 25).

Die islamische Systematik unterscheidet zwischen zwei Waschungen vor dem rituellen Gebet: der kleinen und der großen Waschung.

Die *kleine Waschung* (arabisch *Wudu*) ist vor jedem Pflichtgebet geboten. Viele Gelehrte fordern sie auch vor dem Berühren des Korans. Sie ist im Koran verankert: »*O ihr, die ihr glaubt! Wenn ihr euch zum Gebet begebt, so wascht euer Gesicht und eure Hände bis zu den Ellenbogen und streicht über euren Kopf und (wascht) eure Füße bis zu den Knöcheln …*« (Sure 5,6).

Nach einer Überlieferung von Al-Buchari wird Wudu folgendermaßen durchgeführt: »Der dritte Khalif, Uthman Ibnu 'Affan, wusch seine Hände dreimal, dann sein Gesicht dreimal, danach wusch er seine rechte Hand und seinen Arm dreimal bis zum Ellenbogen, dann die linke Hand und den linken Arm bis zum Ellenbogen und strich über seinen Kopf. Zum Schluss wusch er seinen rechten Fuß dreimal bis zu den Knöcheln, dann seinen linken und sagte: ›*Ich habe dem Propheten bei der Gebetswaschung zugesehen und er hat sie genauso durchgeführt, wie ich es soeben tat und gesagt: Jeder, der seine Gebetswaschung auf diese Weise durchführt und dann zwei Rak'a (= Gebetseinheiten) betet, in denen er sich nur Allah widmet, dem werden seine vergangenen Sünden vergeben.*‹«

Im Ablauf der Waschung erwähnen die Lehrbücher an zweiter Stelle das dreimalige Ausspülen des Mundes. Und Muhammad Rassoul ergänzt: »*Es ist empfehlenswert, jedoch nicht Pflicht, sich dabei auch die Zähne zu putzen, und zwar mit der Zahnbürste, einem Miswak oder mit einem Finger der rechten Hand, indem man damit kräftig über die Zähne reibt. Unser Prophet benutzte es (den Miswak) und wies häufig auf die Wichtigkeit hin, die Zähne zu putzen*« (ebd., 30).

Die *große Ganzkörperwaschung* ist geboten bei Konversion zum Islam, an einem Verstorbenen, zum Ende der Menstruationsblutungen, nach Ejakulation und Geschlechtsverkehr.

Der didaktische Rahmen: Wozu einen Miswak einsetzen?

Ausgehend vom Vorbild Muhammads und dem daraus entstandenen Gebot, den Miswak zu benutzen, bieten sich zwei Richtungen an, um den Einsatz des Zeugnisses thematisch einzubinden. Einerseits kann der Prophet des Islams als Vorbild und Idol zum Vergleich mit anderen Vorbildern und Heiligen sowie mit Prophetenkonzeptionen herangezogen werden, auch unter der Fragestellung, was ein Leben gottgefällig macht. Andererseits ist die Thematik der Reinigung geeignet, das Verhältnis von Körper und Geist im Islam mit dem anderer Religionen zu vergleichen.

Die methodischen Schritte: Wie wird das Zeugnis eingeführt?

Einstieg: Die Phase der inneren Beteiligung

Die Lehrerin bzw. der Lehrer legt einen Miswak auf einen Tisch in der Mitte der Klasse. Die Schülerinnen und Schüler werden aufgefordert, den Gegenstand zu beschreiben und Spekulationen darüber anzustellen, wozu dieses Zeugnis wohl verwendet wird: Was ist das Besondere an diesem Hölzchen? Wisst ihr, wofür man ein solches Hölzchen braucht?

Erarbeitung I: Die Phase der Entdeckung

Nur wenigen Schülerinnen und Schülern dürfte dieses Süßholzstöckchen, der Miswak, aus eigener Anschauung bekannt sein. Es mitzubringen, am besten zusammen mit der Zahnpasta, die daraus inzwischen hergestellt wird (denn das Holz des »Zahnbürstenbaums« enthält in der Tat eine Reihe zahnpflegender Substanzen, u.a. einen hohen Anteil an Fluorid; siehe dazu Bild S. 194), löst sicher Verwunderung und Interesse aus. Die innere Beteiligung an den Riten der Waschung ist in der Übertragung auf die Riten in der katholischen Kirche leicht herzustellen (Weihwasser; Fußwaschung in der Gründonnerstagsliturgie). Folgende Leitfragen können das Unterrichtsgespräch strukturieren:

- Was heißt das für den Glaubensvollzug, wenn sich Muslime sogar in ihrer Dentalhygiene am Vorbild ihres Propheten orientieren können?
- Welche Symbole und Symbolhandlungen kennen die Religionen, um Reinheit zu signalisieren?

Erarbeitung II: Die Phase der Kontextualisierung

Im folgenden Unterrichtsgespräch ist die Klärung folgender Leitfragen sinnvoll: Warum vollziehen Muslime diese ausführliche Hygiene? Was steht über die Waschungen Muhammads im Koran geschrieben? Wie wird Reinheit im Islam definiert?

Je nach Altersstufe und Konfession können auch die unterschiedlichen Vorstellungen von Reinheit (moralisch, körperlich) angesprochen werden.

Vertiefung: Die Phase der Reflexion

Nach gängiger christlicher Auffassung ist Reinheit nicht als Gegensatz zu einer äußerlichen Verschmutzung, sondern zur inneren Verunreinigung zu verstehen. Nicht, was von außen in den Menschen eingeht, verunreinigt ihn, sondern was aus dem Menschen herauskommt, macht ihn unrein. Ziel ist daher die Reinheit des Herzens. Jesus sagt im Matthäus-Evangelium:

»Begreift ihr nicht, dass alles, was durch den Mund (in den Menschen) hineinkommt, in den Magen gelangt und dann wieder ausgeschieden wird? Was aber aus dem Mund herauskommt, das kommt aus dem Herzen und das macht den Menschen unrein. Denn aus dem Herzen kommen böse Gedanken, Mord, Ehebruch, Unzucht, Diebstahl, falsche Zeugenaussagen und Verleumdungen. Das ist es, was den Menschen unrein macht; aber mit ungewaschenen Händen essen macht ihn nicht unrein.«

Mt 15,17–21

So können die Christen auch mit Menschen in Kontakt treten, die nach der Auffassung anderer Religionen verunreinigende Wirkung haben, oder Handlungen, wie den Geschlechtsverkehr vollziehen, ohne dass danach eine rituelle Reinigung (abgesehen von hygienischen Gesichtspunkten) geboten wäre.

Mithilfe dieser Informationen können die Schülerinnen und Schüler die Positionen zur Gewichtung der rituellen Reinheit miteinander vergleichen und kritisch hinterfragen, ob in den Reinheitsvorschriften des Islams (und des Judentums) nicht auch eine Entlastung und Verschiebung von moralischer Verantwortung auf vorgeschriebene Riten hin angeboten wird. Andererseits können solche Rituale helfen, sich innerlich auf das Gebet vorzubereiten; sie sind also auch eine Art Reinigung der Seele und eine bewusste Vorbereitung (vgl. die Benutzung des Weihwassers am Eingang katholischer Kirchen).

Ebenso wie die Reinigungsvorschriften können auch Speisevorschriften im Islam bewertet werden, die im Koran grundgelegt sind und dem Vorbild Muhammads folgen. Von daher gewinnt auch das Interesse, das die Muslime an der Legalisierung des Schächtens haben, einen anderen Hintergrund.

Weiterführende Literatur

Gerhard Konzelmann, Das Schwert des Saladin, Frankfurt/Berlin 1992.
Annemarie Schimmel, Die Zeichen Gottes. Die religiöse Welt des Islam, München 1995.
Muhammad Rassoul, Das Gebet im Islam, Köln [7]1999.

4. HINDUISMUS

Katrin Gergen-Woll

Basisinformationen

Der Hinduismus ist die drittgrößte Weltreligion. Heute gibt es weltweit etwa 800 Millionen Hindus, die vorwiegend in Indien leben. In Deutschland leben wohl mehr als 90.000 Hindus; in Nordrheinwestfalen allein ca. 25.000 (vgl. Scherer 2003, 24) – in Hamm wurde im Juli 2002 der Sri Kamadchi Ampal Tempel als Europas größter Hindu-Tempel im südindischen Stil eröffnet.

Ein Gründungsereignis oder einen Stifter wie Christus, Abraham, Muhammad oder Buddha gibt es im Hinduismus nicht. Der Name Hinduismus leitet sich von *hindu* ab. So bezeichneten die islamischen Eroberer Indiens jeden, der nicht Muslim, Christ oder Jude war. Ursprünglich stammt das Wort *hindu* von den Persern, die damit die Siedler am Fluss Indus bezeichneten. Die britischen Kolonialherren führten um 1830 den Begriff »Hinduismus« als Religionsbezeichnung ein. Die Hindus selbst nennen ihren Glauben nicht Hinduismus, sondern *sanatana dharma,* was als »ewiges Weltgesetz« übersetzt werden kann. Scheinbar problemlos vereinigt *sanatana dharma* zahlreiche teils widersprüchliche Traditionen und Strömungen. Einige glauben an viele Götter, andere verehren nur einen Gott und betrachten ihren Glauben als Monotheismus; sie glauben an eine große Seele, Kraft oder Gottheit, genannt *Brahman,* die gestaltlos, unsichtbar und allgegenwärtig ist. Alle Götter sind dann Manifestationen dieses Gottes. Neben den vielen Göttern kennt der hinduistische Volksglaube noch eine Vielzahl von Geistern, Dämonen und hilfreichen Wesen (ebd., 38). Besonders wichtig ist die göttliche Dreigestalt (sanskrit *Trimutri*), bestehend aus den Göttern Brahma (Schöpfer), Vishnu (Erhalter) und Shiva (Zerstörer).

Die Hindus verstehen ihre Religion als die älteste der Welt, die einen kontinuierlichen Prozess ohne Anfang und Ende darstellt. Wie alt diese Religion tatsächlich ist, lässt sich nicht eindeutig sagen. Es ist nur bekannt, dass es vor rund 4000 Jahren im Indus-Tal, im Gebiet des heutigen Indien und Pakistan, eine Zivilisation gab, deren Religion eine Vorform des heutigen Hinduismus gewesen ist. Hinduismus ist also Sammelbegriff für unterschiedliche religiöse Traditionen, die sich auf die ältesten heiligen Schriften Indiens, die Veden (ca. 1200 v.Chr.), stützen (vgl. Mehta 2002, 52). Die Veden gelten als zeitlose Wahrheiten. »Veda« bedeutet übersetzt »Wissen«. Die fünf alten vedischen Sammlungen enthalten in urtümlichen Sanskrit-Versen *(rig-veda)* Lieder, Sprüche und Magie/Heilkunst. Diese Sammlungen wurden von den Brahmanen überliefert und waren nicht allgemein zugänglich. Etwas später kamen rituelle Erklärungen und mystisch-spekulative Texte, die Upanishaden, hinzu. Das Sanskrit ist bis heute Indiens heilige Sprache (vgl. Scherer 2003, 12f.). Das in Indien wohl am meisten gelesene religiöse Buch, das wie kein zweites die gesamte indische Religionsgeschichte geprägt und durchdrungen hat, ist die Bhagavadgita (= Gesang des erhabenen Herrn), ein 700 Verse umfassendes spirituelles Lehrgedicht. Sie ist Teil des indischen Nationalepos Mahābhārata (= die große Geschichte Indiens), das in insgesamt etwa 100.000 Doppelversen vom Kampf zweier verwandter Fürstenfamilien erzählt. Die Datierungsversuche schwanken, aber ein Großteil der Texte dürften im 3./2. Jahrhundert v.Chr. entstanden sein.

Hindu wird man durch (Wieder-)Geburt in eine Jati (= Geburtsgruppe; eine spezielle Kaste) innerhalb eines hochkomplexen Systems von Unterkasten und Hauptkasten, die durch Abstammung, Beruf sowie durch Bezüge zu anderen Kasten definiert werden (vgl. Meisig 2003, 157–172). Ebenso muss man als Hindu die Geltung der heiligen Schriften (Veden) und die Stellung der Priesterschaft (Brahmanen) anerkennen. Es gibt kein Aufnahmeritual in die Glaubensgemeinschaft und auch kein verbindliches hinduistisches Glaubensbekenntnis (vgl. Scherer 2003, 129). Als moderner Hindu sucht man zwischen den vielen unterschiedlichen hinduistischen Gruppierungen seinen eigenen Weg, vorzugsweise mit der Hilfe eines persönlichen spirituellen Lehrers, des Guru (vgl. ebd., 127). Ein solcher »vergöttlichter« Lehrer steht am Anfang der meisten modernen hinduistischen Sekten.

Alle hinduistischen Schulen gehen von einer Wiedergeburt aus. Die Welt, wie wir sie erleben, wird als Schein *(maya)* angesehen. Die Seele wandert durch ihr Karma endlos im Kreislauf des Werdens. Wiedergeburt bedeutet somit Verbleiben in der Welt des Werdens und des Leidens *(samsara)*. Die Seele/das Selbst *(atman)* bleibt getrennt vom Absoluten *(brahman)*, welches entweder abstrakt oder persönlich als höchster Gott (*Shiva* oder *Vishnu*) oder weibliche Gotteskraft *(shakti)* vorgestellt wird. Befreiung von der Welt *(moksha)*, das höchste Ziel, ist die Wiedervereinigung der Einzelseele mit dem Brahman, also höchste Glückseligkeit *(ananda)*. Den Platz, den ein Wesen in dieser Welt des Scheins einnimmt, wird durch seine Taten in früheren Existenzen gemäß Ursache und Wirkung bestimmt. Kaste, Reichtum, Intelligenz usw. sind selbst verantwortet.

Ritus und Rituale

Hinduistische Frauen werden schnell an dem roten Punkt in der Mitte der Stirn, dem Bindí, erkannt: Ein Bindi (= Tropfen, Punkt), ein dunkelroter Punkt, wird in die Mitte der Stirn, zwischen den Augenbrauen, mit Pulverfarbe aufgemalt oder als Aufkleber dort befestigt, wo das energetische sogenannte dritte Auge seinen Sitz hat (vgl. 4.1).

Die Wege der Befreiung aus dem Kreislauf der Wiedergeburten sind sehr unterschiedlich: Yogaübungen und Einsichtsmeditation stehen neben Gottesverehrung und Sittsamkeit.

- Hindus rezitieren häufig die heiligen Silben sogenannter Mantras (etwa die heilige Silbe OHM bzw. AUM; vgl. 4.2), und praktizieren Anrufungen der Gottheiten.
- Yoga dagegen ist ein Meditationssystem, das Körperhaltungen und Atemübungen einschließt. Heilige Schwingungen (*mantras*, vgl. oben) und symbolische Körper- und Handstellungen (*mudras*) fördern die mystische Einswerdung mit Brahman, dem Allgrund (vgl. Scherer 2003, 135).
- Yantras (sanskrit *yam* = stützen, erhalten), rituelle Diagramme, die als Repräsentation des Göttlichen in geometrischer Form in der Meditation verwendet werden, helfen dem Hindu ebenfalls bei seiner meditativen Besinnung (vgl. 4.3).
- Aber es gibt auch einen Opfer- und Götterkult: »Hindus versammeln sich im Tempel zur vergegenwärtigenden Schau der Gottheit (*darshana*): Ein Götterbild wird durch die innere hingebungsvolle Verehrung der Gläubigen zum bildlichen Sitz des Höchsten, Göttlichen. Blumen, geklärte Butter *(ghee)* und Weihrauch dienen als Opfergaben. Der Mensch erfährt in frommer Andacht die Gegenwart des Gottes oder der Göttin. In alter Zeit sicherte das tägliche vedische Opfer *(yajna)* den geordneten Lauf des Uni-

versums – ohne Opferritual *(puja)* würde die Sonne nicht mehr aufgehen« (ebd., 136f.).

- Shiva als eine der wichtigsten Formen des Göttlichen im Hinduismus, wird in Gestalt eines Linga (= Zeichen, Symbol) verehrt, eines konisch geformten Steins (vgl. 4.4).
- Die Lotusblume gilt als Symbol der Reinheit und spielt in verschiedenen Mythen und Ritualen eine entsprechende Rolle (vgl. 4.5).

Die Hindus führen ihre wichtigsten Riten zu Hause durch. Jeden Morgen sollen Hindus Richtung Osten sitzen, Wasser schlürfen und ihr Morgengebet, bestehend aus einigen Versen der Veden, sprechen. Diese sollen die Freude bei der Meditation und den Glanz der Sonne zum Ausdruck bringen. »Die alltägliche Götterbildverehrung, die *puja,* im Tempelkult wie im Hauskult ist im Grunde nichts anderes als ein Gastritual« (Meisig 2003, 149). Neben der täglichen rituellen Versorgung der Gottheiten am Hausschrein, dem Tempelritual und dem Feiern der Feste zählt die Pilgerfahrt *(trithayatra)* zu den wichtigen religiösen Aktivitäten in Indien. Es gibt viele regionale und lokale Pilgerstätten sowie sakrale Zentren, die für bestimmte hinduistische Strömungen von besonderer Bedeutung sind, weil man glaubt, dass Götter hier herabgestiegen seien. Oft sind Feste oder ein bestimmter Wunsch (z.B. Nachkommen, beruflicher Erfolg o.Ä.) Anlass für die Pilgerreise, der möglichst eine Fastenzeit vorausgehen sollte (vgl. Malinar 2009, 165–169). Eine besondere Gruppe von Pilgern bilden die Wanderasketen *(sadhus),* die bettelnd umherziehen und der Welt entsagen.

Der Hinduismus ist eine mystische Religion, es geht um Gotteserfahrung. »Das Anliegen der hinduistischen Weisen, nicht nur vom Göttlichen zu sprechen, sondern das Göttliche in sich selbst zu erfahren, schuf die großen Meditationsschulen. Die Grenzen von Ich und Du, Seele und Gottheit sollen hier ausgelöscht werden« (Scherer 2003, 74f.).

Im indischen Kastensystem sind religiöse, gesellschaftliche und wirtschaftliche Faktoren auf das engste miteinander verflochten. Dies zeigt sich in Essensregeln (Kaste als Tischgemeinschaft; Hierarchie der Nahrungsmittel und ihrer Zubereitungsart etc.) und Essensverboten, die eigentlich Kontaktverbote sind, um die rituelle Reinheit zu bewahren. Die Kaste verlangt vom Individuum in der Gemeinschaft aufzugehen. Was ein Mensch tut, ist nicht seine Privatsache, sondern fällt auf alle zurück. Der Rang einer Kaste in der gesellschaftlichen Hierarchie ist davon abhängig, für welche höhere oder niedere Kaste sie Dienste erbringt (Meisig 2003, 170f.). Eine Wasserträgerkaste z.B. kann ihr Prestige erhöhen, wenn es ihr gelingt, eine angesehenere Priesterkaste als bisher zu beliefern. Bei aller Strenge der traditionellen Regeln war und ist das Kastensystem flexibel genug, um neue Gruppen in sich aufzunehmen und sich gesellschaftlichen Veränderungen anzupassen.

Literatur zum Hinduismus

Michael Bergunder, Westliche Formen des Hinduismus in Deutschland – Eine Übersicht, Halle 2006.

Katharina Ceming, Wie fängt Glauben im Hinduismus an?, in: Katechetische Blätter 4/2009, 268–267.

Angelika Malinar, Hinduismus, Göttingen 2009.

Suketu Mehta, Hinduismus. Mythen, Götter, Heilige – und kein Dogma. Auf tausend Wegen zur Erlösung, in: GEO Wissen 29/2002: Erkenntnis – Weisheit – Spiritualität, 42–53.

Konrad Meisig, Shivas Tanz. Der Hinduismus, Freiburg 2003.

Axel Michadis, Der Hinduismus. Geschichte und Gegenwart, München 2006.

Burkhard Scherer (Hg.), Die Weltreligionen. Zentrale Themen im Vergleich, Gütersloh 2003.

Udo Tworuschka, Religionen der Welt in Geschichte und Gegenwart, Gütersloh 1992, 257–282.

4.1 Das Bindi

Zeugnis für Segen und Schutz

Empfohlene Jahrgangsstufe: 9–11

Mögliche Verknüpfung:
1.1 Das Kreuz Jesu Christi – Zeugnis der Menschwerdung Gottes
2.1 Der Tallit und die Tefillin – Zeugnisse des Erinnerns
3.3 Das Kopftuch – Zeugnis der Ehrfurcht vor Gott

Das Thema der Stunde: Was wird behandelt?
Das Bindi: Schutzzeichen oder Modeaccessoire? – Religiöse Symbole im Wandel der Zeit

Angestrebte Kompetenzen: Welche Fähigkeiten sollen die Schülerinnen und Schüler am Zeugnis zeigen können?
Die Schülerinnen und Schüler ordnen die Verwendung des Bindi ein und erklären die verschiedenen Verwendungsformen des Zeichens.

Im Einzelnen: Die Schülerinnen und Schüler
- erklären die Gestaltung und Verwendung des Bindi im Hinduismus.
- skizzieren den Wandel des Bindi-Zeichens vom Tempelsegen zum Modeaccessoire.
- vergleichen das Bindi mit Segenszeichen und Körperschmuck in anderen Religionen (z. B. dem Aschenkreuz im Christentum).

Mädchen mit Bindi

Das Zeugnis: Was muss man als Lehrerin oder Lehrer über das Bindi wissen?

Bindi ist ein Hindi-Wort und heißt übersetzt Punkt oder Tropfen, denn die Form des Pünktchens erinnert an Wassertropfen. Das Bindi – traditionell aus roter Pulverfarbe – ist ein zwischen den Augenbrauen aufgemalter Stirn-Punkt. Er wird an die Stelle gesetzt, wo das »dritte oder geistige Auge« (Stirnchakra) lokalisiert wird. Hindus glauben, dass das dritte, unsichtbare Auge wichtig für die Konzentration und der direkte Weg zum Herzen eines Menschen ist. An diesem Punkt, der auch als Ajna Chakra bekannt ist, soll das Hauptenergiezentrum des menschlichen Körpers sitzen. Roter Puder und

Sandelholz-Paste gelten als kühlend –der rote Punkt soll aus diesen Zutaten den Geist des Menschen beruhigen und klar machen. Andere tragen den roten Punkt, weil sie glauben, dass dieser das empfindliche Chakra (= Energiezentrum) schützt.

Die rote Farbe hat eine wichtige Bedeutung im Hinduismus: Rot soll Glück bringen und ist die Farbe der Shakti, also Symbol für Kraft und Macht. Bei verheirateten Hindu-Frauen soll dieser rote Punkt nicht nur sie, sondern auch ihren Gatten schützen. Für die hinduistische Ehefrau in Indien ist der Stirnpunkt ein »Muss«, ob sie ihn nun klassisch rund und rot trägt oder als selbstklebendes und farbig-ornamentales Schmuckbindi. Der rote Puder (hindi *kumkum* oder *sindur*) ist erst dann ein Zeichen für das Verheiratet-Sein der Frau, wenn sie die rote Farbe auch auf dem Scheitelansatz/Haarmittelscheitel aufträgt (vgl. Scholz 2006, 125). Das ist auch heute noch eines der Hindu-Hochzeitsrituale und wird während der Vermählung vom Mann durchgeführt. Angeblich hat im alten Indien der Bräutigam seiner Braut einen Punkt aus seinem Blut auf die Stirn gemalt. Hindu-Witwen verzichten auf das Bindi – früher war es ihnen sogar verboten. Bei der Beerdigung des Ehemanns wurde das rote Kumkum-Pulver über der Leiche verstreut und von der Stirn der Ehefrau entfernt.

Wahrscheinlich war das Bindi ursprünglich eine spezielle Form des *tilaka,* ein Segenszeichen bzw. ein hinduistischen Stirnzeichen als Mal der Religionszugehörigkeit. Diese Stirnpunkte oder Segenszeichen haben nichts mit der Kastenzugehörigkeit zu tun. Einige *tilakas* (in Sanskrit) oder *tikas* (in Hindi) weisen die Träger als besondere Verehrer bestimmter Gottheiten aus: Die Anhänger Shivas tragen oft drei weiße, waagerechte Striche aus heiliger Asche (sanskrit *Vibhuti* – Reichtum; auch *Bhasma*) auf der Stirn. Diese drei Linien repräsentieren die drei Bänder bzw. Fesseln der Seele: *anava, karma* und *maya.* Weil das Auftragen von Vibhuti die Zerstörung des Samsara und des Karma (die Summe aller Taten) darstellt, gilt es als größte Wohltat. Die heilige Asche zu tragen erinnert einen Hindu an den Tod und an die Endlichkeit der Scheinwelt. Vibhuti symbolisiert zugleich auch das Unzerstörbare im Menschen.

Jene, die Shakti verehren, bevorzugen den roten Stirnpunkt. Ein rotes, gelbes oder safranfarbenes »U« wird bei den Anhängern von Vishnu aufgetragen. Oft bekommen Frauen, Männer und Kinder solche Segenspunkte oder Segenszeichen nach einer hinduistischen Zeremonie vom Priester oder sie tragen diese als Glücksbringer; sie können ebenso aus einem schwarzen Ruß-Buttergemisch oder aus heller Sandelpaste sein.

Heute tritt die religiöse Bedeutung des Bindi immer mehr in den Hintergrund. Das Stirnmal ist eine Art modisches Accessoire geworden, so wie ein Schönheitsfleck oder Modeschmuck. Mädchen und Frauen jeden Alters, verheiratet oder unverheiratet, tragen unterschiedliche Typen von Bindis, oft farblich auf die Kleidung abgestimmt. Nach einem indischen Sprichwort vertausendfacht sich die Schönheit einer Frau, wenn sie ein Bindi trägt.

Der didaktische Rahmen: Wozu ein Bindi einsetzen?

Der Hindiusmus ist in den Lehrplänen für den evangelischen und katholischen Religionsunterricht für die 9. oder 10. Klasse in Realschule und Gymnasium vorgesehen. Mit Blick auf die Reform des Gymnasiums hin zu einem achtjährigen Bildungsgang und der dadurch veränderten 10. Klasse wird der Hinduismus im Gymnasium in Zukunft sicherlich noch eher in der 9. Klasse behandelt werden. Umso wichtiger ist es, diese komplexe Kulturreligion in Verbindung mit verständlichen Alltagselementen und bekannten Symbolen einzuführen. Das Bindi kann hierbei den Anfang machen.

Die methodischen Schritte: Wie wird das Zeugnis eingeführt?

Einstieg: Die Phase der inneren Beteiligung

Die Lehrerin bzw. der Lehrer kann die Einführung des Bindi an den Anfang einer Unterrichtseinheit zum Thema »Hinduismus« stellen. In diesem Fall bietet sich ein assoziativer Einstieg zum Thema »Indien« an. Mithilfe des Tageslichtprojektors kann die Abbildung S. 211 als Folie projiiziert werden. Außerdem schreibt die Lehrkraft den Begriff »Indien« mittig auf die Tafel und lädt die Schülerinnen und Schüler ein, ihre Einfälle und Ideen zu dem Thema zu nennen. Beim Mitschrieb der Schülerbeiträge an der Tafel kann die Lehrerin bzw. der Lehrer eine erste Zuordnung der Begriff (etwa im Sinne einer Mind-Map) vornehmen.

Erarbeitung I: Die Phase der Entdeckung

Im zweiten Schritt nimmt die Lehrerin bzw. der Lehrer das projizierte Bild näher in den Blick. Sie/er lädt die Schülerinnen und Schüler ein, das Foto zu beschreiben und das Bindi zu erklären.

Es ist zu vermuten, dass die Jugendlichen vor allem durch die Gattung des Bollywood-Films mit dieser Form weiblichen Schmucks vertraut sind und diese Beobachtungen schildern. Kenntnisse über andere Formen des Körperschmucks können genannt und diskutiert werden. Dabei sollte auch schon die Frage nach dem Sinn und Zweck solcher Schmuckelemente erörtert werden.

Erarbeitung II: Die Phase der Kontextualisierung

Die Lehrerin bzw. der Lehrer erklärt nun das Zeichen und die Praxis des Bindi im Hinduimus. Wichtig ist in diesem Schritt, dass die Veränderung der Bindi-Tradition im gesellschaftlichen Kontext aufgezeigt wird. Wurde das Bindi früher vor allem bei Tempelbesuchen an Frauen, Männer und Kinder als Segenspunkt oder Segenszeichen im Rahmen einer hinduistischen Zeremonie verteilt, so ist die religiöse Bedeutung heute vor allem im Hochzeitsritual bewahrt: Der Legende nach soll im alten Indien der Bräutigam seiner Braut einen Punkt aus seinem Blut auf die Stirn gemalt haben. Heute ist das Bindi vor allem in den Metropolen Indiens ein modisches Accessoire und indische Bindidesigns erfreuen sich in der Popkultur auch über Indien hinaus großer Beliebtheit.

Vertiefung: Die Phase der Reflexion

Im letzten Schritt nun sollen die Schülerinnen und Schüler strukturelle Parallelen zwischen dem Bindi und Symbolen aus dem Christentum herstellen: Das Aschenkreuz ist im katholisch geprägten Christentum das religiösen Zeichen des Aschermittwochs. Es ist ein Sinnbild für den sterblichen Menschen. Bußgedanke und Asche-Ritual gehören am Aschermittwoch zusammen. Der biblische Ursprung liegt in der Schöpfungserzählung. Die traditionelle Formel bei der Austeilung des Aschenkreuzes lautet: »Bedenke, Mensch, dass du Staub bist und wieder zum Staub zurückkehren wirst« (vgl. Gen 3,19: Im Schweiße deines Angesichts sollst du dein Brot essen, bis du zurückkehrst zum Ackerboden; von ihm bist du ja genommen. Denn Staub bist du, zum Staub musst du zurück). Sie kann ersetzt werden durch Mk 1,15: »Bekehrt euch und glaubt an das Evangelium« (vgl. Rotzetter 2008, 39).

Auch ein Vergleich mit Körperschmuck im Judentum (Schläfenlocken und Tefillin, vgl. 2.1) oder mit dem Islam (Kopftuch, vgl. 3.4) kann an dieser Stelle angeschlossen werden.

Weiterführende Literatur

Anton Rotzetter, Lexikon christlicher Spiritualität, Darmstadt 2008, hier der Artikel »Asche und Aschermittwoch«, 39.

Werner Scholz, Schnellkurs Hinduismus, Köln 2006.

4.2 Die heilige Silbe OHM

Zeugnis der Meditation

Empfohlene Jahrgangsstufe: 9–11

Mögliche Verknüpfung:
1.4 Der Rosenkranz – Zeugnis der Marienverehrung
3.4 Die Gebetskette – Zeugnis der Einheit und Vielfalt
5.4 Die Gebetsmühle – Zeugnis der rechten Versenkung

Thema der Stunde: Was wird behandelt?
Die heilige Silbe OHM – Weltenklang und Meditationshilfe

Angestrebte Kompetenzen: Welche Fähigkeiten sollen die Schülerinnen und Schüler am Zeugnis zeigen können?
Die Schülerinnen und Schüler erklären die Bedeutung der heiligen Silbe OHM und erläutern ihren Gebrauch für die Meditation.

Im Einzelnen: Die Schülerinnen und Schüler
- hören verschiedene Mantren mit der heiligen Silbe OHM und beschreiben ihre Wahrnehmung.
- erläutern Herkunft und Verwendung der heiligen Silbe OHM als Mantra und Meditationshilfe.
- vergleichen diese Praxis mit dem Gebet in der christlichen Tradition (z.B. Taizé-Gesänge, Rosenkranzgebet u.Ä.).

Glasfenster mit der Silbe OHM im Anjali Ashram, Indien

Das Zeugnis: Was muss man als Lehrerin oder Lehrer über die heilige Silbe OHM wissen?

Die in Sanskrit geschriebene und stilisierte Silbe OHM ist das bekannteste Symbol des Hinduismus und dort höchstes Sinnbild für spirituelle Erkenntnis (vgl. Scholz 2006, 61 und 145). Die mantrische Silbe OHM ist auch im Buddhismus gebräuchlich. Sie gilt als die Keimsilbe des Kosmos und wird in vielen heiligen Mantra-Formeln und Anrufungen genannt. Nach den Geheimschriften der Upanishaden umfasst die Silbe OHM vier Bewusstseinszustände (Wachen, Traum, Tiefschlaf und höchstes Bewusstsein) und die drei Zeiten (Vergangenheit, Gegenwart, Zukunft). Weiter verbindet OHM in sich Brahman, Vishnu und Shiva – die hinduistische Dreiheit von Schöpfung, Bewahrung und Zerstörung. Darüber hinaus versinnbildlicht die heilige Silbe die Einheit von einzelner Seele *(atman)* mit dem *brahman,* dem Absoluten (vgl. Scherer 2003, 154f.). Das dreiteilige Symbol OHM steht für die körperliche, geistige und unbewusste Welt. Eine andere Deutung stammt von Rudolf Otto, der OHM als »numinosen Urlaut« deutet: Die heilige Silbe bezeichnet keinerlei Begriff; sie ist nur ein Laut. OHM ist nichts »als eine Art Raunen, das reflexartig in gewissen Zuständen von numinoser Ergriffenheit aus dem Inneren des Menschen hervordröhnt als eine Selbstentladung des Gefühls« (zit. nach Tworuschka 1999, 49).

In allen hinduistischen Bewegungen spielt OHM eine große Rolle. Über diese heilige Silbe meditieren täglich viele Hindus, um befreiende Erlösung zu finden. Dabei wird das OHM wie AUM gesprochen: Einatmend summt oder singt der Meditierende das A mit der Absicht sich für alles Gegenwärtige zu öffnen; beim Ausatmen tönt der Beter das U, das bedeutet Hingabe an das Göttliche/Absolute; das M versetzt in die Stille (vgl. Trutwin 1998, 93).

Die vedische Tradition berichtet zum OHM-Laut im Chandogya-Upanishad 2, 23, 3–4: »*Prajapati (der Herr der Geschöpfe) brütete über den Welten, darauf floss der OHM-Laut. Ebenso wie alle Blätter von einem Stiel, der sie durchbohrt, zusammengehalten werden, so werden alle Worte durch den OHM-Laut zusammengehalten. Der OHM-Laut ist dieses ganze Universum*« (Günther 2001, 186).

Die Silbe OHM/AUM ist eines der wichtigsten Mantras des Hinduismus. Mantras gehören zu den ältesten Praktiken indischer Religionen. Sie sind Formeln zur Anrufung und Vergegenwärtigung göttlicher Mächte (vgl. Malinar 2009, 180). Mantra meint wörtlich »Spruch« im Sinne eines Zauber- oder Opferspruchs bzw. eine magische Formel oder auch Gebet.

Auch der Buddhismus kennt Mantras als magische Formeln, mittels derer bestimmte Gottheiten zur Manifestation gebracht werden können. Aus dem tibetischen Buddhismus ist das »Om mani padme hum« bekannt (vgl. 5.4). Mantras sind Worte der Kraft; nach hinduistischer Überzeugung kann ihre Rezitation das Bewusstsein von störenden Einflüssen befreien. Es gibt eine

Vielzahl vedischer Mantras für alle Lebensbereiche: für spirituelle Entwicklung und Wissen, für Reichtum und Gesundheit, für Partnerschaft und gute Beziehungen usw. Schon allein das Anhören von Mantras, manchmal von traditionellen Instrumenten begleitet, soll spirituelle oder heilende Kräfte entfalten. Mantras werden nicht nur sprechend bzw. singend oder still im Geiste wiederholt, sondern auch auf den Körper geschrieben. Neben ihrer Klang- und Resonanzwirkung haben Mantras eine mystische Bedeutung, sie berühren Körper, Geist und Seele ganzheitlich.

Mantras werden bei verschiedenen kultischen Handlungen verwendet sowie bei Initiationsriten. Im Hinduismus enthält es oft die Essenz der Lehren eines Gurus und ist geheim. Ursprünglich wurde das Mantra dem Schüler durch den Lehrer übergeben: Mantras sind also »nicht nur sprachliche Äußerungen, sondern machtvolle, auf der Realität und Wahrheit ritueller Sprache bzw. der in den Mantras genannten Gottheiten basierende Eingriffe in die Wirklichkeit. Die besondere Qualität von Mantras erfordert eine Einweisung in ihren Gebrauch und deshalb ist die Mantra-Praxis zumeist an Initiationsrituale geknüpft« (Malinar 2009, 180).

Der didaktische Rahmen: Wozu die Silbe OHM einsetzen?

Eine Unterrichtsstunde zur heiligen Silbe OHM/AUM sollte auf Vorerfahrungen der Schülerinnen und Schüler zu Gebet und Meditation zurückgreifen können. Deshalb bietet sich eine Behandlung des Themas ab Klasse 10 an. Natürlich kann nicht erwartet werden, dass die Schülerinnen und Schüler die Wirkung dieser Form der Meditation nachempfinden, die Bedeutung der Meditation dieser Silbe und der Mantras für den Hinduismus sollte jedoch deutlich werden. Es bietet sich an, diese Form des Gebets mit der des rituellen Rosenkranzgebets (vgl. 1.4) zu vergleichen und Differenzen und Gemeinsamkeiten herauszuarbeiten. Es sollte die Chance genutzt werden, an Erfahrungen der Schülerinnen und Schüler mit meditativen Gebetsformen, beispielsweise aus Taizé, anzuknüpfen und ihnen sollte die Möglichkeit gegeben werden, ihre Erfahrungen zu artikulieren.

Die methodischen Schritte: Wie wird das Zeugnis eingeführt?

Einstieg: Die Phase der inneren Beteiligung

Zu Beginn der Unterrichtsstunde spielt die Lehrerin bzw. der Lehrer ein Mantra von einer CD ab. Zur Vorbereitung wird ein Plakat mit der geschriebenen Silbe OHM in die Mitte der Klasse gelegt oder deutlich sichtbar aufgehängt. Eventuell können auch mit der Silbe AUM verzierte Meditationsgegenstände oder Schmuckstücke ausgelegt werden sowie Fotos von betenden Hindus. Die Schülerinnen und Schüler gehen in der Klasse umher und schauen sich die Gegenstände an.

Erarbeitung I: Die Phase der Entdeckung

Die Schülerinnen und Schüler erhalten das Arbeitsblatt 1 zum Hinduismus (»Mantras im Hinduismus«, S. 222) und tauschen sich in Vierergruppen über die dort abgedruckten Mantras aus. Zu diesem Zweck erhalten sie folgenden Arbeitsauftag:

1. Lest die Mantras laut vor.
2. Diskutiert, welches Mantra euch am besten gefällt. Begründet eure Entscheidung.

Erarbeitung II: Die Phase der Kontextualisierung

Um einen Eindruck zu vermitteln, wie Mantras in der religiösen Praxis eingesetzt werden und wie sie dort ihre Wirkungen entfalten, liest die Lehrerin bzw. der Lehrer den Text auf Arbeitsblatt 2 zum Hinduismus (»Das Ohm sprechen«, S. 223) vor. Im Folgenden sind die Schülerinnen und Schüler aufgefordert, eine »Gebrauchsanweisung« für die Verwendung und den Einsatz eines Mantras zu formulieren. Anschließend lesen die Schülerinnen und Schüler ihre Texte vor und vergleichen diese miteinander. Dabei kann die Lehrerin bzw. der Lehrer sein Sachwissen über Mantras und ihren Gebrauch einfließen lassen.

Vertiefung: Die Phase der Reflexion

Abschließend kann das Gebet in anderen Religionen thematisiert werden, insbesondere im Christentum: Wie beten Christen? Welche verschiedenen Formen des Gebets sind bekannt? Gibt es christliche Gebete, die man als Mantra bezeichnen könnte?

Weiterführende Literatur

Michael Günther (Hg.), Die Weisheit Asiens. Das Lesebuch aus China, Japan, Tibet, Indien und dem vorderen Orient, München 2001.
Angelika Malinkar, Hinduismus, Göttingen 2009.
Udo Tworuschka, Lexikon – Die Religionen der Welt, Gütersloh 1999; hier der Artikel »AUM«, 49.
Werner Scholz, Schnellkurs Hinduismus, Köln 2006.
Werner Trutwin, Die Weltreligionen. Arbeitsbücher für die Sekundarstufe II. Religion – Philosophie – Ethik. Hinduismus, Düsseldorf 1998; hier: 93.

Eine Vielzahl von Mantren-CDs und Postkarten mit Mandalas und Yantras gibt es im im Internetversandhandel, z.B. bei www.shaktishop.com.

Arbeitsblatt 1

HINDUISMUS: Mantras im Hinduismus

Das Gayatri-Mantra

Lasst uns meditieren über die Herrlichkeit
des göttlichen Lichts.
Es möge unseren Geist erleuchten.

Rigveda III 62,10

OHM

Wer unentwegt den OHM-Laut murmelt
– er sei selbst unrein oder rein –
Wird wie das Lotusblatt von Wasser
Nicht mehr befleckt von Sündenpein.

Gorakhnath, Dichter des 13. Jahrhunderts

Siddhartas Mantra

Ohm ist Bogen, der Pfeil ist die Seele,
Das Brahman ist des Pfeiles Ziel,
Das soll man unentwegt treffen.

Hermann Hesse, 1877–1962
Aus der Erzählung »Siddharta«

Arbeitsblatt 2 HINDUISMUS: Das Ohm sprechen

»Govinda«, sprach Siddharta zu seinem Freunde, »Govinda, Lieber, komm mit mir unter den Banyanenbaum, wir wollen der Versenkung pflegen.«
Sie gingen zum Banyanenbaum, sie setzten sich nieder, hier Siddharta, zwanzig Schritte weiter Govinda. Indem er sich niedersetzte, bereit das Ohm zu sprechen, wiederholte Siddharta murmelnd den Vers:

»Ohm ist Bogen, der Pfeil ist Seele,
Das Brahman* ist des Pfeiles Ziel,
Das soll man unentwegt treffen.«

Als die gewohnte Zeit der Versenkungsübung hingegangen war, erhob sich Govinda. Der Abend war gekommen, Zeit war es, die Waschungen der Abendstunde vorzunehmen. Er rief Siddhartas Namen. Siddharta gab keine Antwort. Siddharta saß versunken, seine Augen standen starr auf ein sehr fernes Ziel gerichtet, seine Zungenspitze stand ein wenig zwischen den Zähnen hervor, er schien nicht zu atmen. So saß er, in Versenkung gehüllt, Ohm denkend, seine Seele als Pfeil nach dem Brahman ausgesandt.

* Brahman = Ursprung und Grund der Welt

Aus: Hermann Hesse, Siddharta, Frankfurt a. M. 2007, 13. Hesses Buch Siddharta erzählt fiktiv und dichterisch ausgeschmückt die Lebensgeschichte Gautama Siddhartas, der als der Erleuchtete (= Buddha) im Hinduismus aufwuchs und später jene Reformbewegung in Gang setzte, die dann als Buddhismus bekannt geworden ist.

4.3 Das Yantra

Zeugnis für die Repräsentation des Göttlichen

Empfohlene Jahrgangsstufe: 9–11

Mögliche Verknüpfung:
1.5 Die Ikone – Zeugnis der Gegenwart Gottes in dieser Welt
3.1 Der Koran – Offenbarung und Zeugnis des Segens
5.1 Die Buddha-Statue – Zeugnis der Erleuchtung

Das Thema der Stunde: Was wird behandelt?
Das Yantra – Kraftzeichen und Meditationshilfe

Angestrebte Kompetenzen: Welche Fähigkeiten sollen die Schülerinnen und Schüler am Zeugnis zeigen können?
Die Schülerinnen und Schüler erklären das Zeugnis der Yantras als rituelle Diagramme und setzen diese in Verbindung mit hinduistischen Formen der Gottesverehrung.

Im Einzelnen: Die Schülerinnen und Schüler
- beschreiben das Yantra in seinem Aufbau und erklären die verschiedenen geometrischen Elemente/Symbole.
- unterscheiden Yantra und Mandala.
- deuten das Yantra als Verbindung zwischen weltlicher Ebene und göttlicher Ebene, zwischen Welt und Gottheit.
- ordnen das Yantra als Meditationshilfe und als Stütze auf dem Weg der Befreiung aus der Welt ein.

Medaillon mit Yantra

Das Zeugnis: Was muss man als Lehrerin oder Lehrer über das Yantra wissen?

Das Yantra ist eine grafische Figur, ein Diagramm, das im rituellen Kontext verwendet wird und der Meditation dient. Es besteht – im Unterschied zu Mandalas – aus einer Kombination ausschließlich geometrischer Figuren und ist stärker abstrahiert und stilisiert. Yantras gibt es in verschiedenen Variationen, von Kreidelinien auf dem Boden oder auf Papier, die nach dem Ritus zerstört werden, um magischem Missbrauch vorzubeugen, bis zu Einritzungen in Stein oder Metall wie sie in Tempeln gefunden werden. Häufig werden sie als Amulett verwendet oder als Medaillon getragen.

Kurz gefasst

Das Mandala

Das Mandala (sanskrit »rund«, »Kreis«) ist ein sowohl im Hinduismus als auch im Buddhismus gebräuchliches, konzentrisch angelegtes Bild: Innerhalb eines geschlossenen Rahmens (in der Regel ein Kreis, aber auch Vierecke oder eine Blütenrosette sind möglich) werden um eine Mitte Muster, Farben, Formen, Symbole und Figuren angeordnet. Das Mandala wird bei religiösen Riten benutzt und dient als Meditationshilfe. Weil sich in seiner Vielgestalt die Gegensätze vereinen, ist es ein Abbild des Kosmos und symbolisiert die Gegenwart von Gottheiten und göttlichen Kräften. Beliebt sind Mandalas aus farbigem Sandpulver. Die Grundrisse von Tempeln orientieren sich häufig an der Form eines Mandalas.
Als Bezeichnung für die ornamentale Kreisform, die sich meditativ gestalten und ausmalen lässt, haben Mandalas im Westen weite Verbreitung gefunden. Die Form des Mandalas spielt auch in der Tiefenpsychologie C.G. Jungs als Archetyp eine große Rolle.

Ein Yantra gilt als Repräsentation des Göttlichen, genauer, der Energie einer Gottheit, und kann als sichtbarer Ausdruck eines Mantra (= heilige Silbe oder Formel) betrachtet werden: Das Mantra stellt einen Aspekt des Göttlichen in Form eines Lautes oder Klangs dar, das Yantra dagegen in Form eines Diagramms.

Das Wort Yantra kommt aus dem Sankrit und wird von der Wurzelsilbe *yam* abgeleitet, was »stützen« oder »(er)halten« heißt. Die Silbe »tra« verweist auf *trana* (= Befreiung aus Verhaftung). Ein Yantra bewahrt die Essenz eines Objektes, eines Gedankens, einer Energie, zugleich reinigt es und befreit von Ballast. Das kosmische Diagramm des Yantras unterstützt die meditative Visualisierung der verschiedenen Aspekte des göttlichen Seins (vgl. Malinar 2009, 75). Es fördert Versenkung und Erkenntnis. Als visuelle Meditationshilfe unterstützt das Yantra die Meditierenden darin, ihr Bewusstsein von der Außenwelt abzuziehen und in die innere Welt zu lenken, damit sie eine Zentrierung und einen offenen Bewusstseinszustand erlangen. Yantras haben immer einen konzentrischen Aufbau und setzen sich aus verschieden kombinierbaren geometischen Elementarformen zusammen: Punkt, Kreis (symbolisiert die Ganzheit), Quadrat (symbolisiert die Erde mit vier Himmelsrichtungen und die vier Elemente), Dreieck (Zeichen der Schöpferkraft) und dem stilisierten Lotus-Symbol (vgl. 4.5). Yantras beginnen in der Mitte oft mit einem Punkt, begrenzt werden sie im äußeren Umriss üblicherweise durch ein Quadrat, versehen mit »vier Toren«, in jede Himmelsrichtung eines. So »lässt sich die Zeichnung des Yantra als das mikrokosmische Abbild eines Tempels verstehen. Genau wie beim Tempel der Gott, der darin wohnt, seinen Platz in der Mitte hat« (Meisig 2003, 132).

Eines der populärsten Yantras ist das *Sri Yantra*, das die Einheit gegensätzlicher Kräfte von Geist und Materie darstellt und damit zugleich die Vollendung der Schöpfung: Seinen Mittelpunkt bildet ein Punkt *(Bindu)*, der in sich selbst bereits Ursprung (sozusagen den »Nullpunkt«) und die Vollendung enthält. Darum gruppieren sich eine Reihe von neun kunstvoll miteinander verschlungenen Dreiecken. Die Dreiecke mit der Spitze nach unten stehen für das weibliche Prinzip *(Shakti)*, die Dreiecke mit der Spitze nach oben für das männliche Prinzip *(Shiva)*. Diese Dreiecksformation wird eingeschlossen von einigen Kreisen mit stilisierten Lotusblüten: Sie stehen symbolisch für die Öffnung zum Kosmischen. Das Yantra dient so gewissermaßen als Symbol der Welt. Es lässt sich auch als einer der drei Pfade hinduistischer Spiritualität verstehen: Yantra steht für den Pfad losgelöster zweckfreier Handlung, Mantra für den Pfad der Erkenntnis und Tantra für den Pfad der Hingabe.

Der didaktische Rahmen: Wozu ein Yantra einsetzen?

Das Yantra ist ein wichtiger Baustein in einer Unterrichtsreihe zum Hinduismus. Anders als der Baustein zur Silbe Ohm, lässt sich das Yantra auch in einer früheren Jahrgangsstufe einbringen, z.B. im Kontext der Behandlung von Mandalas. Im Rahmen der Themeneinheit zum Hinduismus ist die Behandlung der Yantras eine wichtige Ergänzung zum Baustein 4.2 »Die Silbe OHM«.

Die methodischen Schritte: Wie wird das Zeugnis eingeführt?

Einstieg: Die Phase der inneren Beteiligung

Zu Beginn der Unterrichtssequenz über das Yantra kann die Lehrerin bzw. der Lehrer an Erfahrungen anknüpfen, die Schülerinnen und Schüler ggf. mit dem Malen von Mandalas in früheren Jahrgangsstufen gemacht haben. So kann die Lehrerin bzw. der Lehrer ein Mandala (aus einem Religionsbuch) betrachten lassen oder über Assoziationen zum Begriff »Mandala« Erfahrungen aus anderen Lernkontexten einholen. Mandalas und Yantras können hier nun in den eigentlichen Zusammenhang des Hinduismus gestellt und erschlossen werden.

Erarbeitung I: Die Phase der Entdeckung

Die Lehrerin bzw. der Lehrer präsentiert das abgebildete Sri-Yantra-Medaillon auf einem Plakat oder auf einer Folie mithilfe des Tageslichtprojektors und lädt zur Beschreibunng der geometrischen Form ein. Eine andere Möglichkeit ist die Präsentation verschiedener Yantras, die vor allem im Internet zahlreich zu finden sind. Nach der Betrachtung und Beschreibung der Yantras sind die Schülerinnen und Schüler eingeladen, ihre Assoziationen und Deutungen zu den Formen zu artikulieren.

Erarbeitung II: Die Phase der Kontextualisierung

Die Lehrerin bzw. der Lehrer erschließt nun gemeinsam mit den Schülerinnen und Schülern konkret am Beispiel des Sri-Yantras Aufbau und Bedeutung dieses Yantras als symbolhafte Darstellung der göttlichen Energie und zeigt seine Funktion als Meditationshilfe und als Stütze auf dem Weg der Befreiung aus der Welt auf.

Vertiefung: Die Phase der Reflexion

In diesem Schritt ist nun Raum, auf weitere symbolische Dimensionen des Yantra hinzuweisen, z.B. seine Bedeutung als Verbindung zwischen weltlicher Ebene und göttlicher Ebene, zwischen Welt und Gottheit. Auch kann das Yantra als Repräsentation des Göttlichen mit dem Aspekt des Kultbilds bzw. des Bilderverbots (vgl. den Baustein zur Ikone im Christentum, 1.5) in Verbindung gebracht werden: So wird die Frage nach der Darstellbarkeit des Göttlichen im Hinduismus nicht mit Bilderverbot, sondern mit einer Vielzahl von Bildern beantwortet, die oft voller Gegensätze sind (vgl. auch die Shiva-Statue, 4.4).

Weiterführende Literatur

Cybelle Shattuck, Hinduismus, Freiburg 2000.

Udo Tworuschka, Lexikon – Die Religionen der Welt. Gütersloh 1999, hier der Artikel »Mandala«, 195f.

Konrad Meisig, Shivas Tanz. Der Hinduismus, Freiburg 2003.

Angelika Malinar, Hinduismus. Studium Religionen, Göttingen 2009.

4.4 Die Shiva-Statue

Zeugnis des Gottes der Schöpfung und Zerstörung

Empfohlene Jahrgangsstufe: 9–11

Mögliche Verknüpfung:
1.1 Das Kreuz Jesu Christi – Zeugnis der Menschwerdung Gottes
1.5 Die Ikone – Zeugnis der Gegenwart Gottes in dieser Welt
5.1 Die Buddha-Statue – Zeugnis der Erleuchtung

Thema der Stunde: Was wird behandelt?
Shivas Tanz – Eine Gottheit der Schöpfung und Zerstörung

Angestrebte Kompetenzen: Welche Fähigkeiten sollen Schülerinnen und Schüler am Zeugnis zeigen können?
Die Schülerinnen und Schüler erläutern den Dualismus im Hinduismus und zeigen auf, dass alles eine männliche und eine weibliche Seite hat.

Im Einzelnen: Die Schülerinnen und Schüler
- setzen die Verehrung Shivas in Beziehung zum dualistischen Weltbild.
- erläutern den Zusammenhang von dem Gottesbild und Gewalt.
- vergleichen die alttestamentlichen mit den hinduistischen Gottesnamen.
- vergleichen die christliche Schöpfungstheologie und Eschatologie mit der hinduistischen Vorstellung vom Anfang und Ende des Lebens.

Das Zeugnis: Was muss man als Lehrerin oder Lehrer über die Gottheit Shiva wissen?

Im Hinduismus gibt es viele Götter; dazu kommen unzählige lokale Gottheiten, die zu speziellen Gelegenheiten und besonderen Fragen angerufen werden. Mit diesen lässt sich handeln, sie sind durch Opferrituale und Verehrung (sanskrit *Puja*) günstig zu stimmen. Daneben spricht man traditionell von einer göttlichen Dreigestalt, die den steten Kreislauf des Weltgeschehens bestimmt: *Brahma,* der Schöpfer, *Vishnu,* der Bewahrer, und *Shiva,* der Zerstörer der Welten, der durch reinigende Vernichtung dafür sorgt, dass wiederum Neues entstehen kann. Alle drei Götter haben auf ihre Weise schöpferische Qualität, aber Shiva und Vishnu haben dabei Brahma inzwischen den Rang abgelaufen. Sie gelten als Retter und Erlöser der Menschheit, während Brahma kultisch kaum noch verehrt wird. Nach einem weit verbreiteten Schöpfungsmythos quirlten die Götter unter Anleitung Vishnus den »Milchozean« und so entstand die Erde. Doch auf der Oberfläche dieses Ozeans bildete sich tödliches Gift – Shiva trank es aus und rettete so die Aktion.

Shiva ist der schillernde und unberechenbare Gott der Extreme. Sein Name bedeutet so viel wie »freundlich« oder »wohlwollend«, aber er wird auch »der Schreckliche« genannt, denn bei seinem Vorbild aus vedischer Zeit – dem Gott Rudra – stehen solche Attribute im Vordergrund: Rudra ist der Seuchen- und Heilgott der vedischen Götterwelt. Ihn kennzeichnet eine Doppelwertigkeit. Von seinem Wohnsitz im Himmel tötet Rudra mit Pfeil und Bogen Mensch wie Tier. Oder er sendet Krankheiten, die nur er heilen kann, wenn er es will, wenn nämlich Lobpreis seinen unberechenbaren Zorn besänftigt.

Es überwiegt auch noch bei Shiva dieser »furchtbar-gewaltige« Aspekt der Gottheit. »Shiva ist der sinnliche Gott, nicht nur zerstörerisch furchtbar, sondern auch zeugend fruchtbar, von gigantischer, ja göttlicher Potenz« (Meisig 2003, 119). Entsprechend wird Shiva immer »als die Gottheit der Paradoxa beschrieben, denn er ist zugleich Entsagender und Hausvater, zölibatärer *yogin* und Ehemann. Doch für das hinduistische Glaubenssystem sind das keine Widersprüche, weil ihm zufolge die Askese innere Energie erzeugt, die sehr eng mit der sexuellen Energie zusammenhängt. Die Kraft dieser Energie kann sowohl schöpferisch wie zerstörerisch sein« (Shattuck 2000, 72).

Shiva-Statue: Shiva in der Darstellung als Natarja, als göttlicher Tänzer im Flammenbogen

In Südindien verbreitet sind die Bronzefiguren, die Shiva als Nataraj, als »Herr des Tanzes« zeigen. Er verkörpert zugleich Schöpfung und Vernichtung, Kontrolle und Loslassen, Transzendenz und Immanenz. Das bekannte Bild des tanzenden Gottes verdeutlicht in kompakter Form die Theologie Shivas: Shiva Nataraja hat vier Hände – Zeichen seiner göttlichen Macht. Die Welt ersteht aus dem Klang der Trommel (meist in der rechten Hand); die linke Hand dagegen hält das Feuer der Vernichtung. Die nach vorne bewegten Hände machen Gesten des Bewahrens und Schützens. Der linke Fuß, tanzend in die Luft gehoben, verheißt Befreiung. Unter dem rechten Fuß Shivas ist ein Zwerg zu sehen, der das kosmische Böse und die menschliche Schwäche (Selbstsucht und Unwissenheit) darstellt. »Den Tanz selbst hat man als den Tanz der Vernichtung bezeichnet. Aber auf der kosmischen Ebene ist die Vernichtung der Auftakt zur Neuerschaffung, und auf der persönlichen Ebene stellt die Vernichtung das Mittel dar, die Bande zu lösen, die den Frommen noch im Kreislauf der Wiedergeburt festhalten« (ebd., 74f.).

Die Anhänger des Shiva verehren ihren Gott in der Form eines *Lingam*, eines steinernen Phallussymbols, das Ausdruck seiner Schöpferkraft und Macht ist und in keinem Shiva-Heiligtum fehlt. Es steht üblicherweise auf einer steinernen Schale, Zeichen des weiblichen Schoßes (sanskrit *yoni*) der Göttin *Shakti*, des weiblichen Pendants Shivas. Sexuelle Symbole sind in der indischen Mystik häufig. Shiva selbst vereinigt Askese (sanskrit *Tapas*) und Sexualität (sanskrit *Kama*), so wie er auch die Gegensätze Geist und Materie, Schöpfung und Vernichtung, Frau und Mann in sich vereinigt (vgl. Scherer 2003, 138f.).

Der didaktische Rahmen: Wozu eine Shiva-Statue einsetzen?

Die Behandlung dieses komplexen Themas bietet sich ab der 9. Klasse und in der Oberstufe an. Der Baustein kann im Rahmen einer Unterrichtsreihe zum Gottesbild im Alten und Neuen Testament eingesetzt werden und zum Vergleich anregen oder aber am Anfang einer Unterrichtsreihe zum Hinduismus. Hier kann die Schöpfungslegende, die um die Gottheit Shiva kreist, mit verschiedenen anderen Mythen wie dem Gilgamesch-Epos oder der christlichen Schöpfungserzählung verglichen werden.

Die methodischen Schritte: Wie wird das Zeugnis eingeführt?

Einstieg: Die Phase der inneren Beteiligung

Die Lehrerin bzw. der Lehrer stellt eine mit einem Tuch verhüllte Statue Shivas als Nataraj an exponierter Stelle in die Mitte der Klasse. Nun deckt die Lehrkraft langsam einzelne Teile der Statue auf und wieder zu, ohne die ganze Statue zu enthüllen. Die Schülerinnen und Schüler werden aufgefordert ihre Beobachtungen zu artikulieren. Die Schülerinnen und Schüler dürfen Vermutungen darüber anstellen, was sich unter dem Tuch befindet. Sind alle markanten Merkmale der Statue einmal enthüllt worden, nimmt die Lehrerin bzw. der Lehrer das Tuch von der Statue. Alternativ lässt sich dies auch mit dem Auf- und Abdecken einer Folie gestalten.

Erarbeitung I: Die Phase der Entdeckung

Die Schülerinnen und Schüler werden abermals aufgefordert, das Gesehene nun in seiner Ganzheit zu beschreiben. Die Schülerinnen und Schüler sollen die Symbole und Attribute (Trommel, Feuer, Zwerg Muyakala = Symbol für Unwissenheit und Selbstsucht, Kobra/Schlange, etc.) benennen und versuchen, sie einzuordnen (siehe dazu die Informationen S. 231f.).

Erarbeitung II: Die Phase der Kontextualisierung

Wahrscheinlich haben die Schülerinnen und Schüler wenig detaillierte Kenntnisse über die hinduistische Götterwelt. Die Schülerinnen und Schüler erschließen deshalb mithilfe des Arbeitsblattes 3 zum Hinduismus (»Der Gott Shiva«, S. 235) die wichtigsten Informationen zu Gestalt und Bedeutung Shivas. Das Arbeitsblatt zeigt eine für den Hinduismus typische Darstellung: Bilder dieser Art sind auch zahlreich im Internet zu finden.

Vertiefung: Die Phase der Reflexion

Diese letzte Phase kann genutzt werden, um Vergleiche zwischen der Verehrung der Shiva-Statue und der Verehrung von Ikonen und christlichen Heiligenbildchen anzustellen. Ein kurzer Ausflug in die Frömmigkeitsgeschichte des Christentums bietet sich an. Hier kann auch auf die verschiedenen Heiligen und ihre Attribute eingegangen werden. Es bietet sich der Vergleich zu den Symbolen an, mit denen die Shiva-Gottheit dargestellt wird.

Folgende Leitfragen können das Unterrichtsgespräch lenken: In welchen Angelegenheiten beten Christen zu Maria oder anderen Heiligen? Wie und wo beten sie? Beten sie in Gemeinschaft oder alleine? Vergleicht die Frömmigkeitspraxis der Christen mit der der Hindus.

Weiterführende Literatur

Konrad Meisig, Shivas Tanz. Der Hinduismus, Freiburg ²2003, hier 138f.

Cybelle Shattuck, Hinduismus, Freiburg 2000, hier 72ff. (mit Zeichnung eines Shiva-Lingam).

Werner Scholz, Schnellkurs Hinduismus, Köln 2006, hier 102–125: Shiva und seine Gefolgschaft (mit Fotos und Abbildungen).

Werner Trutwin, Die Weltreligionen. Hinduismus, Düsseldorf 1998.

Arbeitsblatt 3 HINDUISMUS: Der Gott Shiva

»Shiva hat seine Haare aufgetürmt zu der asketischen Haarflechtenkrone; in den gedrehten, aschebeschmierten Flechten trägt er die Mondsichel, Schlangen und Gangâ, die sowohl als Wasserfontäne als auch als personifizierte Flußgöttin dargestellt wird. Auf der Stirn steht senkrecht das dritte Auge, das Auge der Erkenntnis, weshalb Shiva auch der Dreiäugige *(Trilocana)* genannt wird. Seine vier Arme halten die Attribute Dreizack *(trishûla)*, Trommel *(damaru)*, Schlinge *(pâsha)* und Keule *(gadâ)*; aber auch Antilope, Axt, Bogen und Schädelstab sind häufig. Auf südindischen Darstellungen überwiegen Axt und Antilope, in Nordindien Dreizack und Kobra. Häufig führt Shiva die Gesten der Wunschgewährung und Schutzverheißung aus. Shiva hüllt sich in Raubtierfelle, meist ein Tigerfell; von den Hüften baumeln Raubtierköpfe. Um den Nacken ist eine Kobra geschlungen. Sein blau-schwarzer Körper ist nach Art der Asketen mit Asche beschmiert und erscheint dann weißlich. An den Füßen trägt er Holzsandalen mit einem Knopf zwischen erster und zweiter Zehe, ebenfalls die Tracht der Asketen. In Meditation sitzt Shiva auf einem Tigerfell. Sein Symboltier ist der Buckelstier *Nandî*, die tierische Manifestation seines Wesens.«

Aus: Konrad Meisig: Shivas Tanz. Der Hinduismus, Freiburg 2003, 120

»Obwohl Shiva als der Vernichter bekannt ist und seine asketischen Tendenzen mit gewalttätigen Formen verbunden sind, gibt es Geschichten über sein Mitempfinden und seinen Schutz. Als die Götter und Dämonen auf der Suche nach dem Nektar der Unsterblichkeit das Meer aufwühlten, setzten sie ein Gift frei, das alles Leben zu zerstören drohte. Shiva schluckte dieses Gift, das so stark war, dass es seine Kehle blau färbte. Die Bilder Shivas zeigen gewöhnlich diese Verfärbung.
Andere Bilder zeigen, wie aus Shivas geflochtenem Haar ein Fluß rinnt. Das ist der Fluß Ganges, der sich aus den Himmeln in die Welt der Sterblichen hinab ergießt. Diese Wasser hätten die Erde vernichtet, wenn sie mit ihrer vollen Wucht herniedergestürzt wären. Aber Shiva fing sie mit seinem Haar auf und mäßigte so ihre gewaltige Wucht.«

Aus: Cybelle Shattuck: Hinduismus, Freiburg 2000, 73f.

1. *Lest die beiden Texte und unterstreicht die wichtigsten Attribute Shivas. Verbindet sie mithilfe von Pfeilen mit den entsprechenden Elementen auf dem Bild.*
2. *Legt nun eine zweispaltige Tabelle an und tragt alle Attribute in die linke Spalte ein. Tragt in die rechte Spalte die Erklärungen ein, die in den beiden Texten erwähnt werden.*
3. *Diskutiert miteinander, wie dieses Götterbild auf euch wirkt: Was ist euch fremd? Was findet ihr interessant? Kennt ihr Götter und Göttervorstellungen aus anderen Kulturen, die ähnliche Attribute aufweisen?*

4.5 Die Lotusblüte

Zeugnis der Reinheit und Erleuchtung

Empfohlene Jahrgangsstufe: 9–11

Mögliche Verknüpfung:
1.4 Der Rosenkranz – Zeugnis der Marienverehrung
3.5 Der Miswak – Zeugnis der Reinheit
5.1 Die Buddha-Statue – Zeugnis der Erleuchtung

Das Thema der Stunde: Was wird behandelt?
Die Lotusblüte – Symbol der Reinheit und der Erleuchtung

Angestrebte Kompetenzen: Welche Fähigkeiten sollen die Schülerinnen und Schüler am Zeugnis zeigen können?
Die Schülerinnen und Schüler erklären das Symbol der Lotusblüte und setzen es in Beziehung zu Blumensymbolen aus anderen Religionen, insbesondere dem Christentum.

Im Einzelnen: Die Schülerinnen und Schüler
- erläutern das Symbol der Lotusblüte als Zeugnis für Reinheit und Erleuchtung.
- nennen wichtige Ereignisse aus der hinduistischen Mythologie, in denen der Lotus von Bedeutung ist.
- setzen die Lotusblüte in Beziehung zur symbolischen Bedeutung von Lilien und Rosen im Christentum.
- erörtern die Kategorien von Reinheit und Unreinheit im Kontext von Religion.

Lotusblüte

Das Zeugnis: Was muss man als Lehrerin oder Lehrer über die Lotusblüte wissen?

Die Lotusblume, die unserer Seerose ähnelt, botanisch gesehen aber nicht mit ihr verwandt ist, ist in Asien so bedeutsam wie die Rose oder die Lilie in Europa. Die Lilie wurde im Christentum zum Symbol der reinen, jungfräulichen Liebe. In Indien gilt der rötlich oder weiß blühende Lotus als das wichtigste spirituelle Symbol: Die sich nach oben öffnenden Blütenblätter stehen für die Entfaltung der Seele, für geistige Reinheit. Nach der hinduistischen Mythologie wurde aus einer Lotusblüte, die aus dem Nabel des auf dem Wasser schlafenden Gottes Vishnu wuchs, der Weltenschöpfer Brahma geboren. Der Lotus ist zugleich auch ein Symbol für die Welt: Die vier Blütenblätter des stilisierten Lotus entsprechen den vier Himmelsrichtungen. Häufig werden Gottheiten auf einer Lotusblüte sitzend oder stehend dargestellt, oder sie tragen Lotusblüten in der Hand. In stilisierter Form ist die Lotusblüte oft ein zentrales Element in den Meditionsfiguren von Yantras und Mandalas (Meditationsbilder). Der Lotus ist hier Sinnbild für den zur Befreiung führenden inneren Weg.

Die Wurzeln des Lotus liegen im schlammigen, dunklen Boden. Blätter und Blüten des Lotus schwimmen dagegen auf dem Wasser, das sie nur benetzen, nicht jedoch auf ihnen haften kann (heute bekannt als sogenannter Lotus-Effekt). Dieses Phänomen macht den Lotus zum Symbol der Reinheit in Hinduismus und Buddhismus: Er wächst aus dem Sumpf empor, über den sich aber die Lotusblüte erhebt und der ihr in ihrer Reinheit und Schönheit nichts anhaben kann.

Wie stark im Hinduismus die Ideen von Reinheit und Unreinheit auch im sozialen Leben wirken, zeigt das Phänomen der »Unberührbarkeit« bzw. die gesellschaftliche Gruppe der »Unberührbaren«, die sich heute meist als *Dalit* (= weggeworfen, unterdrückt) bezeichnen (vgl. Maliner 2009, 195–201). Die Brahmen/Priester stehen in der sozialen Hierarchie des Hinduismus am höchsten, weil sie die höchste rituelle Reinheit besitzen – also einen höheren Anteil am Göttlichen haben.

Inzwischen hat sich das traditionelle Kastenwesen aber gelockert. Neben den Reinheitsvorstellungen, die das soziale Miteinander prägen, gibt es spirituelle Konzepte, die sich auf die Reinheit des Körpers, aber auch auf die Reinheit des unsterblichen Selbst *(atman),* das im Körper gefangen ist, beziehen. Das Streben nach Reinheit gilt dann als Streben nach spiritueller Erkenntnis bzw. nach Befreiung aus dem Kreislauf der Wiedergeburten.

Der sogenannte Lotussitz ist eine in den östlichen Religionen häufig praktizierte Sitzhaltung für die Meditation. Anders als beim Schneidersitz befinden sich die Füße dabei nicht unter den Oberschenkeln, sondern sie werden auf den Oberschenkeln abgelegt. Auf diese Weise wird für Geübte ein langes, stabiles und in sich ruhendes Sitzen ermöglicht.

Der didaktische Rahmen: Wozu die Lotusblüte einsetzen?

Die Lotusblüte als religiöses Symbol kann sowohl im Rahmen einer Unterrichtseinheit zum Hinduismus eingeführt werden als auch als Teil einer Einheit zum Thema der religiösen Symbole überhaupt. Gerade in Verbindung mit anderen Blumensymbolen (Rose und Lilie im Christentum) kann die Lotusblüte zur Auseinandersetzung mit religiösen Symbolen und ihren verschiedenen Bedeutungsdimensionen einladen.

Die methodischen Schritte: Wie wird das Zeugnis eingeführt?

Einstieg: Die Phase der inneren Beteiligung

An Anfang der Unterrichtsstunde legt die Lehrerin bzw. Lehrer verschiedene Madonnen-Bilder mit Lilien zur Betrachtung und zum Vergleich aus. Nachdem die Schülerinnen und Schüler die Bilder betrachtet und beschrieben haben, muss die Blumensymbolik erklärt und erschlossen werden. Schülerinnen und Schüler werden nach anderen Blumensymbolen gefragt.

Erarbeitung I: Die Phase der Entdeckung

Die Lehrerin bzw. der Lehrer legt nun eine Folie mit einer Lotusblüte auf den Tageslichtprojektor bzw. enthüllt ein Poster mit einer Lotusblüte. Nach der Beschreibung des Bildes kann eine erste Diskussionsrunde zur Blüte initiiert werden.

Erarbeitung II: Die Phase der Kontextualisierung

Die Lehrerin bzw. der Lehrer erarbeitet mit den Schülerinnen und Schülern die Bedeutung der Lotusblüte als Symbol für Reinheit und Spiritualität. Dazu kann Arbeitsblatt 4 zum Hinduismus (»Lotusblüte«, S. 241) verwendet werden. Auch auf die mythologische Rolle des Lotus als Ursprungsort von Brahma, dem Weltenschöpfer, und damit auch als ein Symbol für die Welt sollte hier hingewiesen werden.

Vertiefung: Die Phase der Reflexion

In der abschließenden Phase können nun die interreligiösen Bezüge deulich gemacht werden: Dabei sollten Lotusblüte und Lilie als Symbole der Reinheit verglichen und erläutert werden: Im religiösen Sinne wird das Wort »Reinheit« im Sinne von Heiligkeit, Ganzheit, Ordnung gebraucht. Unreinheit gilt folglich als Störung der sozialen Ordnung oder als Bedrohung durch dämonische und chaotische Kräfte, einschließlich Schuld oder Sünde. Daraus erwachsen dann rituelle Waschung und asketische Bemühungen (vgl. 3.5 zum Einsatz des Miswak im Islam), um die gute Ordnung wieder herzustellen. Bereits in der Bibel finden sich Vorstellungen von rein und unrein: Im Alten Testament gibt es verschiedene Bereiche die »unrein« machen: Sexualität, Krankheit, Tod, bestimmte Tiere und Pflanzen, das Ausland als Gebiet fremder Götter, Götzendienst.

Im Neuen Testament werden die tradierten Schemata von rein – unrein modifiziert (vgl. Mk 7 etc.): die Reinheitsvorstellungen verlagern sich von den archaischen Tabus und deren Ritualen hin zur moralisch-personalen Reinheit bzw. Heiligkeit (vgl. Rotzetter 2008, 502).

Im Hinduismus spielt die Vorstellung von Reinheit und Unreinheit eine entscheidende Rolle im Kreislauf der Wiedergeburten: Die Geburt in eine Kaste (auch ein Grad von ritueller Reinheit) ist durch das eigene Handeln in einer früheren Existenz selbst verantwortet.

Weiterführende Literatur

Udo Tworuschka, Lexikon – Die Religionen der Welt. Gütersloh 1999, hier 189.

Angelika Malinar, Hinduismus. Studium Religionen, Göttingen 2009, hier 192–201.

Anton Rotzetter, Lexikon christlicher Spiritualität. Darmstadt 2008, hier der Artikel »Reinheit«, 502.

Arbeitsblatt 4 HINDUISMUS: Die Lotusblüte

Die Lotusblume ist in Asien so bedeutsam wie die Rose oder die Lilie in Europa. Die Lilie wurde im Christentum zum Symbol der reinen, jungfräulichen Liebe. Der Verkündigungsengel Gabriel wird meist mit einer Lilie in der Hand dargestellt; auch viele Heilige haben die Lilie als Attribut der Reinheit, so etwa Josef, Antonius von Padua oder Katharina von Siena. Die Lotusblüte ist in Indien das wichtigste spirituelle Symbol. In der hinduistischen Mythologie wurde aus einer Lotusblüte, die aus dem Nabel des auf dem Wasser schlafenden Gottes Vishnu wuchs, der Weltenschöpfer Brahma geboren. Die Lotusblume ähnelt unserer Seerose, ist aber botanisch nicht ihr verwandt. Die Wurzeln des Lotus liegen im schlammigen, dunklen Boden. Blätter und Blüten des Lotus schwimmen dagegen auf dem Wasser, das sie nur benetzen, nicht jedoch auf ihnen haften kann (heute bekannt als der sogenannte Lotus-Effekt). Dieses Phänomen macht den Lotus zum Symbol der Reinheit in Hinduismus und Buddhismus.
Der Lotus ist zugleich auch ein Symbol für die Welt: Die vier Blütenblätter des stilisierten Lotus entsprechen den vier Himmelsrichtungen. Häufig werden Gottheiten auf einer Lotusblüte sitzend oder stehend dargestellt, oder sie tragen Lotusblüten in der Hand. In stilisierter Form ist die Lotusblüte oft ein Element in Meditationsbildern (Yantras und Mandalas).

1. *Lies den Text und markiere die wichtigsten Begriffe.*
2. *Recherchiere im Internet, wo sich die Lotusblüte überall finden lässt und welche Bedeutung sie dort jeweils hat.*
3. *Informiere dich, welche Reinheitssymbole es in anderen Religionen gibt und gestalte ein Poster mit den verschiedenen Symbolen.*

5. BUDDHISMUS

Basisinformationen

Der Buddhismus ist neben dem Hinduismus das zweite fernöstlich-asiatische Religionssystem, dem insgesamt – aber vor allem in Süd-, Südost- und Ostasien – über 375 Millionen Menschen angehören. Auch in den USA und in West-Europa erfreuen sich buddhistische Glaubensformen zunehmender Beliebtheit, doch ist die Zahl der Buddhisten hier im Vergleich zu Christen oder Muslimen dennoch gering (in Deutschland gibt es beispielsweise neben etwa 120.000 Buddhisten asiatischer Herkunft 40.000 bekennende Buddhisten; die Zahl der Sympathisanten ist indessen deutlich höher).

In den letzten Jahren haben die Vorgänge in Tibet und das Schicksal des Dalai Lama die Öffentlichkeit beschäftigt, sodass vor allem der Lamaismus, die tibetanische Variante des Buddhismus, in den deutschen Medien mit der Religion als Ganzer in Verbindung gebracht wird. Der Lamaismus ist jedoch als Weiterentwicklung des *Vajrayana* (= Diamantfahrzeug) nur eine von drei existierenden Hauptrichtungen des Buddhismus. Wesentlich bedeutender und zahlenmäßig größer als der Lamaismus sind die Strömungen des *Mahayana* und des *Hinayana.*

Etwa hundert Jahre nach dem Tod des Religionsstifters Buddha kam es in der Gemeinde zu Unstimmigkeiten hinsichtlich seiner Lehre, sodass diese sich in zwei Hauptströmungen teilte: die Strömung des *Hinayana* (= Lehre der Alten) und *Mahayana* (= Großes Fahrzeug). Der Hinayana-Buddhismus, der an der strengen Lehre der Selbsterlösung durch Askese und Meditation festhielt – und der damit die Möglichkeit zur Erlösung vor allem dem Mönchsstand zuordnete –, verbreitete sich allmählich von Indien aus nach Sri Lanka, Thailand, Kambodscha, Laos und Burma. Der Mahayana-Buddhismus, der die Möglichkeit der Erlösung aller Wesen eröffnen will und der Mönche und Nonnen dabei als Helfer und Begleiter der Suchenden versteht, expandierte hingegen nordöstlich nach Nepal, Tibet, China, Japan, Vietnam und Korea.

Der Buddhismus ist als Reformbewegung des Hinduismus entstanden. Seine Gründergestalt ist der ursprünglich zur Adelskaste gehörige Buddha (= der Erwachte), der im 6. Jahrhundert v.Chr. in Nordindien, am Fuße des Himalaya-Massivs gelebt haben soll. Neuere Forschungen vermuten seine Lebens- und Wirkungszeit allerdings eher in der Mitte des 5. Jahrhunderts v.Chr. Historisch ist wohl auch, dass Buddha unter dem Namen Siddharta Gautama als Sohn eines Fürsten und damit als Mitglied der Kriegerkaste in das hinduistische Kastensystem hineingeboren wurde. Er wurde Wanderasket, erfuhr nach Jahren der spirituellen Suche eine Erleuchtung und begann mit der Verkündigung seiner Lehre von den »Vier edlen Wahrheiten« und dem »Achtfachen Pfad«, die den Ausstieg aus dem Kreislauf der Wiedergeburt (sanskrit *Samsara*) und die Erlösung durch den Zustand des »Verwehens« (sanskrit *Nirvana*) ermöglichen sollte. Schon bald sammelte der Buddha eine größere Anhängerschaft um sich, die sich nach seinem Tod rasch in verschiedene Gruppierungen und Strömungen aufteilte.

Dieses historische Grundgerüst des Lebens und Wirkens Buddhas ist durch zahlreiche Legenden ausgestaltet worden. So soll der Fürstensohn Siddharta Gautama kurz nach der Geburt seines ersten Sohnes in den »Vier Ausfahrten« einem Greis, einem Kranken, einem Toten und einem Wandermönch begegnet sein. Diese Begegnungen erschüttern ihn so sehr, dass er den Beschluss fasst, Frau und Kind zu verlassen und als Wanderasket nach einem Ausweg aus dem Kreislauf von Geburt, Begierde, Leiden und Tod zu suchen. Nach Jahren der Wanderschaft widerfährt ihm bei einer Rast am Nairanjana-Fluss unter einem Feigenbaum – später »Bodhi-Baum« genannt – die Erleuchtung: Er durchschaut den Zusammenhang von Leiden, Begierde und Wiedergeburt und verkündet diese Erkenntnis bei seiner ersten Predigt im Gazellenhain von Sarnath bei Benares als die »Vier edlen Wahrheiten«. Diese Wahrheiten lauten konkret:

1. Das Leben ist von Leid geprägt.
2. Dieses Leid wird durch Begierde verursacht.
3. Die Begierde und somit das Leid kann durch tugendhaftes Leben und Meditation überwunden werden.
4. Der Weg dahin führt über den Achtfachen Pfad, der Handlungsanweisungen zum tugendhaften Leben gibt.

Der Legende nach soll Buddha nach seiner Erleuchtung unter dem Bodhi-Baum über 45 Jahre lang im Norden Indiens gelehrt und seine Anhänger gesammelt haben. In dieser Zeit sind wohl auch der erste Mönchsorden und später ein Frauenorden entstanden. Buddha starb im Alter von 80 Jahren während einer tiefen Meditation in Kusinara und ging nach buddhistischer Überlieferung in das Nirvana ein. In Kusinara fanden 1898 Archäologen eine Stupa, also einen Reliquienschrein, der laut Inschrift die Asche Buddhas enthalten soll.

Die Lehre Buddhas ist im *Tripitaka* (= Dreikorb), auch *Pali-Kanon* genannt, zusammengefasst worden. Dieser dreifache »Korb« besteht aus Regeln für die Gemeinschaft *(Sangha)* der buddhistischen Mönche und Nonnen, den Lehrreden Buddhas und einer philosophischen Systematisierung seiner Lehren. Vor allem im Theravada-Buddhismus, der einzigen noch bestehenden Schule des Hinayana, haben diese Schriften kanonische Geltung und werden streng befolgt.

Ritus und Rituale

Die zentrale Figur der Verehrung im Buddhismus ist der erleuchtete Siddharta Gautama, also der »Buddha«. Seit dem 2. vorchristlichen Jahrhundert wird der Buddha in Skulpturen und Statuen dargestellt. Eine Buddha-Statue ist nicht als Artefakt zu verstehen, sondern als Kultgegenstand, der die Betrachterinnen und Betrachter an Buddha erinnern, sie belehren und wenn möglich erleuchten soll (5.1). Buddhas Lehre vom Achtfachen Pfad, die jeder nach Erlösung Suchende aufnehmen und befolgen soll, wird häufig als kunstvoll gefertigtes Rad mit acht Speichen dargestellt (5.2). Wer den Pfad bis zum Ende geht und die acht rechten Dinge leben lernt, der gelangt zur Vervollkommnung in drei Bereichen:

- Er erkennt im Bereich der *Sittlichkeit,* dass er mit allen Wesen Mitleid haben muss. Diese Erkenntnis und ihre Konsequenz werden im tibetanischen Buddhimus (Lamaismus und Tantrismus) im Ritual mit Glocke und Donnerkeil (sanskrit *Vajra*) symbolisiert (5.3).
- Im Bereich der *Meditation* gilt es, zur rechten Versenkung zu gelangen. Dies gelingt durch das ausdauernde Rezitieren von Mantras und Gebeten, z.B. unter Einsatz einer Gebetsmühle (5.4) oder aber das Aussenden von Gebeten und Mantras durch das Aufhängen einer Gebetsfahne.

- Im Bereich der *Weisheit* schließlich zeigt sich rechte Anschauung und Gesinnung durch den Verzicht auf alle Sicherheit und allen Komfort in der Existenz als Mönch oder Nonne. Vor allem im Hinayana-Buddhismus, der an der strengen Lehre der Selbsterlösung durch Askese und Meditation festhält, kommt dem Mönchsstand eine große Bedeutung zu. Die Almosenschale (5.5) kann hier ein Zeugnis für die radikale Existenz der Nonnen und Mönche als Konsequenz rechter Anschauung und Gesinnung sein.

Literatur zum Buddhismus

Heinz Bechert/Richard Gombrich (Hgg.), Der Buddhismus. Geschichte und Gegenwart, München [3]2008.

Michael von Brück, Einführung in den Buddhismus, Frankfurt a.M. 2007.

Manfred Hutter, Das ewige Rad. Religion und Kultur des Buddhismus, Graz 2001.

Ulrich Luz/Axel Michaelis, Jesus oder Buddha. Leben und Lehre im Vergleich, München 2002.

Udo Tworuschka, Religionen der Welt in Geschichte und Gegenwart, Gütersloh 1992, 291–338.

Monika und Udo Tworuschka, Die Welt der Religionen: Buddhismus, Gütersloh/München 2008.

Themenheft »Buddhismus«, Katechetische Blätter 3/2010.

5.1 Die Buddha-Statue

Zeugnis der Erleuchtung

Empfohlene Jahrgangsstufe: 9–11

Mögliche Verknüpfung:
1.1 Das Kreuz Jesu Christi – Zeugnis der Menschwerdung Gottes
1.5 Die Ikone – Zeugnis der Gegenwart Gottes in dieser Welt
4.4 Die Shiva-Statue – Zeugnis des Gottes der Schöpfung und Zerstörung
4.5 Die Lotusblüte – Zeugnis der Reinheit und Erleuchtung

Thema der Stunde: Was wird behandelt?
»Ich suche Zuflucht zum Buddha« – Eine Begegnung mit dem Religionsstifter des Buddhismus

Angestrebte Kompetenzen: Welche Fähigkeiten sollen Schülerinnen und Schüler am Zeugnis zeigen können?
Die Schülerinnen und Schüler skizzieren mithilfe des Zeugnisses einer Buddha-Statue den Lebensweg des Buddhas und erläutern seine Bedeutung für den Buddhismus.

Im Einzelnen: Die Schülerinnen und Schüler
- benennen die wichtigsten Stationen des Weges von Siddharta Gautama bis zum Stadium des Buddhas.
- erklären das Anliegen und die Suche des Gautama Siddharta.
- erläutern, wie aus dem Prinzen Siddharta der Buddha, also der »Erleuchtete« werden konnte.
- zeigen auf, wie aus der Verkündigung des Buddhas die Bewegung des Buddhismus werden konnte.
- vergleichen die Verehrung des Buddhas durch Buddhisten mit der Verehrung Jesu im Christentum (1.1).

Buddha-Statue in der klassischen Position des Lotussitzes

Das Zeugnis: Was muss man als Lehrerin oder Lehrer über die Buddha-Statue wissen?

Der Buddha wurde der Legende nach als Siddhartha (= »der das Ziel erreicht hat«) Gautama um 566 v.Chr. in Nepal geboren. Er gehörte zum Geschlecht der Sakya, wuchs als Sohn einer Oberschichtfamilie in Wohlstand auf und führte ein unbeschwertes Leben. Er wurde meist Gautama oder Sakyamuni (= »der Weise aus dem Geschlecht der Sakyas«) genannt.

In seinem 29. Lebensjahr kommt es zu vier folgenreichen Begegnungen. Siddharta begegnet nacheinander einem Greis, einem Schwerkranken und einem Toten. Schließlich trifft er einen Wandermönch, der ihn über diese drei Personen belehrt und sie als Sinnbild für das Leiden deutet. Dieses aber gilt es nun zu überwinden: Siddharta verlässt seine Frau und seinen Sohn, um das Leben eines wandernden Bettelmönchs zu führen und so den Weg zur Erlösung zu finden. Sechs Jahre lang lebt er als Asket ein sehr einfaches und enthaltsames Leben. Eines Tages, während einer Meditation in Bodh-Gaya unter einem Feigenbaum, findet er die »Erleuchtung« und wird so zum »Buddha«, dem »Erleuchteten«. Der Feigenbaum erhält fortan den Namen »Bodhi-Baum« (= »Baum der Erleuchtung«), der bis heute ein wichtiger buddhistischer Wallfahrtsort ist. Während seiner Meditation erschließen sich Buddha drei Erkenntnisse: die Erinnerung an seine früheren Existenzen, das Wissen um Geburt und Tod der Lebewesen und die Gewissheit, dass die Unwissenheit und die Leidenschaft zu immer neuen Wiedergeburten führen und die Verkettung der Daseinsfaktoren aufrechterhalten. Er erkennt, dass dieses dreifache Wissen ihn zur Erlösung führen soll, sodass er den immerwährenden Kreislauf von Geburt, Leben, Tod und Wiedergeburt durchbrechen kann. Er entwickelt eine Lehre, die es ermöglicht, dem Leiden ein Ende zu setzen und Ruhe im Nirvana (= Verlöschen) zu finden. Diese Lehre wird *Dharma* genannt: Sie zielt darauf ab, aus dem Leiden zu befreien. Mit seiner Predigt im Tierpark von Benares, der sogenannten »ersten Drehung des Rades der Lehre«, beginnt Buddhas Lehrtätigkeit, die ihn überall bekannt machte. Er legt seine Erkenntnis in Form von »Vier edlen Wahrheiten« dar. Den Rest seines Lebens verbringt er damit, seine Lehre zu verkünden und eine Gemeinde zu gründen, die *Sangha* heißt und aus Mönchen, Nonnen, männlichen und weiblichen Laienanhängern besteht. Mit seinem Tod im Alter von 80 Jahren erreichte der Buddha das »endgültige Nirvana«, den endgültigen Heilszustand.

Von Buddhisten wird Buddha nicht als Gott verehrt, sondern als ein Mensch, der den Dharma, die erlösende Wahrheit, aus eigener Kraft erkannt hat. Er ist derjenige, der den Pfad gewiesen hat, den man folgen muss, um das Ziel der Erlösung zu erreichen. Während es in den ersten beiden Jahrhunderten nach dem Tod des Buddhas noch nicht üblich war, den Erleuchteten bildlich darzustellen, entwickelt sich seit dem 2. vorchristlichen Jahrhundert die buddhistische Skulpturkunst als neue Tradition. Diese hat sich über die Jahrhunderte dann zu einer komplexen Kunstlehre weiterentwickelt, in der es ein ganzes Repertoire an Statuen und einen ausführlichen Symbolkanon von Posen, Gesten und Attributen gibt. Die Buddha-Statue soll den Betrachter an Buddha erinnern, ihn belehren und wenn möglich erleuchten. Die abgebildete Buddha-Skulptur zeigt den Buddha in der klassischen Position des Lotussitzes, die rechte Hand zur »Ermutigungsgeste« erhoben, die linke als »Mußegeste« geöffnet im Schoß liegend: Der Betrachter soll zum Buddha treten, seinen Blick auf ihn richten und sich in Muße auf die Meditation ausrichten.

Der didaktische Rahmen: Wozu eine Buddha-Statue einsetzen?

Die Unterrichtsstunde zum Zeugnis der Buddha-Skulptur sollte an den Anfang einer Unterrichtseinheit zum Thema »Buddhismus« gestellt werden. Mithilfe dieses Zeugnisses kann der Entstehungskontext der Religion beleuchtet und das Grundanliegen der Lehre des Buddhas herausgearbeitet werden. In den meisten Lehr- und Bildungsplänen ist die Behandlung des Buddhismus für die 9. oder 10. Klasse und für den Ethik- und Religionsunterricht in der Oberstufe vorgesehen.

Die methodischen Schritte: Wie wird das Zeugnis eingeführt?

Einstieg: Die Phase der inneren Beteiligung

Vor Unterrichtsbeginn schafft die Lehrerin bzw. der Lehrer eine geeignete Lernatmosphäre im Klassenraum, indem sie diesen wie einen Tempel ausgestaltet. An den Wänden werden Schriftrollen aufgehängt, das Licht wird abgedunkelt und Teelichter verteilt. Eine Stelle im Raum wird besonders herausgehoben: Auf einem mit einem schönen Tuch dekorierten Tisch wird in erhöhter Position eine Budda-Statue platziert. Um die Buddha-Statue herum entsteht mit einem gewissen Abstand ein Halbstuhlkreis, gegebenenfalls in mehreren Reihen. So können einerseits alle Schülerinnen und Schüler während der Stunde eine direkte Sicht auf die Buddha-Statue haben, andererseits wird damit das Besondere, das Heilige der Buddha-Figur hervorgehoben. Die Tische und alles andere Mobiliar werden an die Wände geschoben.

Die Phase der inneren Beteiligung beginnt schon dann, wenn die Klasse den umgestalteten Raum betritt. Die Schülerinnen und Schüler nehmen im Halbstuhlkreis Platz und die Lehrerin bzw. der Lehrer bittet um eine kurze Stillephase (1–2 Minuten), damit sich alle auf die Figur und die Atmosphäre des Raumes einlassen können.

Erarbeitung I: Die Phase der Entdeckung

Nach der Stillephase werden die Schülerinnen und Schüler aufgefordert, ihre Beobachtungen und Eindrücke zu benennen und die Skulptur zu beschreiben. Nach ersten Gesprächsimpulsen und Diskussionen können die Schülerinnen und Schüler aufstehen und im Klassenzimmer entdeckend umhergehen. Dort sollten andere Buddha-Statuen mit unterschiedlichen Haltungen und Gesten auf den Tischen ausgestellt oder durch Bilder an den Wänden zugänglich gemacht werden.

Im Plenum wird schließlich gesammelt und auf einem Medium festgehalten, was aus den verschiedenen Buddha-Statuen bzw. Bildern über den Buddha und seine Verehrung erschlossen werden kann.

Erarbeitung II: Die Phase der Kontextualisierung

Der verehrte Buddha des Kultes soll nun in den Kontext des historischen Buddhas gestellt werden. Zur Aneignung von Hintergrundinformation ist das Vorlesen eines narrativen Texts über den Weg des Siddharta Gautama (siehe Arbeitsblatt 1 zum Buddhismus, S. 253) oder das Einspielen einer Filmsequenz über das Leben des Siddharta Gautama sinnvoll (sehr anschaulich: Little Buddha, USA 1993, Regie: Bernardo Bertolucci). Danach wird im Unterrichtsgespräch zusammengefasst, was das Anliegen des Siddharta Gautama gewesen ist und welche Bedeutung er als Buddha für seine Anhänger bis heute hat. Folgende Leitfragen können diskutiert werden: Wer war eigentlich dieser Siddharta Gautama? Was hat er geleistet? Wofür steht er? Was versuchte er anzustreben? Wieso existieren überhaupt Statuen und Bilder von Buddha? Welche Bedeutung haben sie im Leben der Buddhisten?

Vertiefung: Die Phase der Reflexion

In der letzten Phase kann versucht werden, eine Verbindung zwischen Buddha und Jesus herzustellen. Die Lehrerin bzw. der Lehrer knüpft an die oben zuletzt genannte Fragen an und initiiert eine Diskussion, ob es in der christlichen Religion auch Personen gibt, die eine besondere Verehrung erfahren. Antworten wie »Marien- und Heiligenverehrung, Jesus« werden fallen.

Die Antwort »Jesus« wird aufgegriffen und dieser wird in Beziehung zum Buddha gesetzt. Die Schülerinnen und Schüler erhalten die Arbeitsaufgabe, das Leben und den Weg Jesu und Buddhas zu vergleichen sowie Parallelen und Unterschiede festzuhalten.

Hierzu werden der Informationstext über das Leben Jesu (siehe Arbeitsblatt 2 zum Buddhismus, S. 254) und eine Tabelle zum Ausfüllen verteilt. Die Schülerinnen und Schüler können sich im Klassenraum an den Tischen verteilen und in Partnerarbeit die Arbeitsaufgabe bearbeiten. Abschließend werden die Ergebnisse vorgestellt und auf einem zentralen Medium (Tafel/Tageslichtprojektor) gesammelt.

Weiterführende Literatur

Peter Kliemann, Buddhismus, in: Ders., Das Haus mit vielen Wohnungen. Eine Einführung in die Welt der Religionen, Stuttgart 2004, 83–116, besonders 83–87.

Étienne Lamotte, Der Buddha. Seine Lehre und Seine Gemeinde, in: Heinz Bechert/Richard Gombrich (Hgg.), Der Buddhismus. Geschichte und Gegenwart, München [3]2008, 33–67.

Ulrich Luz/Axel Michaelis, Jesus oder Buddha. Leben und Lehre im Vergleich, München 2002.

Claußß Peter Sajak, Was man vom »Little Buddha« lernen kann: Eine Einführung in die Erlösungslehre des Buddhismus, in: Christoph Kunz (Hg.), Fertig ausgearbeitete Unterrichtsbausteine für das Fach Ethik/Werte und Normen/Philosophie, Bd. II, Kissing 2000, 5.5.

Hans-Wolfgang Schumann, Buddhistische Bilderwelt. Ein ikonographisches Handbuch des Mahayana- und Tantrayana-Buddhismus, München [3]1997, besonders 21–117.

Arbeitsblatt 1 BUDDHISMUS: Siddharta Gautama – der Buddha

Die Gründergestalt des Buddhismus ist der ursprünglich zur Adelskaste gehörige Buddha (= der Erwachte) der im 6. Jahrhundert v.Chr. in Nordindien, am Fuße des Himalaya-Massivs gelebt haben soll. Neuere Forschungen vermuten seine Lebens- und Wirkungszeit allerdings eher in der Mitte des 5. Jahrhunderts v.Chr. Historisch ist wohl auch, dass Buddha unter dem Namen Siddharta Gautama als Sohn eines Fürsten und damit als Mitglied der Kriegerkaste in das hinduistische Kastensystem hineingeboren wurde. Er wurde Wanderasket, erfuhr nach Jahren der spirituellen Suche eine Erleuchtung und begann mit der Verkündigung seiner Lehre von den »Vier edlen Wahrheiten« und dem »Achtfachen Pfad«, die den Ausstieg aus dem Kreislauf der Wiedergeburt (sanskrit *Samsara*) und die Erlösung durch den Zustand des »Verwehens« (sanskrit *Nirvana*) ermöglichen sollte. Schon bald sammelte der Buddha eine größere Anhängerschaft um sich, die sich nach seinem Tod rasch in verschiedene Gruppierungen und Strömungen aufteilte.

Das historische Grundgerüst des Lebens und Wirken Buddhas ist durch zahlreiche Legenden ausgestaltet worden. So soll der Fürstensohn Siddharta Gautama kurz nach der Geburt seines ersten Sohnes in den »Vier Ausfahrten« einem Greis, einem Kranken, einem Toten und einem Wandermönch begegnet sein. Diese Begegnungen erschüttern ihn so sehr, dass er den Beschluss fasst, Frau und Kind zu verlassen und als Wanderasket nach einem Ausweg aus dem Kreislauf von Geburt, Begierde, Leiden und Tod zu suchen. Nach Jahren der Wanderschaft widerfährt ihm bei einer Rast am Nairanjana-Fluss unter einem Feigenbaum – später der »Bodhi-Baum« genannt – die Erleuchtung: Er durchschaut den Zusammenhang von Leiden, Begierde und Wiedergeburt und verkündet seine Erkenntnis bei seiner ersten Predigt im Gazellenhain von Sarnath bei Benares als die »Vier edlen Wahrheiten«.

Der Legende nach soll Buddha nach seiner Erleuchtung unter dem Bodhi-Baum über 45 Jahre lang im Norden Indiens gelehrt und seine Anhänger gesammelt haben. In dieser Zeit sind wohl auch der erste Mönchsorden und später auch ein Frauenorden entstanden sein. Buddha starb im Alter von 80 Jahren während einer tiefen Meditation in Kusinara und ging nach buddhistischer Überlieferung in das Nirvana ein.

Arbeitsblatt 2 BUDDHISMUS: Jesus von Nazaret – der Christus

Das Christentum ist aus einer jüdischen Gruppierung hervorgegangen, die den Wanderprediger Jesus von Nazaret als den Messias (griechisch ***Christos*** = der Gesalbte) verehrte. Die Schriften des Neuen Testaments, in denen seine Anhänger die Botschaft Jesu festgehalten haben, sind zugleich eine wichtige Quelle für Informationen zur historischen Person Jesu.

Jesus wurde etwa 6–4 v.Chr. in Betlehem oder Nazaret geboren. Seine Muttersprache war aramäisch. Ungefähr ab dem Jahr 28 n.Chr. begann Jesus öffentlich als charismatischer Wanderprediger in Galiläa um den See Gennesaret herum aufzutreten. Er verkündete den Anbruch des Gottesreichs und rief die Menschen zur Umkehr auf. Mit seinen Lehren geriet Jesus von Nazaret in Konflikt mit der jüdischen Tempelaristokratie und der römischen Obrigkeit. Er wurde verhaftet, wegen Aufruhr angeklagt und zum Tode verurteilt. Um das Jahr 30 n.Chr. wurde Jesus in Jerusalem durch Kreuzigung hingerichtet.

Für die Christen hat Gott mit Jesus von Nazaret seinen Sohn in die Welt gesandt, um die Menschen zur Umkehr zu bewegen. Die Verkündigung seiner Botschaft begann Jesus nach seiner Taufe im Jordan durch Johannes den Täufer. Die Evangelien, die innerhalb des Neuen Testaments neben den Briefen des Paulus von Jesu Erlösungswerk und seiner Botschaft vom Reich Gottes erzählen, berichten von verschiedenen Wundertaten, die Jesus während seines öffentlichen Wirkens vollbracht hat. Im Zentrum seiner Verkündigung stand das Liebesgebot, das auch die Feindesliebe einschließt und alle Menschen als Brüder und Schwestern bezeichnet. Dem christlichen Glauben nach ist Jesus Christus nach seinem Tode auferstanden. Gott hat den Menschen durch Tod und Auferstehung seines Sohnes die Möglichkeit zur Umkehr und Erlösung eröffnet. Nach seinem Tod verbreitete sich Jesu Lehre durch seine Jünger, die er dazu beauftragt hatte, seine Botschaft zu verkündigen. So bildete sich die christliche Gemeinschaft, die Kirche.

5.2 Das Rad der Lehre

Zeugnis des Achtfachen Pfads

Empfohlene Jahrgangsstufe: 9–11

Mögliche Verknüpfung:
1.3 Der Kelch – Zeugnis der Hingabe und der Gemeinschaft über den Tod hinaus
2.1 Der Tallit und die Tefillin – Zeugnisse des Erinnerns
3.1 Der Koran – Offenbarung und Zeugnis des Segens

Thema der Stunde: Was wird behandelt?
»Beachte das Rad der Lehre« – Was das Rad der Lehre über den Buddhismus erzählen kann

Angestrebte Kompetenzen: Welche Fähigkeiten sollen Schülerinnen und Schüler am Zeugnis zeigen können?
Die Schülerinnen und Schüler erklären anhand des Zeugnisses »Rad der Lehre« die Bedeutung des Achtfachen Pfades für das Leben einer Buddhistin bzw. eines Buddhisten.

Im Einzelnen: Die Schülerinnen und Schüler

- beschreiben das Rad der Lehre und benennen die einzelnen acht Speichen.
- ordnen die Lehre vom Achtfachen Pfad den Vier Edlen Wahrheiten zu.
- vergleichen die Lehre vom Achtfachen Pfad mit Weisungen aus Judentum und Christentum und erläutern Gemeinsamkeiten wie Unterschiede.
- erörtern, wie ein Leben gemäß der Lehre vom Achtfachen Pfad aussehen kann.

Das Rad der Lehre

Das Zeugnis: Was muss man als Lehrerin oder Lehrer über das Rad der Lehre wissen?

Das Rad der Lehre ist das Symbol für den Achtfachen Pfad und symbolisiert damit die zentralen ethischen Weisungen des Buddhismus. Siddhartha Gautama hat nach buddhistischer Vorstellung als Buddha durch seine Predigt von

Benares das »Rad der Lehre« in Bewegung gesetzt. Die acht Speichen des Rades stellen die acht Schritte des Achtfachen Pfades zur Erlösung dar. Das Rad ist eines der ältesten Symbole des Buddhismus. König Asoka, der im 3. Jahrhundert v.Chr. lebte, wählte das Rad als Symbol seines Reiches und förderte damit maßgeblich seine Verbreitung als Symbol für den Achtfachen Pfad.

Der Achtfache Pfad gehört zum Dharma, der buddhistischen Lehre, die in den »Vier edlen Wahrheiten« zusammengefasst wird:

1. Alles Leben ist Leiden.
2. Dieses Leid wird durch Begierde verursacht.
3. Die Begierde und somit das Leid kann durch tugendhaftes Leben und Meditation überwunden werden.
4. Der Weg dahin führt über den Achtfachen Pfad, der Handlungsanweisungen zum tugendhaften Leben gibt: Wer diesen Pfad beschreiten will, sucht rechte Erkenntnis, rechte Gesinnung, rechte Rede, rechte Tat, rechten Lebenserwerb, rechte Anstrengung, rechte Achtsamkeit und rechte Sammlung.

Der Achtfache Pfad hilft somit den Menschen, sich von der Gier nach den Dingen und damit von weltlichen Lasten zu befreien, um so das Nirvana zu erreichen. Nur wer keine Wünsche mehr hat, kann das Glück finden und wird erleuchtet. Erst nun ist er wirklich frei für das Mitgefühl, das man anderen Menschen, Tieren und Pflanzen entgegenbringt. Dies ist wiederum die Voraussetzung, um das Stadium des Nirvana zu erreichen.

Die acht Glieder des Pfades lassen sich – ähnlich wie die zehn Weisungen des jüdischen Dekalogs – in verschiedene Gruppen gliedern: die Gruppe der Weisheit (rechte Erkenntnis, rechte Gesinnung), die Gruppe der Sittlichkeit (rechte Rede, rechte Tat, rechter Lebenserwerb) und die Gruppe der Vertiefung (rechte Anstrengung, rechte Achtsamkeit und rechte Sammlung). Alle acht Glieder gemeinsam bilden den Schlüssel zur Erlösung, denn zusammen führen sie zur Erkenntnis des Weltgesetzes, bewirken eine sittliche Lebensführung und fördern die Fähigkeit zu Meditation und Gebet. Deshalb gilt: Wer die vier Wahrheiten erkannt hat und den Achtfachen Pfad mit dem Ziel der Vervollkommnung beschreitet, der ist auf dem Weg, den Kreislauf von Geburt, Leiden und Tod zu überwinden und ins Nirvana einzugehen.

Der didaktische Rahmen: Wozu das Rad der Lehre einsetzen?

Die Vorstellung des Rads der Lehre ist ein wichtiger Baustein der Unterrichtseinheit zum Thema »Buddhismus«. Mithilfe dieses Zeugnisses kann die Lehre des Buddhismus, der Dharma mit seinen Vier Edlen Wahrheiten und dem Achtfachen Pfad, erschlossen werden. An den einzelnen Speichen können die acht Glieder des Pfades eingeführt und erörtert werden.

Die methodischen Schritte: Wie wird das Zeugnis eingeführt?

Einstieg: Die Phase der inneren Beteiligung

Steuerrad eines Segelschiffs

Die Stunde beginnt mit der Projektion eines klassischen Steuerrades, wie es auf Segelbooten oder auf Schiffen älterer Bauart zu finden ist (siehe Abb.). Die Schülerinnen und Schüler sind aufgefordert, das Rad zu beschreiben, seine Funktion zuzuordnen und seine Form mit Blick auf seine Funktion zu diskutieren. In einem zweiten Schritt kann bereits auf die symbolische Bedeutung eines solchen Steuerrades eingegangen werden. Was symbolisiert ein solches Steuerrad? Warum wählt man gerade ein solches Rad als Symbol?

Erarbeitung I: Die Phase der Entdeckung

Nach der Eingangsdiskussion wird das Rad der Lehre entweder konkret als Gegenstand oder als Foto auf Folie präsentiert. Die Lehrerin bzw. der Lehrer stellt das Zeugnis in den Kontext des Buddhismus und regt an, nach der Beschreibung des Gegenstands über seine religiöse Bedeutung nachzudenken. Dabei sind folgende Leitfragen hilfreich: Wofür braucht man das Rad der Lehre? Was symbolisiert es? Wie kann es benutzt werden?

Erarbeitung II: Die Phase der Kontextualisierung

Im folgenden Unterrichtsgespräch wird nun geklärt, in welchem Zusammenhang das Zeugnis im religiösen Alltag steht. Die Lehrkraft führt aus, dass das Rad den Achtfachen Pfad symbolisiert, der zentraler Bestandteil der buddhistischen Lehre ist. Dabei kann sie an den Baustein zur Person des Buddhas anknüpfen (5.1) und auf die Predigt von Benares verweisen. Um die Kerninhalte der Predigt hervorzuheben, wird eine Folie mit den Vier edlen Wahrheiten aufgelegt (siehe Arbeitsblatt 3 zum Buddhismus, S. 260). Die Schülerinnen und Schüler überlegen, was die Wahrheiten bedeuten und worauf sie abzielen könnten. Ihnen soll dabei deutlich werden, dass die Lehre des Buddhas eine »Lehre von der Leidensbefreiung« ist und der Achtfache Pfad eine Hilfe, um aus dem Kreislauf der Wiedergeburten auszusteigen und in das Nirvana zu gelangen.

Vertiefung: Die Phase der Reflexion

In der abschließenden Unterrichtsphase können die Weisungen des Achtfachen Pfades in den Kontext ethischer Weisungen aus anderen Weltreligionen gestellt werden. Dabei ist es wichtig, die Gemeinsamkeiten, aber auch wichtige Unterschiede herauszuarbeiten: So sind die acht Glieder des Pfades nicht nur auf das rechte Tun und Denken ausgerichtet – und damit ethische Weisungen, die auf die Handlungspraxis zielen –, sondern auch auf Weisheit und Kontemplation. Es gibt also zweifelsohne so etwas wie ein gemeinsames »Ethos« der Religionen (vgl. Küng 1999), doch darin erschöpft sich Religion eben nicht. Religion ist mehr als Ethik und zielt auf weitere Dimensionen der menschlichen Existenz und ihre Verwiesenheit.

Weiterführende Literatur

Adelheid Herrmann-Pfandt (Hg.), Tibet in Marburg. Sonderausstellung der Religionskundlichen Sammlung der Philipps-Universität Marburg, Marburg 2007.

Peter Kliemann, Buddhismus, in: Ders., Das Haus mit vielen Wohnungen. Eine Einführung in die Welt der Religionen, Stuttgart 2004, 83–116, besonders 89–100.

Clauß Peter Sajak, Was man vom »Little Buddha« lernen kann: Eine Einführung in die Erlösungslehre des Buddhismus, in: Christoph Kunz (Hg.), Fertig ausgearbeitete Unterrichtsbausteine für das Fach Ethik/Werte und Normen/Philosophie, Bd. II, Kissing 2000.

Hans-Wolfgang Schumann, Buddhistische Bilderwelt. Ein ikonographisches Handbuch des Mahayana- und Tantrayana-Buddhismus, München ^{3}1997, besonders 21–48.

Arbeitsblatt 3 BUDDHISMUS: Buddhas Erkenntnis über den Weg zur Erlösung

Die Vier edlen Wahrheiten

1. Das Leben ist von Leid geprägt.
2. Dieses Leid wird durch Begierde verursacht.
3. Die Begierde und somit das Leid kann durch tugendhaftes Leben und Meditation überwunden werden.
4. Der Weg dahin führt über den Achtfachen Pfad, der Handlungsanweisungen zum tugendhaften Leben gibt.

Der Achtfache Pfad

1. Rechte Erkenntnis
2. Rechte Gesinnung
3. Rechte Rede
4. Rechte Tat
5. Rechter Lebenserwerb
6. Rechte Anstrengung
7. Rechte Achtsamkeit
8. Rechte Sammlung

5.3 Glocke und Vajra

Zeugnisse von Versöhnung und Mitleid

Empfohlene Jahrgangsstufe: 9–11

Mögliche Verknüpfung:
1.1 Das Kreuz Jesu Christi – Zeugnis der Menschwerdung Gottes
3.2 Der Gebetsteppich – Zeugnis für Ritus und Ritual

Thema der Stunde: Was wird behandelt?
Glocke und Vajra – Symbole der Erlösung

Angestrebte Kompetenzen: Welche Fähigkeiten sollen Schülerinnen und Schüler am Zeugnis zeigen können?
Die Schülerinnen und Schüler ordnen die Bedeutung von Glocke und Vajra ein und erklären ihre Verwendung als Ritualgegenstand.

Im Einzelnen: Die Schülerinnen und Schüler
- beschreiben Glocke und Vajra und erklären die verschiedenen Attribute.
- erfassen den Zusammenhang von Vajra und Glocke und erklären diesen.
- erläutern die Verwendung von Glocke und Vajra und das damit verbundene Ziel.
- zeigen auf, welche Bedeutung Mitleid und Nächstenliebe im Christentum haben.

Das Zeugnis: Was muss man als Lehrerin oder Lehrer über Glocke und Vajra wissen?

Der Vajra, auch »Donnerkeilzepter« genannt, ist das Zentralsymbol des tantrischen Buddhismus. Der Tantrayana (= das Tantrafahrzeug) ist neben dem Hinayana und Mahayana die dritte Glaubenstradition im Buddhismus. Es handelt sich um einen okkulten Buddhismus, der im 2. Jahrhundert n.Chr. in Bengalen und Assam entstand und sich dann vor allem in der Himalaya-Region ausbreitete. Seine Philosophie basiert auf der des Mahayana, ist aber durch weitere Grundaussagen ergänzt worden. Theoretische Grundlage aller tantrischen Kulte ist die Lehre vom Zusammenfallen aller Gegensätze, insbesondere von männlich und weiblich. Der Tantrismus weist eine ausgeprägte Sexualmetaphorik auf. Eine der Schulen des Tantrismus, die besonders im tibetischen Buddhismus verbreitet ist, ist Vairayana, der seinen Namen dem bekanntesten tantrayanischen Symbol, dem Vajra (tibetisch *Dorje, Dordsche*) oder Donnerkeil, verdankt.

Der Vajra ist ein zepterartiger Gegenstand aus Metall. In vedischer Zeit, seit ca. 1500 v.Chr., wurde mit Vajra der Donnerkeil des altindischen Gewittergottes Indra bezeichnet. Im Buddhismus tritt Indra mit seinem Vajra als Beschützer des Buddha auf, Vajrapani (= »der mit seinem Vajra in der Hand«) wird sein Name. Der Begriff Vajra hat im Buddhismus eine doppelte Bedeutung: Vajra ist zum einen der »Donnerkeil«, der aus Meteoreisen angefertigt wird. Andererseits heißt Vajra auch »Diamant«; die tibetische Übersetzung Dordsche bedeutet »Herr der Steine«. Hier steht der Vajra für die Unzerstörbarkeit der absoluten Wirklichkeit und für die Klarheit und Schärfe letzter Erkenntnis, die in der tantrischen Praxis verwirklicht wird.

Die Texte des Mahayana verstehen unter Vajra eine übernatürliche Substanz, hart wie Diamant, transparent wie der leere Raum und unzerstörbar. Der Vajrayana überträgt das Wort auf

1. die Erleuchtung, in der dem Menschen die Einsicht seiner Leerheit (und damit der Buddhanatur) aufgeht;
2. die absolute Leerheit selbst, die ebenfalls unerschütterlich, unteilbar, undurchdringbar, unverbrennbar und unzerstörbar ist;
3. das Ritualzepter des vajrayanischen Mönchs, das gleich Indras Blitz die Dunkelheit (des Unwissens) vernichtet.

Glocke und Vajra (»Donnerkeilzepter«)

»Donnerkeil« und »Diamant« – diese Doppelbedeutung zeigt sich in verschiedenen Formen des Vajra: Am bekanntesten ist der fünfspitzige Vajra, bei dem vom Mittelteil in beide Richtungen bogenförmig je fünf Speichen ausgehen und sich auf jeder Seite in einer Spitze treffen. Vajras unterscheiden sich auch hinsichtlich der Gestaltung der Speichenenden: Speichen sind gerade gearbeitet, treffen sich nicht am Ende, stehen wie bei einem Dreizack einzeln, sind somit als Waffe benutzbar und dienen für Rituale von zornvollen Gottheiten oder werden von diesen als Attribute getragen. Der Mittelknauf symbolisiert die Leerheit. Der vierstegige Typ lässt aus der Leerheit durch den Lotus (das Symbol der Reinheit, vgl. auch Hinduismus, 4.2) die sogenannten fünf transzendenten Buddhas aufsteigen (vier Stege plus Achse), die in der Spitze zur Einheit verschmelzen.

Im Kult wird der Vajra mit der Glocke (sanskrit *Ghanta*) zusammen benutzt, die als Zeichen ihrer Zugehörigkeit zu dem Vajra einen Griff aus einem halben Vajra besitzt. Beide bilden zusammen die Polarität der Geschlechter. Der Vajra wird in der rechten Hand getragen und steht für das Männliche und die Glocke wird mit der linken Hand getragen und symbolisiert das weibliche Prinzip. Sie repräsentieren die Vereinigung und die Aufhebung beziehungsweise die Einheit der Gegensätze, die im Ritual ständig präsent ist. In der Handgeste (»Geste des Hum-Machens der Vajra«) werden beide vor der Brust gekreuzt, um damit die Vereinigung zu symbolisieren, die Unio mystica, in der die Gegensätze miteinander verschmelzen. So kennt der Tantrismus eine Reihe von Ritualen »in denen man Vajra und Glocke einfach nur in der rechten und linken Hand hält und mit ihnen rituelle Bewegungen vollzieht. In diesem Fall drücken Sie die Einheit der Gegensätze aus, die im Ritual ständig gegenwärtig ist« (Herrmann-Pfandt 2007, 185). Zugleich symbolisieren die Gegenstände Weisheit (Glocke) bzw. Mitleid (Vajra), die zwei Bedingungen für die Erlösung. In einem anderen Ritual symbolisiert der Vajra die Ewigkeit, die Glocke dagegen die Vergänglichkeit: Vergänglich ist die Welt wie ein Glockenton.

Der didaktische Rahmen: Wozu Glocke und Vajra einsetzen?

Im Rahmen einer Unterrichtseinheit zum Buddhismus können Glocke und Vajra eingesetzt werden, um das Erlösungsverständnis des Tantrismus als spezifischer Form des Buddhismus herauszuarbeiten. In Glocke und Vajra können der durch Begierde und Leiden konstituierte Zustand der empirischen Welt und die Leere und Abgelöstheit im Zustand der Erlösung vom Empirischen anschaulich gemacht und diskutiert werden. Auch die Verknüpfung der Erlösungserfahrung mit dem Mitleid kann aufgenommen und mit dem Mitleidsgedanken in anderen Religionen verbunden werden.

Die methodischen Schritte: Wie wird das Zeugnis eingeführt?

Einstieg: Die Phase der inneren Beteiligung

Die Unterrichtssequenz zu Glocke und Vajra wird mit der Erschließung des Begriffs »Diamant« begonnen. Die Lehrerin bzw. der Lehrer schreibt in Großbuchstaben den Begriff DIAMANT an die Tafel und lädt ein, Assoziationen zu diesem Begriff zu nennen. Diese werden in einer Mind-Map an der Tafel gesammelt, geknüpfte Verbindungen wie »kostbar«, »selten« und »hart« sollten besonders beachtet und akzentuiert werden.

Erarbeitung I: Die Phase der Entdeckung

Glocke und Vajra werden der Klasse als Gegenstände oder mithilfe des Tageslichtprojektors als Folienbild vorgestellt. Die Schülerinnen und Schüler werden aufgefordert, zuerst die Gegenstände zu beschreiben und dann Mutmaßungen über ihre Bedeutung und Funktion anzustellen. Die Lehrerin bzw. der Lehrer erläutert im Anschluss daran die Bedeutung der beiden Zeugnisse als Kultgegenstände buddhistischer bzw. tantrischer Rituale. Bei der Erklärung des Begriffs »Vajra« und seiner verschiedenen Bedeutungen kann dann auf das Tafelbild der Eingangsphase zurückgegriffen werden.

Erarbeitung II: Die Phase der Kontextualisierung

Glocke und Vajra werden nun in den Kontext der tantrischen Rituale (»Einheit der Gegensätze«) und der buddhistischen Vorstellungen von der Erlösung (»Einsicht in die Leerheit«) gestellt. Dabei kann an die Vier Edlen Wahrheiten und die Lehre vom Achtfachen Pfad (vgl. 5.2) angeknüpft werden. Wichtig ist hier, noch einmal auf die drei Gruppen des Achtfachen Pfads aufmerksam zu machen: die Gruppe der *Weisheit* (rechte Erkenntnis, rechte Gesinnung), die Gruppe der *Sittlichkeit* (rechte Rede, rechte Tat, rechter Lebenserwerb) und die Gruppe der *Vertiefung* (rechte Anstrengung, rechte Achtsamkeit und rechte Sammlung). Alle drei Gruppen werden nun beim Ritual mit Glocke und Vajra bedeutsam, da die Vertiefung im Ritual sowohl die Weisheit (Glocke) als auch die Sittlichkeit (Vajra), nämlich in der Form des Mitgefühls, kultisch vergegenwärtigt.

Vertiefung: Die Phase der Reflexion

Die Lehrerin bzw. der Lehrer nimmt abschließend den Begriff des Mitgefühl auf und sucht das Unterrichtsgespräch über diesen: Was bedeutet überhaupt das Wort Mitgefühl? Wie können Buddhisten versuchen, ein »Leben im Sinne von Mitgefühl« zu führen? Mit Blick auf die eigene, christliche Religion muss gefragt werden, welche Bedeutung das Mitgefühl im Kontext des christlichen Glaubens hat und worauf sich diese Bedeutung gründet. Dabei kann zum einen auf zentrale biblische Geschichten (exemplarisch die Beispielerzählung vom barmherzigen Samariter Lk 10,25–37) zurückgegriffen werden, zum anderen sollte aber auch auf Phänomene aus der Lebenswelt der Schülerinnen und Schüler eingegangen werden, z.B. auf die Arbeit von Diakonie und Caritas oder auf das Sozialprojekt »Compassion« (lateinisch *compassio* – Mitleid), das inzwischen an vielen Schulen praktiziert wird (vgl. Kuld/Gönnheimer, Praxisbuch Compassion. Soziales Lernen an Schulen, Donauwörth 2004).

Weiterführende Literatur

Pamela Draycott, Religious Artefacts. Why? What? How?, Derby 1997.

Adelheid Herrmann-Pfandt (Hg.), Tibet in Marburg. Sonderausstellung der Religionskundlichen Sammlung der Philipps-Universität Marburg, Marburg 2007, hier 183–185.

Hans-Wolfgang Schumann, Buddhismus. Stifter, Schulen und Systeme, Olten [5]1988, hier 191–195.

Hans-Wolfgang Schumann, Buddhistische Bilderwelt. Ein ikonographisches Handbuch des Mahayana- und Tantrayana-Buddhismus, München [3]1997, besonders 21–48.

5.4 Die Gebetsmühle

Zeugnis der rechten Versenkung

Empfohlene Jahrgangsstufe: 9–11

Mögliche Verknüpfung:
1.4 Der Rosenkranz – Zeugnis der Marienverehrung
3.4 Die Gebetskette – Zeugnis der Einheit und Vielfalt
4.2 Die heilige Silbe OHM – Zeugnis der Meditation

Thema der Stunde: Was wird behandelt?
»Om mani padme hum« – Wie eine Gebetsmühle Verwendung findet

Angestrebte Kompetenzen: Welche Fähigkeiten sollen Schülerinnen und Schüler am Zeugnis zeigen können?
Die Schülerinnen und Schüler erklären die Funktion einer Gebetsmühle und ordnen diese in die Gebetspraxis des Buddhismus ein.

Im Einzelnen: Die Schülerinnen und Schüler
- erklären Aufbau und Funktion einer Gebetsmühle.
- ordnen den Gebrauch der Gebetsmühle der buddhistischen Praxis des Mantra-Gebets zu.
- erläutern das Mantra-Gebet im Kontext der buddhistischen Lehre von der rechten Versenkung.
- setzen das Mantra-Gebet in Beziehung zu Formen des meditativen Gebets in anderen Religionen.

Tibetische Handgebetsmühle

Das Zeugnis: Was muss man als Lehrerin oder Lehrer über die Gebetsmühle wissen?

Die Gebetsmühle (tibetisch *Manikorlo*) wird dazu verwendet, die positive Wirkung von Mantras und Gebet zu vervielfältigen: Nach buddhistischer Vorstellung ergibt sich die Wirkung von Gebeten nicht nur durch das stille oder laute Aussprechen von Worten, sondern auch durch das ›Multiplizieren‹ von aufgeschriebenen Gebeten in einer Gebetsmühle. Dazu wird das Gebet mehrfach auf ein Stück Papier aufgeschrieben und dann in den Zylinder der Gebetsmühle gesteckt. Durch das Drehen des Zylinders soll das Gebet immer wieder verrichtet werden, sodass sich seine Wirkung erhöht. Gebetsmühlen werden vor allem von buddhistischen Laien verwendet, weniger von Nonnen oder Mönchen. Das magische Gebetsverständnis, das einem solchen Instrument zugrunde liegt, zeigt sich auch im Brauch der Gebetsfahnen, die vor allem in Tibet in großer Zahl zu finden sind. Auch von diesen erhofft man sich eine Verbreitung von Gebeten über das gesprochene Wort hinaus: Die auf ihnen abgedruckten Gebete sollen durch das Flattern der Fahnen im Wind (von den »Windpferden«, wie die Fahnen im Tibetischen heißen) in alle Himmelsrichtungen davongetragen werden und dadurch Glück und Segen bringen.

Gebetsfahnen an der großen Stupa von Swayambunath, Tibet

Die abgebildete Gebetsmühle besteht aus einem hohlen Zylinder, der oben und unten mit runden Platten verschlossen ist und durch den in seiner Mittelachse ein Metallstab führt, dessen herausragendes Ende mit Bambus verkleidet als Griff dient. Außen am Zylinder ist auf halber Höhe eine achtgliedrige Kette angebracht, an der ein kleines Gewicht befestigt ist. Wird der Zylinder einmal durch eine Handbewegung in Schwung gesetzt, bewirkt das Gewicht die Rotation des Zylinders um den Metallstab im Uhrzeigersinn. Der Zylinder ist auffällig geschmückt: Auf seinem Deckel ist eine Lotusblüte abgebildet aus der eine Lotusknospe hervorgeht, beides Symbole für Reinheit und Erleuchtung (vgl. 4.2). Auf der Außenseite des Zylinders sind drei Mantras in Sanskrit eingraviert: *Om vagisvare mum, Om vajrapani hum* und das wohl bekannteste Mantra, das *Om mani padme hum.*

Ein Mantra ist eine kurze, festgelegte Wortfolge (sanskrit: »Instrument des Denkens, Rede«), die zu Gebet und Meditation immer wieder sprechend, flüsternd, singend oder in Gedanken rezitiert wird. Das bereits erwähnte *Om mani padme hum* (»O du Kleinod in der Lotusblüte«) ist ein Mantra in Sanskrit, das im 5. Jahrhundert n.Chr. nach Tibet gelangt sein soll. Es ist das älteste und bis heute populärste Mantra des tibetischen Buddhismus und drückt das allumfassende Mitgefühl für alle Wesen aus.

Der didaktische Rahmen: Wozu eine Gebetsmühle einsetzen?

Die Vorstellung und Erklärung einer Gebetsmühle kann vor allem dazu dienen, das Gebetsverständnis im Buddhismus anschaulich zu machen. Schülerinnen und Schülern, die selbst oft kaum mehr Erfahrungen mit der Praxis des Gebets haben, mag ein magisches Gebetsverständnis, wie es in der Praxis von Gebetsmühle und Gebetsfahne zum Ausdruck kommt, sehr fremdartig erscheinen. Deshalb sollte eine Auseinandersetzung mit Gebet und Mantra zu einer Beschäftigung mit dem Buddhismus dazugehören. Dieses Element der buddhistischen Orthopraxie sollte kennengelernt werden, gerade auch, weil dadurch die Fremdheit der buddhistischen Vorstellungen spürbar wird und der Buddhismus selbst vor einer Vereinahmung durch falsche Reduktion auf Buddha und Samsara geschützt werden kann.

Die methodischen Schritte: Wie wird das Zeugnis eingeführt?

Einstieg: Die Phase der inneren Beteiligung

Zu Unterrichtsbeginn schreibt die Lehrerin bzw. der Lehrer das Mantra *Om mani padme hum* an die Tafel oder projiziert eine Folie mit diesem Mantra im Klassenraum. Die Schülerinnen und Schüler werden gebeten, sich dazu zu äußern. So werden Vorkenntnisse und Vorerfahrungen gesammelt. Im Unterrichtsgespräch kann dann in einem ersten Schritt geklärt werden, was ein Mantra ist und welche Bedeutung dieses Mantra konkret hat.

Erarbeitung I: Die Phase der Entdeckung

Im zweiten Unterrichtsschritt stellt die Lehrerin bzw. der Lehrer die Gebetsmühle vor. Die Schülerinnen und Schüler werden gebeten, das Gerät zu beschreiben und seine Bedeutung zu diskutieren. Im Unterrichtsgespräch gibt die Lehrerin bzw. der Lehrer Informationen zur inneren Struktur der Mühle und zum äußeren Schmuck. Über die Inschrift kann hier eine erste Verbindung zur Einleitungsphase und zum Mantra an der Tafel hergestellt werden.

Erarbeitung II: Die Phase der Kontextualisierung

Nun kann die Gebetsmühle in den Kontext der buddhistischen Gebetspraxis allgemein gestellt werden: Die Lehrerin bzw. der Lehrer erläutert, wie die Mühle durch das Einlegen von Gebetszetteln in Gang gesetzt wird und durch das Drehen ihre eigentliche Funktion bekommt. Wichtig ist hier, dass zwei zentrale Aspekte der buddhistischen Gebetspraxis aufgegriffen werden: Zum einen das Beten von Mantras (vgl. 4.2), zum anderen die Vorstellung, Gebete könnten durch eine »Vervielfältigung« eine besondere Wirksamkeit entfalten. Zur Illustration des zweiten Aspekts kann auch auf das Beispiel der Gebetsfahnen zurückgegriffen werden.

Vertiefung: Die Phase der Reflexion

Gebetshilfen gibt es auch in anderen Religionen. Für die Reflexion des Zeugnisses der Gebetsmühle kann hier nun auf den Rosenkranz (vgl. 1.4) und die Gebetskette der Muslime zurückgegriffen werden (vgl. 2.4). Wichtig bei Vorstellung, Diskussion und Vergleich der Gebetszeugnisse ist der Unterschied in der Ausrichtung des Gebets: Christen und Muslime beten zu Gott, stellen also eine Moment persönlicher Kommunikation und damit Beziehung zwischen sich als den Betenden und Gott als dem Ultimaten her. Rosenkranz und Gebetskette sind dabei Werkzeuge, die lediglich Hilfestellung leisten, um eine bestimmte Reihenfolge von Gebeten und einen bestimmten Rhythmus einzuhalten. Gebetsmühlen und Gebetsfahnen dagegen generieren Gebete, indem sie eingelegte oder aufgedruckte Gebetsformeln »multiplizieren« und in die Welt schicken. Damit bekommen diese Werkzeuge eine andere Funktion und Wertigkeit als die christlichen oder islamischen Instrumente des Gebets. Dies hängt auch damit zusammen, dass der Buddhismus eben keinen personalen Gott kennt, sondern die Erleuchteten, allen voran den Buddha als Bodhisattvas (= erleuchtete Wesen) verehrt. Ziel des Gebets ist nicht Nähe und Beistand Gottes zu finden, sondern eine hilfreiche Form der Meditation, die zur rechten Versenkung führt.

Weiterführende Literatur

Pamela Draycott, Religious Artefacts. Why? What? How?, Derby 1997.

Adelheid Herrmann-Pfandt (Hg.), Tibet in Marburg. Sonderausstellung der Religionskundlichen Sammlung der Philipps-Universität Marburg, Marburg 2007, hier 203–204.

5.5 Die Almosenschale

Zeugnis der rechten Erkenntnis

Empfohlene Jahragsstufe: 9–11

Mögliche Verknüpfung:
1.3 Der Kelch – Zeugnis der Hingabe und der Gemeinschaft über den Tod hinaus

Thema der Stunde: Was wird behandelt?
»Komm Mönch, übe den reinen Wandel« – Die Almosenschale als Zeugnis für das Ordensleben im Buddhismus

Angestrebte Kompetenzen: Welche Fähigkeiten sollen Schülerinnen und Schüler am Zeugnis zeigen können?
Die Schülerinnen und Schüler ordnen die Almosenschale dem Ordensleben im Buddhismus zu und setzen diese in Beziehung zu den Tugenden von Entsagung und Loslösung.

Im Einzelnen: Die Schülerinnen und Schüler
- erklären Sinn und Funktion einer Almosenschale.
- entfalten den Zusammenhang zwischen der Lebensform von Mönchen und Nonnen und der Lehre des Buddha.
- erläutern das Verhältnis von Entsagung und Freigebigkeit.
- vergleichen das Ordensleben im Buddhismus mit dem Ordensleben im Christentum.

Eine Almosenschale

Das Zeugnis: Was muss man als Lehrerin oder Lehrer über die Almosenschale wissen?

Die abgebildete Holzschale ist eine Almosenschale, die von Bettelmönchen zum Einsammeln der Essensspenden verwendet wird. Wer sich im Buddhismus die Aufnahme in den Mönchsstand bemüht, der macht sich auf den Weg des Buddha: Er versucht, die Begierde und somit das Leid durch tugendhaftes

Leben und Meditation zu überwinden. Er will sich von der Gier nach den Dingen und damit von weltlichen Lasten befreien, um so möglichst rasch das Nirvana zu erreichen. Diesem Zweck dient die Loslösung und Entsagung von allen nicht lebensnotwendigen Dingen und die Konzentration der eigenen Existenz auf Gebet und Meditation. Die Almosenschale ist der einzige persönliche Gegenstand, mit dem junge Mönchsbewerber bzw. Noviziatsbewerber zur Mönchsweihe antreten, zusammen mit drei Gewändern zur Bekleidung und einigen kleineren Gegenständen zur Körperpflege (Gürtel, Rasiermesser, Nadel, Sieb und Zahnstocher). Mit dieser Schale gehen Nonnen und Mönche in buddhistischen Ländern von Tür zu Tür und erbitten von den Laienanhängern Essensspenden für ihre täglichen Mahlzeiten. Da auch die Gewänder und die Klostergebäude in der Regel Spenden von Laienanhängern sind, kann die Almosenschale Zeugnis für die auf die Freigebigkeit und Wohltätigkeit der Laienanhänger verwiesene Existenz des Ordensstandes im Buddhismus sein: »Indem sich jeder auf den anderen verlässt, Haushalter und Haushaltslose, kann die gute Lehre gedeihen. Diese sind vor Not bewahrt, da sie Kleidung und alles andere erhalten; jene freuen sich der Glückseligkeit in der Welt der Götter, da sie in der Welt den Pfad gehen, der zu guter Wiedergeburt führt« (Lamotte 2008, 56). So entsteht ein heilsnotwendiger Zusammenhang von Ordensangehörigen und Laienanhängern, der in »den passiven Tugenden der Entsagung und Loslösung, wie sie die Mönche leben, und den von den Laienanhängern geübten aktiven Tugenden der Freigebigkeit und Güte« (ebd.) seinen Ausdruck findet.

Nonnen und Mönche gibt es seit den Anfängen des Buddhismus. Alte Quellen wie z.B. das Buch von der Mönchszucht berichten von Bekehrungen, die durch die Predigt des Buddha in Benares und Umgebung ausgelöst wurden. So sollen die fünf Mönche, die dem Siddharta Gautama während der Jahre der Suche und des Asketentums beistanden, ihn dann aber verließen, während der Predigt von Benares bekehrt worden sein. Sie bildeten dann mit der Zustimmung des Buddha die erste Mönchsgemeinschaft im jungen Buddhismus. Fünf Jahre später sollen auch die ersten Nonnen aufgenommen worden sein, sodass von nun Frauen wie Männer um die Mönchsweihe bitten konnten. Der Ritus der Mönchsweihe geht ebenfalls auf den Buddha selbst zurück: Nachdem ein Kandidat die Lehre geschaut und angenommen hatte, trat er vor den Buddha und sprach die Worte: »Möge ich, o Herr, in Gegenwart des Erhabenen zur Weltflucht gelangen, die Mönchsweihe empfangen. Möge ich, in

Gegenwart des Erhabenen, den reinen Wandel üben.« Daraufhin sprach der Buddha: »Komm, Mönch, die Lehre wurde gut dargelegt, übe den reinen Wandel, um den Leiden ein endgültiges Ende zu setzen« (zit. n. Lamotte).

Heute erfolgt der Eintritt in einen Orden in zwei feierlichen Schritten: zuerst durch die Weltflucht und dann durch die eigentliche Mönchsweihe. Im Rahmen der Weltflucht sucht sich der Mönch einen Meister und einen Lehrer, um von diesen in Ordens- und Sittenregeln unterwiesen zu werden. Damit befindet sich der Bewerber im Stand eines Novizen. Später, aber nicht vor dem 20. Lebensjahr, kann der Novize vor einem Kapitel von mindestens zehn Mönchen die Mönchsweihe erbitten und wird dann ein volles Mitglied der buddhistischen Ordensgemeinschaft (sanskrit *Sangha*). Das Leben von Nonnen und Mönchen ist streng geregelt: Der Tag beginnt früh mit Meditation, dann kleidet sich der Mönch an und geht in die nächstgelegene Siedlung, um sein Essen zu erbetteln. Zurück im Kloster wäscht sich der Mönch und nimmt kurz vor Mittag seine Mahlzeit zu sich. Es folgt eine Zeit, in welcher der Mönch seine Schüler unterweisen kann und eine weitere Zeit der Meditation. Zum Sonnenuntergang versammeln sich die Mönche in einer öffentlichen Audienz, bevor sie wieder zu Unterweisung und Meditation in die Ruhe des Klosters zurückkehren.

Der didaktische Rahmen: Wozu eine Almosenschale einsetzen?

Mithilfe der Almosenschale kann im Rahmen einer Unterrichtseinheit zum Buddhismus mit den Schülerinnen und Schülern die Bedeutung des Ordenslebens im Buddhismus erschlossen werden. Nicht nur in der Nachfolge Jesu, sondern auch in der Nachfolge Buddhas haben Menschen ihre Existenz ganz in den Dienst der Lehre gestellt und auf das Ziel der Erlösung hin ausgerichtet. Dabei ist auch hier das Ideal der Entsagung und Bedürfnislosigkeit entstanden: Mönche und Nonnen verlassen sich auf die Freigebigkeit von Laien, die ihnen Nahrung, Kleidung und Obdach zur Verfügung stellen, um sich ganz der Meditation und dem Gebet widmen zu können. In dieser Entscheidung von Männern und Frauen zeigt sich die rechte Erkenntnis in den Kreislauf des Leidens (Samsara) und den Ausweg durch die Lehre Buddhas (Dharma).

Die methodischen Schritte: Wie wird das Zeugnis eingeführt?

Einstieg: Die Phase der inneren Beteiligung

Zu Unterrichtsbeginn schreibt die Lehrerin bzw. der Lehrer den Begriff »Almosen« an die Tafel und bittet Schülerinnen und Schüler, Assoziationen zu diesem Begriff zu nennen. Während des Unterrichtsgesprächs hält die Lehrerin bzw. der Lehrer die Äußerungen der Schülerinnen und Schüler auf einem Flügel oder einer Außenseite der Tafel fest. Im Anschluss wird die Lerngruppe aufgefordert, die verschiedenen Assoziationen in einer Mind-Map zu ordnen. Als Abschluss dieser Phase kann den Schülerinnen und Schülern Gelegenheit gegeben werden, ihre Ordnung der Begriffe vorzustellen. Dabei wird sicherlich als Ergebnis die Ambivalenz des Themas deutlich werden: Wer Almosen empfängt, ist immer auch darauf angewiesen, dass andere Menschen Almosen geben. Und: Wer sich großzügig zeigen will, der braucht Menschen, denen er seine Zuwendung und Fürsorge geben kann.

Erarbeitung I: Die Phase der Entdeckung

Im zweiten Unterrichtsschritt präsentiert die Lehrerin bzw. der Lehrer nun die Almosenschale als Gegenstand bzw. auf einer Abbildung. Die Schülerinnen und Schüler werden aufgefordert, dieses Zeugnis in den Kontext des Buddhismus zu stellen. Dabei soll das Gefäß beschrieben und seine Bedeutung für Nonnen und Mönche diskutiert werden. Im Unterrichtsgespräch können Schülerinnen und Schüler Informationen austauschen, die ihnen bereits über die Ordenskultur im Buddhismus und vor allem im tibetischen Lamaismus vertraut sind. Hier werden sicher auch die typischen rot-gelben Ordensgewänder der Bettelmönche und ihre schlichte Lebensweise zur Sprache kommen.

Erarbeitung II: Die Phase der Kontextualisierung

Die Lehrerin bzw. der Lehrer erläutert nun die Tradition und Geschichte der Almosenschale und erklärt ihre Form und Funktion (siehe Information S. 273f.).

Vertiefung: Die Phase der Reflexion

Abschließend soll mit den Schülerinnen und Schülern die Problematik des Almosengebens diskutiert werden. Dabei kann auch auf das Tafelbild und auf die Mind-Maps der Eingangssequenz zurückgegriffen werden. Wichtig ist in dieser Phase, auf den Zusammenhang und die Verwiesenheit von Laiendienst und Ordensdienst hinzuweisen. Die radikale Buddha-Nachfolge mit ihrer konsequenten Weltabgewandtheit und ihrer konzentrierten Erkenntnissuche von Nonnen und Mönchen ist nur möglich, weil es auch andere Menschen – buddhistische Laien und Nicht-Buddhisten – gibt, die durch ihre Opfer und ihre materielle Hilfe die besondere Lebensform der Mönche unterstützen und fördern.

Mit Blick auf die Ordenstraditionen des Christentums sollten in besonderer Weise kontemplative Orden in der Tradition des heiligen Benedikt und die Bettelorden in der Nachfolge des Heiligen Franziskus in den Blick genommen werden. Auch hier gibt es eine Abkehr von den weltlichen Annehmlichkeiten und eine Beschränkung auf die existenziellen Grundbedürfnisse sowie eine Konzentration auf die radikale Existenz des Religionsstifters, also auf die Nachfolge Jesu Christi. Dabei widmen sich die Orden der Benediktiner gemäß dem Motto ihres Ordensgründers »Ora et labora« dem regelmäßigen Stundengebet und der handwerklichen oder wissenschaftliche Arbeit. Die Bettelorden der franziskanischen Tradition, wie sie im Hochmittelalter entstanden sind, verzichten auf Ordensbesitz und repräsentative Klosteranlagen, um ganz in der Nachfolge Jesu Armut, Keuschheit und Gehorsam zu leben. Allerdings beschränken sie sich in ihrer Praxis nicht nur auf Askese und Kontemplation, sondern widmen sich immer auch den Nächsten mit ihren Ängsten, Nöten und Bedürfnissen. Gerade deshalb leisten Franziskaner bis heute vielfach wichtige soziale Arbeit.

Als entscheidender Unterschied im Verständnis des Ordenslebens von Christen und Buddhisten muss aber unbedingt festgehalten werden, dass es Ordenschristen – bei allen Unterschieden in Mission und Tradition der jeweiligen Gemeinschaft – um die Nachfolge Christi in der konsequenten Annahme der sogenannten evangelischen Räte von Armut, Enthaltsamkeit und Gehorsam geht. Eine christliche Nonne oder ein christlicher Mönch suchen nicht die Selbsterlösung in Gebet und Meditation, sondern die Begegnung mit Gott in Kontemplation und im Mitmenschen, im Nächsten. Eine buddhistische

Nonne oder ein buddhistischer Mönch dagegen strebt als »Tochter« bzw. »Sohn« des Buddhas nach Erlösung und weiß sich in ihrem bzw. seinem Tun auf dem Pfad zum Nirvana.

Weiterführende Literatur

Pamela Draycott, Religious Artefacts. Why? What? How?, Derby 1997.

Étienne Lamotte, Der Buddha. Seine Lehre und Seine Gemeinde, in: Heinz Bechert/Richard Gombrich (Hgg.), Der Buddhismus. Geschichte und Gegenwart, München [3]2008, 33–67.

Monika und Udo Tworuschka, Die Welt der Religionen: Buddhismus, Gütersloh/München 2008, 50–87.

ANHANG

Literaturverzeichnis

Barnett, Vida (1988), Christian Artefacts Teaching Set, Bury.

Baur, Katja (Hg.) (2007), Zu Gast bei Abraham. Ein Kompendium zur interreligiösen Kompetenzbildung, Stuttgart.

Baumert, Jürgen (2002), Deutschland im internationalen Bildungsvergleich, in: Killius, Nelson/Kluge, Jürgen/Reisch, Linda (Hgg.), Die Zukunft der Bildung, Frankfurt a.M., 100–150.

Berg, Horst Klaus/Weber, Ulrike (1996), Benjamin und Julius. Geschichten einer Freundschaft zur Zeit Jesu, München.

Bernhardt, Reinholdt/Weiße, Wolfram (Hgg.) (2002), Wahrheit und Dialog. Theologische Grundlagen und Impulse gegenwärtiger Religionspädagogik, Münster.

Bitter, Gottfried (1995), »Gott ist Licht« (1 Joh 1,5). Zur theophanischen und soteriologischen Qualität des Lichts in jüdisch-christlichen Traditionen, in: Sedlmayr, Erwin (Hg.), Schlüsselworte der Genesis. Bd. 1: Licht, Chaos und Struktur, Berlin.

Böckler, Annette (2002), Jüdischer Gottesdienst. Wesen und Struktur, Berlin.

Brüll, Christina/Ittmann, Norbert/Maschwitz, Rüdiger/Stoppig, Christine (2005), Synagoge – Kirche – Moschee. Kulträume erfahren und Religionen entdecken. Unter Mitarbeit von Kerstin Keller und Nikolaus Nonn, München.

Brum, Alexa (2010), Der trialogische Wettbewerb aus jüdischer Perspektive, in: Sajak, Clauß Peter (Hg.) in Zusammenarbeit mit Muth, Ann-Kathrin und Pantel, Angelika, Trialogisch lernen. Bausteine für die interkulturelle und interreligiöse Projektarbeit, Seelze, 40–55.

Cohn-Sherbok, Dan (2000), Judentum, Freiburg i.Br.

Doedens, Folkert (1997), Interreligiöses Lernen im »Religionsunterricht für alle« – Vielfalt in Gemeinsamkeit lernen, in: Doedens, Folkert/Weiße, Wolfram (Hgg.), Religionsunterricht für alle. Hamburger Perspektiven zur Religionsdidaktik, Münster/New York/München/Berlin, 55–81.

Doedens, Folkert/Weiße, Wolfram (Hgg.) (1997), Religionsunterricht für alle. Hamburger Perspektiven zur Religionsdidaktik, Münster/New York/München/Berlin.

Draycott, Pamela (1997), Religious Artefacts. Why? What? How?, Derby.

Dressler, Bernhard (2003), Interreligiöses Lernen – Alter Wein in neuen Schläuchen? Einwürfe in eine stagnierende Debatte, in: Zeitschrift für Pädagogik und Theologie 2, 113–124.

Edelbrock, Anke (2004), Interreligiöses Lernen im Religionsunterricht. Impulse und Anregungen aus der konfessionellen Kooperation für die Weiterentwicklung einer interreligiösen Religionspädagogik, in: Schweitzer Friedrich/Schlag, Thomas (Hgg.), Religionspädagogik im 21. Jahrhundert, Gütersloh/Freiburg i.Br., 186–196.

Enderwitz, Sabine, »Kopftuch ist nicht gleich Kopftuch!« unter: http://de.qantara.de/webcom/show_article.php/_c-548/_nr-17/_p-1/i.html.

Felmy, Karl Christian (2004), Das Buch der Christus-Ikonen, Freiburg i.Br./Basel/Wien.

Feininger, Bernd (2002), Zusammen Leben und Lernen im RU. Konfliktlinien in interreligiösen und konfessionellen Konzepten, in: ru. Ökumenische Zeitschrift für den Religionsunterricht 32/Heft 4, 140–144.

Frisch, Hermann-Josef (1998), Felix reist zum Dach der Welt. Begegnung mit dem Hinduismus und Buddhismus, Düsseldorf.

Glöckner, Heidemarie (2005), Die Synagoge erkunden. Dem Judentum begegnen, in: Haußmann, Werner/Lähnemann, Johannes (Hgg.), Dein Glaube – mein Glaube. Interreligiöses Lernen in Schule und Gemeinde, Göttingen, 71–94.

Gnilka, Joachim (2004), Bibel und Koran. Was sie verbindet, was sie trennt, Freiburg i.Br.

Gnilka, Joachim (2007), Die Nazarener und der Koran. Eine Spurensuche, Freiburg i.Br.

Grimmit, Michael/Grove, Julie/Hull, John M./Spencer, Louise (1991), A Gift to the Child. Religious Education in the Primary School, Hempstead.

Grünschloß, Andreas (1994), Interreligiöser Dialog in kirchlich-institutionellem Kontext, in: Van der Ven, Johannes A./Ziebertz, Hans-Georg (Hgg.), Religiöser Pluralismus und Interreligiöses Lernen, Kampen/Weinheim, 113–167.

Günther, Michael (Hg.) (2001), Die Weisheit Asiens. Das Lesebuch aus China, Japan, Tibet, Indien und dem vorderen Orient, München 2001.

Halbfas, Hubertus (1982), Das dritte Auge. Religionsdidaktische Anstöße, Düsseldorf.

Halbfas, Hubertus (1983), Das Welthaus. Ein religionsgeschichtliches Lesebuch, Düsseldorf.

Halbfas, Hubertus (1989), Wurzelwerk. Geschichtliche Dimensionen der Religionsdidaktik, Düsseldorf.

Halbfas, Hubertus (1989), Religionsbuch für das 5./6. Schuljahr, Düsseldorf.

Halbfas, Hubertus (1990), Religionsbuch für das 7./8. Schuljahr, Düsseldorf.

Halbfas, Hubertus (1991), Religionsbuch für das 9./10. Schuljahr, Düsseldorf.

Haußmann, Werner (1993), Dialog mit pädagogischen Konsequenzen? Perspektiven der Begegnung von Christentum und Islam für die schulische Arbeit. Ein Vergleich der Entwicklung in England und der Bundesrepublik Deutschland, Hamburg.

Haußmann, Werner (2005), Glaube gewinnt Gestalt. Lernen mit religiösen Artefakten, in: Haußmann, Werner/Lähnemann, Johannes (Hgg.), Dein Glaube – mein Glaube. Interreligiöses Lernen in Schule und Gemeinde, Göttingen, 25–33.

Haußmann, Werner (2008), Teshib, Thora und Talar. Lernen mit religiösen Artefakten, in: Theo-Web. Zeitschrift für Religionspädagogik 7/Heft 2, 47–51.

Haußmann, Werner/Lähnemann, Johannes (Hgg.) (2005), Dein Glaube – mein Glaube. Interreligiöses Lernen in Schule und Gemeinde, Göttingen.

Hemel, Ulrich (1988), Ziele religiöser Erziehung. Beiträge zu einer integrativen Theorie, Frankfurt a.M./Bern/New York/Paris.

Hemel, Ulrich (2000), Ermutigung zum Leben und Vermittlung religiöser Kompetenz – Ziele des Religionsunterrichts in der postmodernen Gesellschaft, in: Angel, Hans-Ferdinand (Hg.), Tragfähigkeit der Religionspädagogik, Graz/Wien/Köln, 63–76.

Hick, John M. (2001), Gott und seine vielen Namen, Frankfurt a.M.

Holzbrecher, Alfred (2004), Interkulturelle Pädagogik, Berlin.

Howard, Christine (1995), Investigating Artefacts in Religious Education. A Guide for Primary Teachers, London.

Huber-Rudolf B. (2002), Muslimische Kinder im Kindergarten. Eine Praxishilfe für alltägliche Begegnung, München.

Hugoth, Matthias (Red.) (2001), Die Welt der Religion im Kindergarten. Grundlegung und Praxis interreligiöser Erziehung, Freiburg i.Br.

Hugoth, Matthias (2002), Die Welt der Religionen in der Grundschule, in: Katechetische Blätter 127, 410–412.

Hugoth, Matthias (2003), Fremde Religionen – fremde Kinder? Leitfaden für interreligiöse Erziehung, Freiburg i.Br./Basel/Wien.

Hugoth, Matthias/Wunderlich, Theresia (Red.) (1999), Vielfalt bereichert. Interkulturelles Engagement katholischer Tageseinrichtungen für Kinder. Positionen und Materialien, Freiburg i.Br.

Hull, John M. (1996), A Gift to the Child. A New Pedagogy for Teaching Religion to Young Children, in: Religious Education 91, 172–188.

Hull, John M. (1998), Religion, Religionism and Education, in: Lähnemann, Johannes (Hg.), Interreligiöse Erziehung 2000. Referate und Ergebnisse des Nürnberger Forums 1997, Hamburg.

Hull, John M. (1999), Religionsunterricht und Muslime in England, in: Scheilke, Christoph/Schweitzer, Friedrich (Hgg.), Religion, Ethik, Schule. Bildungspolitische Perspektiven in der pluralen Gesellschaft, Münster/New York/München/Berlin, 327–342.

Hull, John M. (2000a), Glaube und Bildung. Ausgewählte Schriften Bd. 1, Berg am Irchel.

Hull, John M. (2000b), Religion in the Service of the Child Project. The Gift Approach to Religious Education, in: Grimmit, Michael (Hg.), Pedagogies to Religious Education. Case Studies in the Research and Development of Good Pedagogical Practise in RE, Great Wakering, 112–129.

Imbach, Josef (2008), Marienverehrung zwischen Glaube und Aberglaube, Düsseldorf.

Kaul-Seidman, Lisa/Nielsen Jorge S./Vinzent, Markus (Hgg.) (2003), Europäische Identität und kultureller Pluralismus. Judentum, Christentum und Islam in europäischen Lehrplänen. Bad Homburg v.d.H.

Knitter, Paul F. (1988), Ein Gott – viele Religionen, München.

Krochmalnik, Daniel (2006), Im Garten der Schrift: Wie Juden die Bibel lesen, Augsburg.

Küng, Hans (1999), Spurensuche. Die Weltreligionen auf dem Weg, München/Zürich

Küng, Hans/Kuschel, Karl-Josef (Hgg.) (1993), Erklärung zum Projekt Weltethos. Die Deklaration des Parlamentes der Weltreligionen, München/Zürich.

Kuschel, Karl-Josef (1993), Das Parlament der Weltreligionen 1982/1993, in: Küng, Hans/ Kuschel, Karl-Josef (Hgg.), Erklärung zum Projekt Weltethos. Die Deklaration des Parlamentes der Weltreligionen, München/Zürich, 89–123.

Kuschel, Karl-Josef (2008), Trialogisch denken lernen. Zum Entwurf einer Theologie von Juden, Christen und Muslimen, in: Religionsunterricht an höheren Schulen 51/Heft 6, 262–270.

Lähnemann, Johannes (1977), Nichtchristliche Religionen im Unterricht. Beiträge zu einer theologischen Didaktik der Weltreligionen. Schwerpunkt Islam, Gütersloh.

Lähnemann, Johannes (1986a), Weltreligionen im Unterricht. Eine theologische Didaktik für Schule, Hochschule und Gemeinde. Bd. I.: Fernöstliche Religionen, Göttingen.

Lähnemann, Johannes (1986b), Weltreligionen im Unterricht. Eine theologische Didaktik für Schule, Hochschule und Gemeinde. Bd. II.: Islam, Göttingen.

Lähnemann, Johannes (1998), Evangelische Religionspädagogik in interreligiöser Perspektive, Göttingen.

Lähnemann, Johannes (2002), Türen öffnen – Interreligiöses Lernen als Herausforderung, in: Katechetische Blätter 127, 397–401.

Lamotte, Étienne (2008), Der Buddha. Seine Lehre und Seine Gemeinde, in: Bechert, Heinz/Gombrich, Richard (Hgg.), Der Buddhismus. Geschichte und Gegenwart, München[3], 33–67.

Landesinstitut für Erziehung und Unterricht Stuttgart (Hg.) (1999), Das Projekt Weltethos in der Schule. Einführung und Arbeitshilfe, Stuttgart.

Langenhorst, Georg (2003), Interreligiöses Lernen auf dem Prüfstand. Religionspädagogische Konsequenzen der Verhältnisbestimmung von Christentum und Weltreligionen, in: Religionspädagogische Beiträge 50, 89–106.

Langenhorst, Georg (2008), Trialogische Religionspädagogik, Konturen eines Programms, in: Religionsunterricht an höheren Schulen 51/Heft 6, 289–298.

Leggewie, Claus/Joost, Angela/Rech, Stefan (2002), Ein Weg zur Moschee – eine Handreichung für die Praxis, Bad Homburg a.d.H.

Lehmann, Karl (2002), Das Christentum – eine Religion unter anderen?, in: Pressemitteilung des Sekretariats der Deutschen Bischofskonferenz vom 27. September 2002, 2–3.

Leimgruber, Stephan (1995), Interreligiöses Lernen, München.

Leimgruber, Stephan (2001), Lernprozess Christentum – Islam im Religionsunterricht, in: Münchener Theologische Zeitschrift 52, 74–83.

Leimgruber, Stephan (2002), Die gesellschaftliche und religionspädagogische Bedeutung interreligiösen Lernens, in: Renz, Andreas/Leimgruber, Stephan, Lernprozess Christentum – Islam. Gesellschaftliche Kontexte – Theologische Grundlagen – Begegnungsfelder, Münster, 5–16.

Leimgruber, Stephan (2003), Interreligiöse Bildung. Eine katholische Perspektive, in: Pohl-Patalong, Uta (Hg.), Religiöse Bildung im Plural. Konzeptionen und Perspektiven, Schenefeld, 157–170.

Leimgruber, Stephan (2004), Interreligiöses Lernen im Religionsunterricht. Begründungen – Dimensionen – Perspektiven, in: Religionsunterricht heute 32/Heft 1, 4–11.

Leimgruber, Stephan (2007), Interreligiöses Lernen. Neuausgabe, München.

Leimgruber, Stephan/Ziebertz, Hans-Georg (2001), Interreligiöses Lernen, in: Hilger, Georg/Leimgruber, Stephan/Ziebertz, Hans-Georg (Hgg.), Religionsdidaktik. Ein Leitfaden für Studium, Ausbildung und Beruf, München, 433–442.

Leimgruber, Stephan/Wimmer, Jakob (2005), Von Adam bis Muhammad: Bibel und Koran im Vergleich, Stuttgart.

Malinar, Angelika (2009), Hinduismus. Studium Religionen, Göttingen.

Meisig, Konrad (2003), Shivas Tanz. Der Hinduismus. Kleine Bibliothek der Weltreligionen, Freiburg i.Br.

Mehta, Suketu (2002), Hinduismus. Mythen, Götter, Heilige – und kein Dogma. Auf tausend Wegen zur Erlösung, in: GEO Wissen, Nr. 29: Erkenntnis – Weisheit – Spiritualität, 42–53.

Mendl, Hans (2008), Religion erleben. Ein Arbeitsbuch für den Religionsunterricht, München.

Meyer, Hilbert (2004), Was sind Unterrichtsmethoden, in: Pädagogik 56/Heft 4, 12–15.

Meyer, Karlo (1999), Zeugnisse fremder Religionen im Unterricht. »Weltreligionen« im deutschen und englischen Religionsunterricht, Neukirchen-Vluyn.

Meyer, Karlo (2006), Lea fragt Kazim nach Gott. Christlich-muslimische Begegnungen in den Klassen 2 bis 6 (Lernmaterialien), Göttingen.

Meyer, Karlo (2008a), Weltreligionen. Kopiervorlagen für die Sekundarstufe I, Göttingen.

Meyer, Karlo (2008b), Fünf Freunde fragen Ben nach Gott. Begegnungen mit jüdischer Religion in den Klassen 5 bis 7, Göttingen.

Meyer, Karlo (2008c), Didaktische Grundlagen zum Umgang mit fremden religiösen Stätten«, in: Zeitschrift für Pädagogik und Theologie 60/Heft 2, 119–133.

Mernissi, Fatema (1992), Der politische Harem. Mohammed und die Frauen, Freiburg i.Br.

Müller, Rabeya (2010), Schulen im Trialog. Eine Betrachtung aus islamischer Perspektive, in: Sajak, Clauß Peter (Hg.) in Zusammenarbeit mit Ann-Kathrin Muth und Angelika Pantel, Trialogisch lernen. Bausteine für die interkulturelle und interreligiöse Projektarbeit, Seelze, 56–63.

Muth, Ann-Kathrin (2010), Methodencurriculum für das trialogische Lernen, in: Sajak, Clauß Peter (Hg.) in Zusammenarbeit mit Ann-Kathrin Muth und Angelika Pantel, Trialogisch lernen. Bausteine für die interkulturelle und interreligiöse Projektarbeit, Seelze, 175–254.

Nipkow, Karl Ernst (1998), Bildung in einer pluralen Welt, Bd. 2: Religionspädagogik im Pluralismus, Gütersloh.

Ouaknin, Marc-Alain/Hamani, Laziz (1995), Symbole des Judentums. Übersetzt von Daniel Krochmalnik, Wien.

Rassoul, Muhammad (^{7}1999), Das Gebet im Islam, Köln.

Renz, Andreas/Leimgruber, Stephan (Hgg.) (2002), Lernprozess Christen Muslime. Gesellschaftliche Kontexte – Theologische Grundlagen – Begegnungsfelder, Münster.

Renz, Andreas/Leimgruber, Stephan (2004), Christen und Muslime. Was sie verbindet – was sie unterscheidet, München.

Rickers, Folkert (2001), Art. Interreligiöses Lernen, in: Mette, Norbert/Rickers, Folkert (Hgg.), Lexikon der Religionspädagogik, Bd. 1, Neukirchen-Vluyn, 874–881.

Rickers, Folkert (2004), Hermeneutik des interreligiösen Lernens und ihre transkulturellen Implikationen, in: Schweitzer, Friedrich/Schlag, Thomas (Hgg.), Religionspädagogik im 21. Jahrhundert, Gütersloh/Freiburg i. B., 161–172.

Rickers, Folkert/Gottwald, Eckart (Hgg.) (1998), Vom religiösen zum interreligiösen Lernen. Wie Angehörige verschiedener Religionen und Konfessionen lernen, Neukirchen-Vluyn.

Rivett, Rosemary/Blaylock (Hgg.) ([2]2003), A Teacher's Handbook of Religious Education, Bury.

Ruß, Gabriele/Sajak, Clauß Peter (2000), »Müssen wir wirklich die Schuhe ausziehen?« Fächerverbindender Projektunterricht zum Thema »Islam« in Klasse 8 am Gymnasium – Ein Praxisbericht, in: IRP-Mitteilungen 30/Heft 1, 32–35.

Ruß, Gabriele/Sajak, Clauß Peter (2001), Interkulturelles Lernen im Projektunterricht »Islam«. Erfahrungen mit einem fächerübergreifenden Islam-Projekt in Klasse 8 am Gymnasium, in: Religionsunterricht an höheren Schulen 44/Heft 3, 160–163.

Sajak, Clauß Peter (2005), Das Fremde als Gabe begreifen. Auf dem Weg zu einer Didaktik der Religionen aus katholischer Perspektive, Münster.

Sajak, Clauß Peter (2006a), Das Fremde als Gabe entdecken. Anregungen aus England für eine Didaktik der Religionen im katholischen Religionsunterricht, in: Religionsunterricht an höheren Schulen 49/Heft 4, 223–231.

Sajak, Clauß Peter (2006b), Interreligiöses Lernen in Zeiten religiöser Pluralisierung – Chancen und Grenzen des schulischen Religionsunterrichts, in: Mertens, Gerhard (Hg.), Fragmentierte Gesellschaft – Einheit der Bildung, Münster, 185–209.

Sajak, Clauß Peter (2006c), Interreligiöses Lernen – Herausforderung für den Religionsunterricht, in: Rendle, Ludwig (Hg.): Mehr als reden über Religion ..., Donauwörth, 73–83.

Sajak, Clauß Peter (2007a), Interreligiöses Lernen an Zeugnissen fremder Religionen, in: Rendle, Ludwig (Hg.), Ganzheitliche Methoden im Religionsunterricht. Neuausgabe, München, 342–350.

Sajak, Clauß Peter (2007b), »Warum lässt Gott zu, dass Menschen an andere Götter glauben?« Fragen der Kindertheologie und ihre religionsdidaktische Relevanz, in: Christlich Pädagogische Blätter 120/Heft 3, 145–149.

Sajak, Clauß Peter (Hg.) (2010) in Zusammenarbeit mit Ann-Kathrin Muth und Angelika Pantel, Trialogisch lernen. Bausteine für interkulturelle und interreligiöse Projektarbeit, Seelze.

Scherer, Burkhard (Hg.) (2003), Die Weltreligionen. Zentrale Themen im Vergleich, Gütersloh.

Scholz, Werner (2006), Schnellkurs Hinduismus, Köln.

Schreiner, Peter /Sieg, Ursula /Elsenbast, Volker (Hgg.) (2005), Handbuch Interreligiöses Lernen, Gütersloh.

Schreiner, Stefan (2010), Trialog der Kulturen. Anmerkungen zu einer wegweisenden Idee, in: Sajak, Clauß Peter (Hg.), Trialogisch lernen. Bausteine für die interkulturelle und interreligiöse Projektarbeit, Seelze, 18–24.

Schwikart, Georg (1995), Julia und Ibrahim. Christen und Muslime lernen einander kennen, Düsseldorf.

Sekretariat der Deutschen Bischofskonferenz (Hg.) (1991), Päpstlicher Rat für den Interreligiösen Dialog/Kongregation für die Evangelisierung der Völker: Dialog und Verkün-

digung. Überlegungen und Orientierungen zum Interreligiösen Dialog und zur Verkündigung des Evangeliums Jesu Christi, Bonn.
Sekretariat der Deutschen Bischofskonferenz (Hg.) (2004), Die deutschen Bischöfe: Kirchliche Richtlinien zu Bildungsstandards für den katholischen Religionsunterricht in den Jahrgangsstufen 5–10/Sekundarstufe/Mittlerer Bildungsabschluss, Bonn.
Sekretariat der Deutschen Bischofskonferenz (Hg.) (2005), Die deutschen Bischöfe: Der Religionsunterricht vor neuen Herausforderungen, Bonn.
Sekretariat der Deutschen Bischofskonferenz (Hg.) (2006), Die deutschen Bischöfe: Kirchliche Richtlinien zu Bildungsstandards für den katholischen Religionsunterricht in der Grundschule/Primarstufe, Bonn.
Shattuck, Cybelle (2000), Hinduismus, Freiburg i.Br.
Sieg, Ursula (2003), Feste der Religionen. Werkbuch für Schulen und Gemeinden, Düsseldorf.
Stemberger, Günter (³1999), Jüdische Religion, München.
Straß, Susanne/Haußmann, Werner (2005), »auf weichem Teppich sitze ich mittendrin«. Erfahrungsbericht einer »unvorbereiteten« Moschee-Erkundung, in: Jahrbuch für Kindertheologie 4, 157–162.
Sundermeier, Theo (Hg.) (1992), Den Fremden wahrnehmen. Bausteine für eine Xenologie, Gütersloh.
Sundermeier, Theo (1996), Den Fremden verstehen. Eine praktische Hermeneutik, Göttingen.
Sundermeier, Theo/Ustorf, Werner (Hgg.) (1991), Begegnung mit dem Anderen. Plädoyer für eine interkulturelle Hermeneutik, Gütersloh.
Tröger, Karl-Wolfgang (2008), Bibel und Koran. Was sie verbindet und was sie unterscheidet, Stuttgart.
Trutwin, Werner (1996), Wege zum Licht. Die Weltreligionen, Düsseldorf.
Trutwin, Werner/Breuning, Klaus/Mensing, Roman (1987a), Zeit der Freude, Düsseldorf.
Trutwin, Werner/Breuning, Klaus/Mensing, Roman (1987b), Wege des Glaubens, Düsseldorf.
Trutwin, Werner/Breuning, Klaus/Mensing, Roman (1987c), Zeichen der Hoffnung, Düsseldorf.
Trutwin, Werner/Breuning, Klaus/Mensing, Roman (1993), Religion – Sekundarstufe I. Lehrerkommentar. Zeit der Freude – Wege des Glaubens – Zeichen der Hoffnung, Düsseldorf.
Trutwin, Werner (1996), Die Weltreligionen. Arbeitsbücher für die Sekundarstufe II. Religion – Philosophie – Ethik. Hinduismus, Düsseldorf.
Tworuschka, Monika (2000), Zu Gast bei den Religionen der Welt. Eine Entdeckungsreise für Eltern und Kinder, Freiburg i.Br.
Tworuschka, Monika/Tworuschka, Udo (1988a), Vorlesebuch. Fremde Religionen. Für Kinder von 8–14. Bd. 1: Judentum – Islam, Düsseldorf.
Tworuschka, Monika/Tworuschka, Udo (1988b), Vorlesebuch. Fremde Religionen. Für Kinder von 8–14. Bd. 2: Buddhismus – Hinduismus, Düsseldorf.
Tworuschka, Monika/Tworuschka, Udo (2008), Die Welt der Religionen – Buddhismus, Gütersloh/München.

Tworuschka, Monika/Tworuschka, Udo (2008), Die Welt der Religionen – Das Judentum, Gütersloh/München.

Tworuschka, Udo (1977), Religionen heute. Themen und Texte für Unterricht und Studien, Frankfurt a. M./München.

Tworuschka, Udo (1982), Methodische Zugänge zu den Weltreligionen. Einführung für Unterricht und Studium, Frankfurt a.M./München.

Tworuschka, Udo (1983), Die Geschichte der nichtchristlichen Religionen im christlichen Religionsunterricht. Ein Abriß, Köln.

Tworuschka, Udo (1994), Weltreligionen im Unterricht oder Interreligiöses Lernen?, in: Van der Ven, Johannes A./Ziebertz, Hans-Georg (Hgg.), Religiöser Pluralismus und Interreligiöses Lernen, Kampen/Weinheim, 171–196.

Tworuschka, Udo (1999), Lexikon – Die Religionen der Welt, Gütersloh.

Tworuschka, Udo (2002), Weltreligionen lernen, in: Katechetische Blätter 127/Heft 6, 402–405.

Tworuschka, Udo (2008), Heilige Schriften. Eine Einführung, Frankfurt a. M./Leipzig.

Tworuschka, Udo/Zilleßen, Dietrich (Hgg.) (1977), Thema Weltreligion. Ein Diskussions- und Arbeitsbuch für Religionspädagogen und Religionswissenschaftler, Frankfurt a.M./München.

Van der Ven, Johannes A./Ziebertz, Hans-Georg (Hgg.) (1994), Religiöser Pluralismus und Interreligiöses Lernen, Kampen/Weinheim.

Wagemann, Getrud (2002), Feste der Religionen – Begegnung der Kulturen, München.

Waldenfels, Hans (2002), Christus und die Religionen, Regensburg.

Weiße, Wolfram (1999), Vom Monolog zum Trialog. Ansätze einer dialogischen Religionspädagogik, Münster.

Ziebertz, Hans-Georg (1991), Interreligiöses Lernen. Herausforderung der religiösen Erziehung durch Theologien des interreligiösen Dialogs, in: Katechetische Blätter 116/Heft 5, 316–327.

Ziebertz, Hans-Georg (2002), Interreligiöses Lernen und die Pluralität der Religionen, in: Schweitzer, Friedrich/Englert, Rudolf/Schwab, Ulrich (Hgg.), Entwurf einer pluralitätsfähigen Religionspädagogik, Gütersloh/Freiburg i.Br., 121–143.

Zirker, Hans (1991), Interkulturelles Lernen – im Verhältnis zum Islam, in: Religionspädagogische Beiträge 28, 17–40.

Zirker, Hans (1998), Interreligiöses Lernen aus der Sicht katholischer Kirche und Theologie, in: Rickers, Folkert/Gottwald, Eckart (Hgg.), Vom religiösen zum interreligiösen Lernen. Wie Angehörige verschiedener Religionen und Konfessionen lernen, Neukirchen, 51–69.

Zirker, Hans (1999), Der Koran. Zugänge und Lesarten, Darmstadt.

Quellenverzeichnis

Texte und Lieder

S. 79 oben T: Pfarrer Hans-Hermann Bittger, M: Kanon für zwei Stimmen, Joseph Jacobsen 1935 © T: Bistum Essen; © M: Rechtsnachfolger des Urhebers

S. 79 unten T: nach Jes 60,1, M: Kommunität Gnadenthal © Präsenz-Verlag, Gnadenthal

S. 165 Zitat aus Sure 96 nach: Paret, Rudi (Übers.): Der Koran © W. Kohlhammer GmbH, Stuttgart [11]2010, S. 433

S. 165f. Ibn Ishaq: Das Leben des Propheten. Aus dem Arabischen übertragen und bearbeitet von Gernot Rotter, Edition Erdmann, Stuttgart 1982, S. 43f. © Edition Erdmann im marixverlag, Wiesbaden

S. 183 Zitate aus Sure 24 und 33 nach: Der Koran. Übersetzung von Adel Theodor Khoury, 3., durchges. Auflage 2001 © Gütersloher Verlagshaus, Gütersloh in der Verlagsgruppe Random House GmbH, München

S. 222 und 223 Hermann Hesse, aus: Siddharta, Suhrkamp, Frankfurt a.M. 2007, S. 13

S. 235 oben aus: Konrad Meisig: Shivas Tanz. Der Hinduismus, aus: Kleine Bibliothek der Religionen, Sonderausgabe in 10 Bänden, hrsg. von Adel Theodor Khoury, S. 120 © Verlag Herder GmbH, Freiburg i.Br. 2003

S. 235 unten aus: Cybelle Shattuck: Hinduismus. Aus dem Amerikanischen übersetzt von Bernardin Schellenberger, S. 73f. © für die deutsche Übersetzung: Verlag Herder GmbH, Freiburg i.Br. 2000

Die Bibeltexte sind entnommen aus: Einheitsübersetzung der Heiligen Schrift © Katholische Bibelanstalt, Stuttgart 1980

Abbildungen

S. 46, 65, 73, 76, 82, 93, 112,122, 129, 138, 145, 225, 248, 256, 262, 268, 273 Clauß Peter Sajak, Münster

S. 63 Anton Klosa, Haltern am See

S. 87 © Sieger Köder, Abendmahl

S. 94, 95, 258 Zeichnung Silvia Isermann, Münster

S. 101, 147 Kösel-Archiv

S. 123, 149 Zeichnung Maria Ackmann, Hagen

S. 158, 168, 177, 185, 187, 194 Barbara Huber-Rudolf, Mainz

S. 211, 217 Katrin Gergen-Woll, Konstanz

S. 230 Aus der Sammlung Eduard von der Heydt, Museum Rietberg, Zürich, RVI 501, Foto: Rainer Wolfsberger

S. 235 Postkartenmotiv aus Indien

S. 237, 241 fotolia/Nicole Hofmann

S. 269 Winfried Jörissen, Freiburg